eabi 东亚佛教研究中心

Review of
East Asian Buddhist Studies

No.4

东亚佛学评论

刘成有 主编

（第四辑）

社会科学文献出版社
SOCIAL SCIENCES ACADEMIC PRESS (CHINA)

本书出版由北京中央民族大学教育基金会东亚佛学研究项目资助

Qiu Gaoxing,  China Jiliang University

Wang Song,  Peking University

Xie Lujun,  Minzu University of China

Xu Wenming,  Beijing Normal University

Yamabe Nobuyoshi,  Waseda University

Yamaguchi Hiroe,  Komazawa University

Yanagi Mikiyasu,  Hanazono University

Yang Weizhong,  Nanjing University

Zhang Xuesong,  Renmin University of China

**Organizer**   East Asian Buddhism Institute,  Minzu University of China

东亚佛学评论
eabi
Review of East Asian Buddhist Studies

第四辑

# 目　录

# 书 评

# Contents

## Book Reviews

法藏研究

# 论法藏思想中觉与不觉之相生关系：
# 以《大乘起信论义记》中若干章节为中心

〔美〕詹密罗（Robert M. Gimello）

**内容摘要：** 本文从法藏《大乘起信论义记》中两处彼此独立但又互有关联的文字着手，讨论其思想中关于觉与不觉二者之间互具关系的论述。《大乘起信论义记》悬谈第三之"显教分齐"为法藏针对《大乘起信论》之判教论。文中先分别诸教优劣，再判定《大乘起信论》所特有之教义在佛教思想体系中之地位。法藏确认这一教义为《大乘起信论》关于如来藏与阿梨/赖耶识和合之理论，并依此判《大乘起信论》为"大乘终教"或"熟教"，从而将其纳入华严五教体系，列于五教之第三位上。这一教义之核心，在于指出染污之业心（即所谓"不觉"之心）来自染污掩盖之下不动、清净、光明之心（即所谓"觉"心），并构成此心发生作用时的表现。换言之，这一教义认为心之"染""净"两种状态，貌似对立之两方，本质上却一体互具，构成所谓"一心"。本文试图说明，法藏将这一教义用来阐释华严之"理事无碍"，并以此为基础，进一步发展华严理论，最终将"理事无碍"置于"事事无碍"之上，定义为华严之终极真理。在《大乘起信论义记》关于心生灭之"不觉"特征的论述中，法藏进一步探讨了如来藏与阿梨/赖耶识的和合。其论点不仅复杂，而且据笔者所知亦相当独特，谓阿梨/赖耶识中之有如来藏、不觉中之有细微之觉，亦可借唯识理论予以论证。唯识谓业相之中不仅有见分与相分之别，而且还有自证分。此自证分通过玄奘与陈那，被法藏命名为"当梨耶自体分"，谓"觉"以性净如来藏的形式存在于"不觉"之阿梨/赖耶识中，即表现为后者业相"极细微"之"自证分"。"自"者，白有也，非外来也，强调"觉"之为"不觉"之本有也。如此，法藏解释"觉"与"不觉"之互具关系，说明二者并非两种不同之心，而是同一之心（所谓"一心"）所具备之两种不同特征。这一关系可模拟"莫比乌斯环"之两面：此环其实只有一个表面，但是在旋转半圈再把两端黏贴上之后，看起来似乎就有两个表面了。如来藏与阿梨/赖耶识，觉与不觉，即同一纸带之两面也！

**关键词**：觉，《大乘起信论义记》，法藏，不觉

**作者简介**：詹密罗（Robert M. Gimello），诺特丹大学教授。

One of the *Qǐxìn lùn*'s several distinctive claims, inspired especially by the Bodhiruci (菩提流支) translation of the *Laṅkāvatāra Sūtra* (T 670：《入楞伽经》), is that the *ālayavijñāna*, the foundational consciousness of the ordinary, unawakened sentient being, consisting in a stream of "arising" (*pravṛtti*, 生) and "ceasing" (*nivṛtti*, 灭) of momentary thought-impulses (念), is based upon the *tathāgatagarbha*, the inherent buddhahood of the sentient being understood as an inviolate, radiant, intrinsic purity of mind. And on the basis of this claim the *Qǐxìn lùn* advances the further claim that, precisely because it is based on the *tathāgatagarbha*, the *ālayavijñāna* must be understood to be a paradoxical "coincidence of opposites" —specifically, the concurrence or coinherence of awakening and ignorance. As the text says：

> As regards the mind's arising and ceasing,[1] it is on the basis of the *tathāgatagarbha* that there is an arising and ceasing mind, which is to say that (the mind's) non-arising and non-ceasing is united with its arising and ceasing in such a way that they are neither one and the same nor different. Called the *ālayavijñāna*, this is consciousness in two senses such as can both encompass and produce all dharmas. What are these two (senses of the *ālayavijñāna*)? The first is (the *ālayavijñāna*) in the sense of (the mind) awake; the second is (the *ālayavijñāna*) in the sense of (the mind) unawake.
>
> 心生灭者。依如来藏故，有生灭心。所谓不生不灭与生灭和合非一非异。名为阿梨耶识，此识有二种义，能摄一切法生一切法。云何为二？一者觉义。二者不觉义。（T 1666：32. 576b7-11）

As we shall see, Fǎzàng's interpretation of this claim amounts to what one might call a "dyophysite" view of the "arising and ceasing mind" (生灭心),

i. e. , the *ālayavijñāna*. This foundational mind, he tells us, is actually a single mind but a single mind possessed of two distinct natures, identities, or essential qualities（二相）. These two essential qualities of the *ālaya*, although functionally distinct, are said to be nevertheless one and the same. Indeed, they are said to be one and the same in a particular and especially strong sense. It is not simply that the mind is a mere mixture or coincidence of "awake"（觉）and "unawake"（不觉）consciousness. The mind awake and the mind unawake are not simply two parts or phases of the mind's operation. Rather, foundational consciousness as the condition of being awake and foundational consciousness as the condition of not being awake are said actually to form, comprise, or constitute each other. They are, Fǎzàng says, "mutually constitutive"（相成）. If one may use a modern metaphor admittedly unknown to the Buddhist tradition one might speak of the arising and ceasing mind as a kind of "Möbius strip（莫比乌斯环）mind", in which the awake and the unawake natures of the mind constitute each other in much the same way that what might appear to be the two "surfaces" of a Möbius strip are found actually to form a single continuous surface. More will be said about this metaphor below.

Fǎzàng, of course, was quite aware that this teaching of the *Qǐxìn lùn* ( and the *Laṅkāvatāra* ) was anomalous. In this regard it is like other anomalous teachings of the treatise such as the teaching that suchness ( *tathatā*, 真如 ), which is synonymous with the unconditioned ( *asaṃskṛta*, 无为 ), is nevertheless subject to permeation ( *vasanā*, 熏习 ) by the thoroughly conditioned ( *saṃskṛta*, 有为 ) phenomenon of ignorance. The questions such teachings raise are unavoidable. Is not permeation itself a kind of conditioning? If it is, and if suchness is permeated by ignorance, can it be said to be truly unconditioned? And if permeation is not a kind of conditioning then what is it?

In particular Fǎzàng was aware that the *Qǐxìn lùn*'s concept of the *ālayavijñāna* was variously at odds with the reputedly "orthodox" traditions of Yogācāra in which the category of a foundational consciousness was originally conceived and formulated. We should therefore approach these doctrinal anomalies of the *Qǐxìn lùn* in the way in which Fǎzàng himself did, i. e., by dealing explicitly with the question of the relationship of the *Qǐxìn lùn* to the other doctrines and scriptural authorities of the Mahāyāna tradition. Initial attention will therefore be given in this paper to the doxographical context of Fǎzàng's interpretation, i. e., his views on the subject of where among the varieties of Mahāyāna scripture and doctrine the *Qǐxìn lùn* properly belongs. This will lead finally to a consideration of one of Fǎzàng's most surprising interpretative moves, namely, his intriguing but largely overlooked use of the concept of self-awareness ( *svasaṃvitti/svasaṃvedana* ) to explain how it is that foundational consciousness, the arising and ceasing mind, can be said to be both awake and not awake.

We begin, then, with an analysis of Fǎzàng's doxographical approach to the text, i. e., his answer to the question of where, among the varieties of Buddhism, the *Qǐxìn lùn* properly belongs. We will then proceed to discuss aspects of his reading of the particular section of the *Qǐxìn lùn* that discusses the theme of the foundational or "arising and ceasing" mind as the coinherence of the mind's awake and not-awake natures.

## I. Doxography: Fǎzàng's View of The Place of The *Qǐxìn lùn* among The Varieties of Buddhist Scripture and Doctrine[2]

Fǎzàng opens his *Exegetical Notes on the Mahāyāna Awakening of Faith*

(《大乘起信论义记》 T 1846), with a short exercise in doxography or doctrinal classification (判教).[3] First, he briefly discusses the reasons why the teachings of the *Qǐxìn lùn* emerged (教起因) Next, he treats of its place in the architecture of the Buddhist canon (藏摄分齐) —i. e., why it belongs among scriptures of the *abhidharma* rather than the *sūtra* or *vinaya* type, also why it belongs among works addressed to *bodhisattvas* rather than to *śrāvakas*. He then proceeds, at greater length, to categorize the *Qǐxìn lùn* according to its substantive content, its place in the overall system of Buddhist doctrine (教分齐), first by setting forth the narrative and pedagogical order in which Buddhist teachings unfolded (叙诸教) and next by distinguishing, according to their teachings, among Buddhism's principal schools or doctrinal lineages (随教辨宗). After making passing reference to the schemes of doctrinal classification constructed in China by the "ten experts" (十家) whom he mentions in his own commentary on the *Avataṃsakasūtra*,[4] Fǎzàng treats of the classification schemes advanced by two great Indian Buddhist scholars of recent history — Śīlabhadra (戒贤, 529—645) and Jñānaprabha (智光, fl. ca. 650) — whose views were explained to him in direct conversations he had in 684 with Divākara (地婆诃罗／日照, 613—688, arrived in China in 678), the Indian Buddhist missionary, also from Nālandā, with whom Fǎzàng collaborated on several translation projects.[5]

Divākara explained that Śīlabhadra was a long-serving abbot of Nālandā and heir to the thought of Maitreya, Asaṅga, Dharmapāla, and Nanda. As such he was said to hold to the theory of "three turnings of the wheel of the dharma" (三转法轮) classically set forth in the *Saṃdhinirmocana Sūtra* (《解深密经》). According to this theory the Buddha's teaching unfolded in three phases. First there was a *hīnayāna* phase in which the doctrines of *karma*, dependent origination, and no-self were taught in such a way as to support the view that, although there are no personal selves, nevertheless dharmas, sub-personal constituents of the real, do exist（有）. This was followed by a second stage in which the doctrines of the emptiness and the imagined（*parikalpita*, 遍计所执）nature of all dharmas were taught but not yet the doctrines of their other-dependent（*paratantra*, 依他）and perfect（*parinṣpanna*, 圆成）natures. The culmination was a final phase in which all three natures（三性）, and all three absences of nature（三无性）, were taught so as to avoid both the extreme view of substantive existence（有边）and the extreme view of nihilistic emptiness（空边）. Rather, the ultimate truth or constitution of reality（尽理）,[6] the true middle path revealed in the third phase, was said to consist in simultaneous recognition of both the emptiness of the imagined nature（所执性空）of all things and the existence of their other two natures（余二为有）, namely, their other-dependent and perfect natures.

Jñānaprabha, on the other hand, was said to be heir to Mañjuśrī, Nāgārjuna, and Āryadeva. He too held to a "three phases" theory of the evolution of the Buddha's teaching. However, for him the first phase, tailored to the needs of beings of inferior faculties, taught that both the mind and the objects of mind exist（心境俱有）, whereas in the second phase, suited to those of mediocre faculties, the Buddha taught a "Mahāyāna of the marks of dharmas"（法相大乘）which held to the principle of representation-only whereby objects are empty and mind alone exists（境空心有唯识道理）. This phase is said also to have introduced, for the sake of those who fear true emptiness（怖畏此真空）, the notion of the provisional existence of other-dependent causes and conditions（依他因缘假有）. In the third and final phase what the Buddha taught was the "ultimate Mahāyāna"（究竟大乘）, the "markless Mahāyāna"（无相大乘）in which the true final meaning（真了义）of the Buddha's teaching is said to be the "one flavor that all things share equally"（平等一味），namely the truth that the conditioned arising of things is just their emptiness of self-nature（缘生即是性空）.

It is clear that Fǎzàng understood Śīlabhadra to be an adherent of what we now call Yogācāra but which Fǎzàng himself called "Fǎxiāng"（法相），the tradition of the "marks" or characteristics of dharmas. As such, he regarded Madhyamaka as a merely preliminary teaching. Jñānaprabha Fǎzàng knew to be a follower of the Madhyamaka and a critic Śīlabhadra's Yogācāra, which he saw as only a preliminary to Madhyamaka. However, Fǎzàng was troubled by the contradictions（矛盾）between the doctrinal systems（教分齐）of these two eminent masters, both of whom were leaders of the intellectual community at Nālandā, the one quite senior, the other younger but still highly respected. He therefore asked himself if their schemes of doctrinal classification could possibly be reconciled（可和会以不）. In answer he says that they are in one way incompatible but in another way not incompatible. They are incompatible insofar as they are designed to serve different kinds of beings whose needs vary with circumstances（随缘益物）and whose delights, desires, and inclinations（乐欲趣）also vary in such a way that some particular teachings are praised while others are condemned（于一法中或赞或毁）. As for their compatibility（their being "not incompatible"），Fǎzàng says that, generally speaking, the question of how definitive or non-definitive are the teachings expounded by Śīlabhadra and Jñānaprabha can be approached in two ways（通论此二所设教门，了与不了有其二门）. One can ascertain the definitiveness or non-definitiveness of classified teachings on the basis of how broadly or narrowly they accommodate beings and how complete or lacking their teachings are（约摄生宽狭，言教具阙，以明了不了）. Alternatively, one can determine this on the basis of two criteria, the criterion of graduated increase of benefits to beings and the criterion of the degree to which they advance or retard the manifestation of the constitutive truth of all things（二约益物渐次，显理增微）.

In Śīlabhadra's Yogācāra approach based on the *Saṃdhinirmocana*, the teachings of both the initial and the second phases are judged to be not definitive for they are limited in their accommodation of beings, the first being addressed only to Hīnayānists, the second addressed only to Mahāyānists. But, as the teachings of the third phase were addressed to adherents of all three vehicles, those teaching are judged to be completely definitive and all accommodating. Likewise, in Śīlabhadra's scheme teachings are said to be propounded according to the capacities of beings（约机出教）. Accordingly, Fǎzàng finds Śīlabhadra's system to be not definitive insofar as it assigns to the first phase only the exposition of the Hīnayāna and to the second phase only the enunciation of the Mahāyāna, but he finds it to be definitive insofar as it assigns to the third period the enunciation of all three vehicles.

Fǎzàng then applies these same criteria to Jñānaprabha's classification scheme. By the criterion of graduated benefit to beings（约益物渐次）it is incomplete and thus not definitive（益未究竟）because it describes the benefit of the Buddha's teaching in the first period as leading only to the attainment of the Hīnayāna and because it describes the benefit of the teachings of the second phase as extending to the Mahāyāna as well as the Hīnayāna but as insufficient to lead those in the quiescence-oriented two vehicles to attain also to the Mahāyāna（第二时中虽益通大小，然不能令趣寂二乘亦得大乘）. However, because the teachings of the third phase lead all to attain the Mahāyāna and cause even those who have entered quiescence to turn toward the great awakening（普皆令得大乘之益。纵入寂者亦令回向大菩提故），we may say that Jñānaprabha's theory is definitively true. By the alternative criterion of whether it advances or retards manifestation of the constitutive truth of things（显理增微）Fǎzàng finds Jñānaprabha's system of classification again to be not definitive because it holds first that what is conditionally arisen is actually existent, then that it is only provisionally existent, and finally that it is empty of self-nature. Its manifestation of truth, therefore, is not comprehensive and its understanding of conditions is not thorough. But he also finds Jñānaprabha's system to be definitive in the sense that it holds the teachings of the third phase to reveal the constitutive truth of things in its ultimacy and to thoroughly understand conditionality (后一显理至究，会缘相尽).

Because their systems can be approached in these two ways (i. e. from the perspective of their graduated increase of benefits to beings and from the perspective of the degree to which they advance or retard the manifestation of truth) Fǎzàng says that each sacred teaching (i. e., both Śīlabhadra's and Jñānaprabha's system of doctrinal classification), succeeds in clarifying the relation between the provisional and the actual by relying on one and the same compelling argument. He concludes, therefore, that finally they do not contradict one another (由有如此二种门故。是故圣教各依一势以明权实，互不相违).

Fǎzàng next notes that the *Avataṃsaka Sūtra* was enunciated in the immediate aftermath of the Buddha's awakening and thus should be assigned chronologically, as are the Hīnayāna scriptures, to the first period in the Buddha's teaching career. How is it then, he asks, that the *Avataṃsaka* is not also properly classified as a Hīnayāna scripture and is not to be understood as addressed only to *śrāvakas*. This question, though technical, is of importance to Fǎzàng because it allows him to argue, in an intricate way, that the scripture on which his Huáyán tradition is based and which he regards as the most profound of all scriptures, cannot be confined within the three phases scheme. The *Avataṃsaka*, he insists in so many words, is in a class by itself because, paradoxically, the silent Buddha of that scripture spoke in a "perfect voice"（圆音）that transcends time and that "speaks", all at once, to all beings, each being hearing whatever his capacities to understand allow. Finally, Fǎzàng addresses the second of his two general approaches to the task of properly situating the teachings of the *Qǐxìn lùn* among varieties of Buddhist doctrine. Having concluded the approach of setting forth the temporal and pedagogical unfolding of the Buddha's teaching（叙诸教）, he proceeds to distinguish the various fundamental principles or doctrinal lineages of Buddhism according to their teachings（随教辨宗）.[7] Taking Buddhism as a whole, including both Hīnayāna and Mahāyāna, Fǎzàng says, there are just four basic doctrinal positions, i. e., four fundamental tenets or four traditions each one of which holds to one of those four fundamental tenets:

• The first is the basic tenet, or the lineage holding the basic tenet, of the grasping of dharmas according to their marks or characteristics（随相法执）. This is the basic tenet of the collection of schools（*nikāya*, 部）that comprise the Hīnayāna, and it is the core of all the doctrines that they share. It consists essentially in the teaching, by the various Hīnayāna masters, that dharmas are grasped according to their phenomenal or empirical features（随事执相）.

• The second is the tenet, or the tradition based on the tenet, of the true emptiness and marklessness of all things（真空无相）, which holds that the constitutive truth of all phenomena is revealed in the coalescence of phencmena（会事显理）. This is taught in the *Prajñāpāramitā* and other such sūtras and in the *Mādhyamikakārikā* and other such treatises by Nāgārjuna and Āryadeva.

● The third is the basic tenet, or the tradition based on the tenet, that the phenomenal characteristics of dharmas are representations-only (唯识/法相) and that phenomena in their diversity arise out of, or are a function of, the basic constitution of all phenomena (依理起事差别). This tenet is taught in the *Saṃdhinirmocana* and others such sūtras and in the *Yogācārabhūmi* and other such treatises by Asaṅga and Vasubandhu.

● The fourth basic tenet, and the tradition that accepts it as basic, holds the conception of dependent origination as a function of the *tathāgatagarbha* (如来藏缘起). This is taught in the *Laṅkāvatāra*, *Ghanavyūha*, and others such sūtras and in such treatises as Aśvaghoṣa's *Awakening of Faith* and Saramati's *Ratnagotravibhāga*. This tenet holds that *lǐ* (理) and *shì* (事), i. e., the constitutive truth of all phenomena and all phenomena themselves, are interfused and coinherent (理事圆融无碍). It allows that the *tathāgatagarbha*, in according with conditions, becomes the *ālayavijñāna*, from which it follows that the fundamental constitution of all phenomena pervades all phenomena themselves (以此宗中许如来藏随缘成阿赖耶识，此则理彻于事也). It also allows that all things, in their other-dependent arising and insubstantiality, are one with suchness, from which it follows that every phenomenon pervades the fundamental constitution of all phenomena (亦许依他缘起无性同如。此则事彻于理也).

Of special interest here is a particular claim made about the fourth tenet, which is said to be the basic purport of the *Qǐxìn lùn*. Clearly Fǎzàng is assigning the basic teaching of *Qǐxìn lùn* to what is called, elsewhere in the Huáyán tradition, the category of teachings that propound the doctrine of 理事

无碍, i. e., the interfusion of each particular phenomenon with the general truth that governs or most basically constitutes all phenomena. This is also the category that is described as "Final" or "Mature" Mahāyāna（大乘终/熟教）and which is said to be superior to the "initial" or "elementary" Mahāyāna（大乘始教）of both the Prajñāpāramitā/Madhyamaka tradition and the Yogācāra or "Dharma Charateristics"（法相）tradition. In the terminology of contemporary Buddhist studies we may describe this fourth category as that of the *Tathāgatagarbha* or Buddha-nature tradition, the tradition which focuses on the essential（Buddha-）nature［（佛）性］of things rather than on their perceived, phenomenally defining characteristics（相）.

What is particularly noteworthy here is the way in which Făzàng applies the theme of interfusion of the principle or constitution of all phenomena with the particularity of each phenomenon（理事无碍）to the central focus of the *Qĭxìn lùn*, namely, the analysis of mind（*xīn*, 心）. In the traditions out of which the *Qĭxìn lùn* arose[8] there were two conflicting conceptions of mind. In one conception, the mind at its deepest level was seen to be the store or repository consciousness（*ālayavijñāna*, 藏识/阿赖耶识/阿梨耶识）. The nature of the *ālayavijñāna* was a subject of complex dispute, but generally speaking one may say that it was seen to be a repository chiefly of defilements, spoken of metaphorically as "seeds" or latent potentialities（*bīja*, 种子）, that are susceptible to purification only by the infusion or impregnation（*vāsanā*, 熏）of extrinsic pure seeds, as when one hears the words of a Buddha（*śrutavāsanā*, 正闻熏习）that, in turn, issue from the entirely pure realm of truth（*suviśuddhadharmadhātuniṣyanda*, 最清净法界等流）. The ultimate goal of such infusion of beneficent influences is a radical transformation of the *ālayavijñāna* —— a "revolution of the base"（*āśrayaparāvṛtti*, 转依）—by which it becomes a mind of an entirely different character. The chief alternative to this theory of mind was the tradition focused on the theme of *tathāgatagarbha* （如来藏） or buddha-nature （佛性）. In this tradition the underlying nature （*prakṛti*, 性） of the mind, its essential character, is understood to be utterly radiant （*prabhāsvara*, 极光） and pure （*viśuddhi*, 清净）. It is held to be a mind that is transcendent insofar as it is "disentangled" （出缠） from the corruptions of the world, yet it is also immanent in its presence amidst, or its "entanglement" （在缠） with, those corruptions. Defilements （*kleśa*, 烦恼）, in this view, are merely adventitious （*āgantuka*, 客） and superficial and may be simply wiped away by moral and contemplative effort without any change in the essential nature of the mind.

The question that troubled many medieval Chinese Buddhists was how to reconcile these two diametrically opposed conceptions of the nature of the mind and how also to bring them into concordance with the conception of emptiness that is said to apply to both. Fǎzàng's specific contribution to this issue, at this point in the doxographical section of his *Commentary on the Qǐxìn lùn*, was to bring to bear on the question of the relationship between the *ālayavijñāna* and the *tathāgatagarbha* the Huáyán categories of *lǐ* （理） and *shì* （事）. He says that the relationship of the *tathāgatagarbha* to the *ālayavijñāna* is like, is indeed an instance of, the relationship of *lǐ* to *shì*. It is a relationship of pervasion or penetration （彻）, and as such it allows for fusion of the two ideas of mind without either one cancelling out the other. This insight, I would suggest, may lie at the heart of the attraction that the *Qǐxìn lùn* had for Huáyán thinkers like Fǎzàng, his teacher Zhìyǎn （智俨）,[9] and others.

So, while it is clear that Fǎzàng does not place the *Qǐxìn lùn* in the highest of Huáyán doxographical categories—that is to say, he does not judge it to be an expression of the perfect or consummate teaching （圆教） — nevertheless, by placing it in the category of "mature Mahāyāna" （熟大乘） and by employing the Huáyán theme of "the non-obstruction of principle and phenomena" （理事无碍） to characterize it, he does establish a close connection between the *Qǐxìn lùn* and the *Avataṃsaka* tradition. Moreover, as this connection is pondered over time the Huáyán tradition （in Fǎzàng's later writings and, more clearly, in the writings of Chéngguān （澄观） and Zōngmì （宗密） moves toward an advocacy of "the non-obstruction of principle and phenomena" （理事无碍） as the highest of insights. [10]

## II. Fǎzàng on the *Qǐxìn lùn's* View of the Nature of the Arising and Ceasing Mind （心生灭） as Not-awake （不觉）[11]

Being a treatise that lies, as Fǎzàng has shown, at the confluence of three great traditions of Mahāyāna Buddhist thought —Śūnyavāda, Yogācāra, and Tathāgatagarbha—the *Qǐxìn lùn* is an inherently unstable or wavering text that often seems to contradict itself or to revel in paradox. It is also an inherently anomalous text insofar as it does not fit neatly into any of Mahāyāna Buddhism's standard doctrinal systems or categories. In many of its sections, in fact, the *Qǐxìn lùn* reads like an exercise in doctrinal double-talk or deliberate equivocacy, continuously vacillating back and forth among the cardinal insights of all three of the great Mahāyāna traditions, despite the seeming contradictions among them, all the while trying to avoid settling finally in any one of them. Its overriding pattern of argument, then, is such that whenever it asserts something it soon also asserts the seeming contrary or opposite.

Consider what the text itself declares to be its principal theme, "the mind of sentient beings" （众生心）, defined as the *dharma* （法）, i. e., the referent as distinct from the significance （义）,[12] of the term "*mahāyāna*" （摩

诃衍）.[13] After telling us that the mind is "one", a single reality （一心法）, the text immediately commits its first reversal by telling us that this one thing is two-fold, or that there are two approaches to it or two presentations of it. First there is the mind as suchness （tathatā, 真如）, which the text defines as the one dharmadhātu or "realm of truth" （一法界）, the great all-encompassing character of all things （大总相）, the very substance of all the teachings （法门体）. Now, a cardinal claim of one of the sources of Qǐxìn lùn doctrine, namely, the emptiness tradition, is that suchness （the equivalent, in positive language, of emptiness） does not admit of either production or cessation. Things that are "such-like" and empty cannot be said either to have been produced or to ever cease. For this reason, suchness is ultimately ineffable （离名字相）, separate from any mental object （离心缘相, i. e. incapable of being an object or ordinary cognition）, ultimately free of differentiation （究竟平等）, and unchanging （无有变异）. Nevertheless, the text goes on to say, risking apparent self-contradiction, that the mind of a sentient being is not only the mind-as-suchness but also a mind-that-arises-and-ceases （心生灭）.

This rhetorical pattern, which Fǎzàng dubs "contraposing" （反举）, is a sequence of statements followed by counter-statements, negations followed by affirmations （or vice-versa）, and it continues, marking the whole tenor of the Qǐxìn lùn's argument. When the text resumes its discussion of the mind-as-suchness it immediately says that that mind is both empty （空） and yet not empty （不空）. And when it takes up again the topic of the mind as arising and ceasing, which it identifies with both the ālayavijñāna and tathāgatagarbha, it says that it is both awake （觉） and yet not awake （不觉）.[14] Because the "awake-and-yet-not-awake" claim about the minds of sentient beings seems to be a kind of terminus of the Qǐxìn lùn's string of statements-followed-by-counter-statements, we will take this as our principal topic. The text's view of the phenomenal mind as awake, which it defines most generally as the substance of the mind divorced from thinking or momentary conceptualization（心体离念）, is well known to be also dual in nature.[15] It is both incipiently awake or in the process of waking up（始觉）, on the one hand, and, on the other hand, originally or fundamentally awake（本觉）. I would suggest that for a Mahāyāna Buddhist who believes in the prospect of universal *bodhi*, the ultimate awakening of all beings, it is relatively easy to hold the view that the minds of sentient beings are in some sense already possessed of, or at least inherently oriented toward, awakening. However, it seems rather more difficult for such a believer in universal awakening to understand how it is that, despite their inherent proclivity toward awakening, all beings are in some real and fundamental sense—not in a merely apparent or superficial sense—not awake. We will therefore focus on the especially challenging theme of the not-awake nature of the arising and ceasing mind so as to see what Fǎzàng makes of it.

Consider, then, the section of the *Qǐxìn lùn* that treats of the mind as not awake. It begins its discussion by saying,

As for what is called（mind in）the unawake sense, this refers to the fact that a mind unawake arises, and its momentary conceptualizations[16] occur, because one does not know, as it truly is, the oneness of the dharma of suchness. And as momentary conceptualizations have no own marks（no substantive identities of their own）,[17] they are not separate from the originally awake（mind）.

所言不觉义者，谓不如实知真如法一故。不觉心起而有其念。念无自相，不离本觉。（T 1666：32. 576c29-577a2）

The discussion ends with the line,

That one speaks of a mark of difference (between the mind awake and the mind unawake), is because, just as various earthenware containers are unlike one another (although they are all have the same nature of clay), so do the purity (of the mind awake) and the ignorance (of the mind unawake) differ apparitionally, the former by its involvement in pollution, the latter by its nature as pollution.

言异相者，如种种瓦器各各不同，如是无漏无明，随染幻差别，性染幻差别故。(T 1666: 32.577b1-2)[18]

The section of the *Qǐxìn lùn* bracketed by these two lines Fǎzàng treats at some length (T 1846: 44.262a9 – 264b1), dividing it and his commentary thereon into three parts. The first part treats of the arising and ceasing mind as fundamentally unawake (根本不觉), illuminating its substance (明不觉体). The second deals with the implications or ramifications (枝末) of the mind unawake, illuminating its characteristics or attributes (明不觉相). The third ties its ramifications back together with its fundamental character (结末归本), joining those attributes together as one with its substance (结相同体). We will treat here of the first of these three, examining what Fǎzàng has to say about the arising and ceasing mind in and of itself, apart from its ramifications.

As regards the substance of the mind unawake, Fǎzàng notes that the text first speaks, in its typically paradoxical way, of delusion as constituted by the mind awake and then of delusion as manifesting the mind awake (初依觉成迷，后依迷显觉). The essential point made here is that the mind unawake has the character of error. It is nothing more than the failure to understand correctly the oneness of suchness (不如实知真如法一). The fleeting thoughts that arise from this error, insofar as they are possessed of no substantial identity of their own, are also apparitional. They are just phantasms, particular iterations of error. In substance, then, the mind unawake is likened to the condition of a lost man. That the man can be said to be lost depends on his having had a destination to which he intended to travel (which would entail a distinction of one direction from others). If he were detached from the notion of destination, if he had no destination, then there would be no getting lost. Such is the case too with sentient beings. Their being "lost" or "deluded" follows from their reliance on a mere construct like the construct of "direction". The distinction between "awake" and "unawake" is such a construct. In the context of this construct it makes no sense to assume that the mind awake and the mind unawake are different in anything other than an apparitional sense, for divorced from the nature of wakefulness there is no condition of not being awake （犹如迷人，依方故迷。若离于方，则无有迷。众生亦尔。依觉故迷，若离觉性，则无不觉。）.

In sum, Fǎzàng is saying that when we look to the mind in its unawake nature we are not looking at an alternative and inferior mind distinct from but connected to a higher awake mind. Sentient beings are not possessed of two linked minds, one clear, the other obscured. Rather they are possessed of a single mind the nature or substance of which is twofold, but only in a paradoxical sense. A metaphor for this paradox (quite unknown, of course, to the Huáyán tradition but useful perhaps for its modern interpreters) may be the Möbius strip （莫比乌斯环）. The two "sides" or "surfaces" of a Möbius strip comprise a single continuous surface. In this visual metaphor it is not simply that the *recto* surface of the strip is, as it were, also its *verso* surface. More than that, the uncanny nature of the Möbius strip metaphor requires that one rethink, reimagine, or redefine the very idea of side or surface, perhaps even that one discard such a notion (just as the man who wishes not to be "lost" can achieve that end by discarding the notion of "direction"). It is only before the Möbius strip is formed, when the flat band has not yet been twisted 180 degrees and its ends not yet joined, that we can speak of different "sides" and "surfaces". Once the twisting has occurred and the ends have been seamlessly joined (recall Fǎzàngs's use of the word 结), the notion of two sides or two surfaces simply vanishes. So too with the mind as "awake" and as "not awake". The conventional view is that the Buddhist path is a linear movement from the condition of being not awake to the goal of being awake. But, once the very notion of goal or end or destination is discarded, the words "awake" and "not awake" collapse into one another, cancel each other out, and no longer ultimately apply. To a Huáyán thinker like Fǎzàng, accustomed to notions of interfusion (相融), non-obstruction (无碍), and mutual entailment or inter-identity (相即), this claim of the *Qǐxìn lùn* about the relation between the awake mind and the unawake mind must have seemed very familiar and gratifying. It must also have confirmed him in his view that the *Qǐxìn lùn* and Huáyán are not merely compatible but are actually mutually corroborating. It may also have raised questions about where, exactly, the *Qǐxìn lùn* belonged in the doxography (判教制度) of Huáyán. In the introductory section of his *Commentary*, as we saw, Fǎzàng located the treatise in the rank of the "mature" (熟) or "final" (终) Mahāyāna, i. e., as belonging to the category of what we now call Tathāgatagarbha Buddhism. But is it not the case that his analysis of the argument of the treatise suggests that he actually saw it also as approaching in its profundity the consummate teaching (圆教)? Could it not even be that Fǎzàng's reading of the "substance of the unawake mind" (不觉体) section of *Qǐxìn lùn*, along with his readings of other parts of the treatise, helped gradually to alter the definition of the consummate teaching?

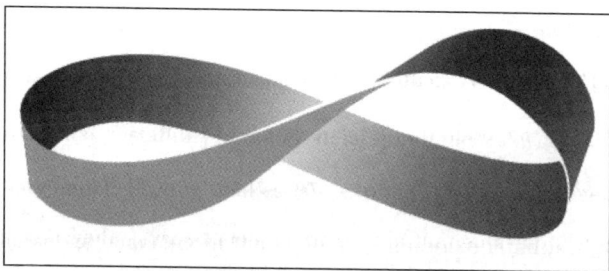

**Möbius strip**（莫比乌斯环）

Fǎzàng's analysis of the next of the three stages into which he divided the *Qǐxìn lùn*'s exposition of the unawake nature of the mind is too complex and lengthy to be treated here in full. That exposition begins with the *Qǐxìn lùn*'s claim that "on the basis of the unawake (mind) there arise three kinds of mental attributes that are associated with the unawake (mind) rather than separate from it"（依不觉故，生三种相，与彼不觉相应不相离）. They are,

1. The activity (*karma*)[19] or active character of ignorance（无明业相）. This is the movement or motility of the unawake mind, which stands in contrast to the stasis or immotility of the awake mind. And from the motility of the unawake mind comes suffering, for an effect is not separate from its cause.（以依不觉故心动说名为业。觉则不动，动则有苦，果不离因故。）

2. The subjective or perceiving nature of the ignorant unawake mind（能见相 = *darśana bhaga*, *pramāṇa*, *grahākāra*, etc.）. This too is a function of the fact that the unawake mind, having the character of transformation or change (*pravṛtti-lakṣana*, 转相）, is always in motion, whereas the awake mind, being inherently pure, does not move, and so does not have the character of a perceiving subject.（第二能见相。即是转相。依前业相转成能见。故言以依动故能见。若依性净门。则无

能见。）

3. The objective nature of the ignorant, unawake mind, i. e. , its nature as in the realm of objects of consciousness （境界相 = *nimitta/viṣaya bhaga*, *prameyu*, or *grāhyākāra*, *viṣayābhāsa*, etc. ）. This consists in delusions that appear as objects because they are dependent on the subjectivity of ignorance （以依能见故，境界妄现）.

Fǎzàng then comments that this aspect of the unawake mind, its active character, has itself two senses, its sense as function or movement （动作义） and its sense as cause （为因义）.[20] This distinction, in turn, allows Fǎzàng to draw into his reading of the *Qǐxìn lùn* certain of the basic concepts of Yogācāra thought and to use those concepts both to address some of the basic epistemological and ontological implications of the *Qǐxìn lùn*'s philosophy of mind and to clarify their implications for the text's view of the practice of contemplation or meditation.

Apropos of its sense as function or movement （动作义）, and focusing first on the lines, "it is because of its being not-awake that the mind moves" （以依不觉故心动） and "when awake it does not move" （觉则不动）, he says that,

The time of the incipience of awakening is when there are no active （moving） momentary conceptualizations, and from this we know that, in the present,[21] the movement of the mind is just the result of its not being awake.

既得始觉时即无动念。是知今动只由不觉也。

Then, apropos of its sense as cause （为因义）, and focusing on the clause "when the mind moves there is suffering"（心……动则有苦），he says,

> When the mind attains the condition of quiescence free of momentary conceptualizations, just then is there the marvelous joy of *nirvāṇa*. Therefore we know that as soon as the mind moves there is the painful turbulence of *saṃsāra*.

如得寂静无念之时。即是涅槃妙乐。故知今动则有生死苦患。

Finally—and most significantly for our purposes—he focuses on the clause, "the effect is not separate from the cause"（果不离因）and says,

> When the mind does not move there is joy and so we know that movement of the mind necessarily brings suffering. Movement as the cause and suffering as the effect occur simultaneously, and this is why we say that cause and effect are not separate. Although this（the causing of suffering by the movement of the mind）is a movement of momentary conceptualization, it is extremely subtle and its dependent origination is a unity without distinction of subject and object. Just this corresponds to the proper substance[22] of the *ālayavijñāna*. As the *Treatise* on *Marklessness*[23] says, "Question: what is the distinctive mark of this consciousness（the *ālayavijñāna*）, and what is its object? Answer: its distinctive mark and its object cannot be distinguished from one another. They are in essence one and the same." One should understand this as pertaining to the sense of the *ālayavijñāna* in its active character.

不动既乐。即知动必有苦。动因苦果既无别时。故云不相离也。此虽动念而极微细。缘起一相，能所不分。即当梨耶自体分也。如《无相论》云："问，此识何相何境界？答，相及境界不可分别，一体无异。"当知此约赖耶业相义说也。

In brief outline, the passage in the *Qǐxìn lùn* that Fǎzàng is here interpreting is an abbreviated and somewhat idiosyncratic statement of the Yogācāra analysis of the foundational consciousness as tripartite. In Yogācāra as codified in Xuánzàng's（玄奘）* *Vijñaptimātratāsiddhi*（《成唯识论》）, the *ālaya*, which encompasses the mind（*citta*, 心）and all mental factors（*caitas*, 心所法）, is conventionally analyzed as comprising two, three, or four "parts"（*bhāga*, 分）or "aspects"（*lakṣana*, 相）— the subjective or "seeing part"（the *darśana-bhāga*, 见分; a. k. a. *grāhaka*, *pramāṇa*）; the objective or "image part"（*nimitta-bhāga*, 相分; a. k. a., *grāhya*, *prameya*）; the apperceptive or "self-awareness part"（*svaṃvitti-bhāga*, 自证分）; and the hyper-apperceptive or "awareness of self-awareness part"（*svasaṃvitti-saṃvitti-bhāga*, 证自证分）. The *Qǐxìn lùn* differs from this standard Yogācāra model in speaking only of the first three parts and in substituting the term "activity"（*karma*, 业）for the term *svasaṃvitti*. However, in commenting on this passage, Fǎzàng, who was certainly familiar with Xuánzàng's compendium and the school of thought based thereon, does invoke the notion of self-awareness. First he explains the activity or active character of the *ālaya* as being both a function（动作）and a cause（因）. As a function it is simply the inherent instability or motility of the ignorant, unawake mind. As a cause, it is the ignorant mind's capacity to effect suffering. He then says that the instability or motility of the ignorant, unawake mind, which is the cause（因）of suffering, is not separate from（不相离）the suffering which is its effect（果）. Rather the two are necessarily coincident（动必有苦）and simultaneous（无别时）. Although this process, i. e., the unstable mind's causing suffering, is a kind of dependent origination（缘起），

it is of an extremely subtle（极微细）kind insofar as it is an instance of the oneness or unity（一相）of cause and effect. Suffering, in other words, is not subsequent to mental instability; rather it is simultaneous with it. It is at this point in his argument Fǎzàng makes an explicit reference to self-awareness saying that the active character of the ignorant, unawake mind is "precisely the proper substance of *ālaya*"（即当梨耶自体分也）. And, as the *Vijñaptimātratāsiddhi* explicitly says, "The proper substance on which both the objective and the subjective parts（of foundational consciousness）are based, and by virtue of which it is called a real entity（事, *dravya*）, is precisely its self-awareness part"（相见所以自体名事即自证分, T 1585: 31. 10b7）. We see, therefore, that Fǎzàng and Xuánzàng agree that self-awareness is of the essence foundational consciousness and that it is on the basis of self-conciousness that the *ālaya* may be said to be "real" or "actual"（*dravya-sat*）rather than merely "notional" or "provisional"（*prajñapti-sat*）. Self-awareness, then, is assigned an especially important role in the functioning of the foundational consciousness, and that importance consist in the fact that it is "self-constituted"（自体）.

Although this reference to the self-awareness of the foundational consciousness may seem to be a topic of only technical and limited significance, and although it is mentioned more or less only in passing, it is actually a kind of key to Fǎzàng's understanding of a whole series of important issues. It helps explain why Fǎzàng was convinced that there is a close relationship between Huáyán and the *Qǐxìn lùn*; it clarifies his understanding of the *Qǐxìn lùn*'s distinctive view of the relationship between the *ālayavijñāna* and *tathāgatgarbha*; and it makes unexpected sense of his approach to the treatise's paradoxical claim that the fundamental mind of a sentient being is both awake and not awake. Drawing on his familiarity with the Yogaācāra tradition, Fǎzàng here makes an intriguing connection between the notion of self-awareness or reflexive consciousness and the idea that activity of an especially subtle kind is an essential attribute of the foundational mind in its unawake mode or dimension. In what does its subtlety consist? Recall that the *ālayavijñāna* is distinguished from the other seven kinds of consciousness it supports [*kliṣṭamanas* (染末那识), *manovijñāna* (意识), and the five corporeal sense consciousnesses] insofar as it is not assigned a cognitive function, if by cognition one means the two-part (二分) function in which a subjective ingredient in cognition (*darśana-bhāga*, 见分/*grāhya*, 能取) apprehends an objective ingredient (*nimitta-bhāga*, 相分 / *grāhaka*, 所取). But what then could consciousness free of the subject-object dichotomy be except self-consciousness? Recall also that simultaneity, of the kind Fǎzàng here attributes to the relation between the movement of the mind and suffering, also marks self-awareness which in Yogācāra is not subsequent to a subject's cognition of an object but is simultaneous with it. This makes of self-awareness a kind of exception to the law of conditionality (*pratītyasamutpāda*, 缘起). Likened famously to a lamp's illuminating itself in the very moment in which it illuminates its surroundings, self-awareness is said, as it were, to be an instance self-causation. It is a capacity at the heart of the mind that is born only of, is dependent only upon, itself. Can we not say then that it is an instance of the unconditioned operative within the order of conditionality? And is not the same thing said about the *tathāgatagarbha*, that it too is something unconditioned mysteriously present in the order of conditionality?

How surprising is this? What Fǒzàng is claiming is that the movement of the ignorant, unawake mind——its active character (业相) ——is not only a domain of mental agitation that separates subject from object and so begets attachment and suffering. Insofar as it is always, in the each moment of its operation, simultaneously self-aware, the arising and ceasing mind or *ālayavijñāna* is identified as the locus of the sort of self-sprung, inviolate purity and clarity that is in other contexts is called *citta prakṛti viśuddhi* (the naturally pure mind), *prabhāsvara citta* (the radiant mind), *tathāgatagarbha*, or buddha-nature (*buddhagotra*, 佛性/佛姓)! That the *ālayavijñāna* is said to be in some subtle sense self-aware, or to be the essential and self-aware component of very act of consciousness, and that it is therefore held to be a kind of subliminal consciousness free of the dichotomy of subject and object — all this suggests that, despite its role as a repository of defilements, it is itself, as distinct from the seeds it carries, intrinsically pure. This, I would suggest, is the warrant for the *Qǐxìn lùn*'s distinctive and often disputed claim that the *tathāgatgarbha* is the foundation of the *ālayavijñāna*. The *tathāgatagarbha*, after all, is said to be the underlying purity of the otherwise polluted minds of sentient beings. If we were to search for evidence of the deep presence of the *tathāgatagarbha* amidst our faulty, agitated, defiled minds, Fǎzàng is implying, then the noetic location where we may find it is deep within the core of the unawake mind's "most subtle" (极微细) activity, i. e., in its very "self-essence part" (自体分), which "corresponds precisely to the *svasaṃvitti* of the *ālayavijñāna*" (即当梨耶自体分也). The asserted capacity of the unawake mind, in its ordinary "arising and ceasing" functioning, to be subliminally self-aware is therefore justification for belief in the existence of some unmoving, undefiled, transcendent dimension of mind lying beneath the apparitional defiled and defiling movements of the ordinary mind. It is on this basis, I would suggest, that the *Qǐxìn lùn* can make its claim that *ālayavijñāna* and *tathāgatgarbha*, usually regarded as opposites, are ultimately one. This is also a link, one of several that Fǎzàng discerned in the treatise, between the epistemology of Yogācāra and the ontology of Huáyán, ontology being the direction in which Huáyán thinkers often took their studies of Yogācāra. It is the epistemological counterpart to Huáyán's ontological claim that individual phenomena and the constitutive truth of all phenomena are coinherent（理事无碍）. It also goes far toward explaining why Fǎzàng, and all other Huáyán thinkers, were so enamored of the *Qǐxìn lùn* even though they could not place it in the highest Huáyán doctrinal category as a document of the "perfect or consummate teaching"（圆教）.

# Appendix I

Chinese Text（《大乘起信论义记》，卷一，T 1846：44. 242a25 – 244c8）：Fǎzàng on the Doxography of the *Qǐxìn lùn*：Finding the Proper Place of the *Awakening* among Buddhist Teachings and Traditions.

Note：In the following transcription progressive indentation is used to reveal the structure of Fǎzàng's commentary.

第三显教分齐者。于中有二。

先叙诸教。

后随教辨宗。

前中此方诸德立教开宗纷扰多端。难可具陈。略述十家。如《华严疏》中。又古代译经。西来三藏。所立教相。亦有多门。略举五家。亦如彼说。

今中天竺国三藏法师（242b1）地婆诃罗。唐言日照。在寺翻译。余亲问。说云。近代天竺那烂陀寺。同时有二大德论师。一曰戒贤。一曰智光。并神解超伦。声高五印。六师稽颡。异部归诚。大乘学人仰之如日月。独步天竺。各一人而已。遂所承宗异。立教互违。

谓戒贤则远承弥勒、无着。近踵护法、难陀。依《深密》等经《瑜伽》等论。立三种教。以法相大乘为真了义。谓佛初鹿园转于四谛小乘法轮。说诸有为法从缘生。以破外道自性因等。又由缘生无人我故。翻彼外道说有我等。然犹未说法无我理。即《四阿含经》等。第二时中。虽依遍计所执。而说诸法自性皆空。翻彼小乘。然于依他圆成。犹未说有。即诸部《般若》等。第三时中。就大乘正理。具说三性三无性等。方为尽理。即《解深密经》等。是故于彼因缘生法。初唯说有。即堕有边。次唯说空。即堕空边。既各堕边。俱非了义。后时具说所执性空。余二为有。契合中道。方为了义。此依《解深密经》判。

二智光论师远承文殊、龙树。近禀提婆、清辩。依《般若》等经《中观》等论。亦立三教。以明无相大乘为真了义。谓佛初鹿园为诸小根说于四谛。明心境俱有。次于中时。为彼中根说法相大乘。明境空心有唯识道理。以根犹劣未能令入平等真空故作是说。于第三时。为上根说无相大乘。辨心境俱空。平等一味为真了义。又初则渐破外道自性等。故说因缘生法决定是有。次则渐破小乘缘生实有之执。故说依他因缘假有。以（242c1）彼怖畏此真空故。犹在假有而接引之。后时方就究竟大乘。说此缘生即是性空平等一相。是故即判法相大乘有所得等。为第二时非真了义也。此三教次第。如智光论师《般若灯论释》中。引《大乘妙智经》说。

问：此二所说。既各圣教互为矛盾。未审二说可和会以不。

答：此有二义。谓无会无不会。

初无会者。既并圣教随缘益物。何俟须会。即是《智论》四悉檀中。各各为人悉檀。是故虽有相违。而不可会。亦是《摄论》四意趣中。众生乐欲意趣。于一法中或赞或毁。是故二说不须和会。

二无不会者。通论此二所设教门。了与不了有其二门。一约摄生宽狭。言教具阙。以明了不了。二约益物渐次。显理增微。以明了不了。

初中有二。

先约摄生宽狭者。依《解深密经》。初时唯为发趣声闻乘说。第二时中唯为发趣大乘者说。此二各唯摄一类机。摄机不尽。故各非了。第三时中普为发趣一切乘者说。此中摄机普该诸乘。故云普为一切乘说。摄机周尽。方为了义。

二约言教具阙者。约机取教。则初时唯说小乘。第二唯说大乘。第三具说三乘。前二各互阙教不具。故非了义。后一具三乘。教满为了义。由此等义。是故第三方为了义。戒贤所立依此门判。

第二门内亦二。

初约益物渐次者。谓初时所说唯令众生得小乘益。益未究竟。故非了义。第二时中虽益通大小。然不能令趣寂二乘亦得大乘。是故此说亦非尽理。第三时中（243a1）普皆令得大乘之益。纵入寂者亦令回向大菩提故。是故《经》云："唯此一事实。余二则非真"。又云，"若以小乘化。我则堕悭贪。此事为不可。"是故此说方为了义。

二约显理增微者。初说缘生以为实有。次说缘生以为假有。后说缘生方是性空。前二所说显理未周。会缘未尽。故非了义。后一显理至究。会缘相尽。故为了义。由此等义。是故第三方为究竟了义大乘。亦即初唯小乘。次具三乘。后唯一乘故也。智光所立依此门判。由有如此二种门故。是故圣教各依一势以明权实。互不相违。

问：若如所说。两宗各初唯说小乘。何故《华严》亦最初说。而非小乘。

答：此难诸德总有三释。

一云。约渐悟机立三法轮有此渐次。若顿悟机。则最初亦说彼《华严》等。若尔。《密迹力士经》初时具说三乘之法。此为其渐。为其顿耶。若是渐教。应唯说小。若顿教。应唯说大。是故难解。

一云。若依显了门。则如前有此三法次第。若约秘密门。则同时皆有。若尔。则初时小显而大密。何不以大显而小密耶。又判此显密。出何圣教。理既不齐。又无圣教。故亦难依。

一云。但是如来圆音一演。异类等解。就小结集。故唯说小。就大结集故唯说大。就通结集故说三乘。若尔。说《华严》时。何故声闻不闻自所闻。乃如聋盲无所见闻。是亦难解。今解此难。

泛论如来圆音说法。大例有二。

一为此世根定者说。

二为此世根不定说。

初中自有三节。

一或有（243b1）众生。此世小乘限性定者。唯见如来从始至终但说小乘。如小乘诸部不信大乘者是。

二或有众生。此世三乘根性熟者。则唯见如来从始至终但说三乘。如《密迹力士经》。"说佛初鹿园说法之时。无量众生得阿罗汉果。无量众生得辟支佛道。无量众生发菩提心住初地等。"广如彼说。《大品经》中亦同此说。是故后时所说皆通三乘。如诸大乘经中说也。

三或有众生。此世一乘根性熟者。则唯见如来初树王下华藏界中。依海印三昧。说无尽圆满自在法门。唯为菩萨。如《华严经》等说。

是故诸说各据当根所得。互不相违也。

二不定根者有二位。

一此世小乘根不定故。堪可进入三乘位者。则初闻唯小为不了教。次唯说大亦非了教。后具说三乘方为了义。故有《深密经》中三时教也。

二此世小乘根不定故。堪可进入一乘位者。则初闻小乘为不了教。次通三乘亦非了教。后唯说一乘方为了教。智光所立当此意也。

是故由有于此世中根定不定二位别故。令此教门或有前后。或无前后也。上来总明叙会诸教竟。

第二随教辨宗者。现今东流一切经论。通大小乘。宗途有四。

一随相法执宗。即小乘诸部是也。

二真空无相宗。即《般若》等经。《中观》等论所说是也。

三唯识法相宗。即《解深密》等经。《瑜伽》等论所说是也。

四如来藏缘起宗。即《楞伽》《密严》等经。《起信》《宝性》等论所说是也。

此四之中。

初则随事执相说。

二则会事显理说。

三则依理起事（243c1）差别说。

四则理事融通无碍说。以此宗中许如来藏随缘成阿赖耶识。此则理彻于事也。亦许依他缘起无性同如。此则事彻于理也。

又此四宗。

初则小乘诸师所立。

二则龙树提婆所立。

三是无着世亲所立。

四是马鸣坚慧所立。

然此四宗亦无前后时限差别。于诸经论亦有交参之处。

宜可准知。今此论宗意当第四门也。（243c8）

# Appendix II

Chinese Text（《大乘起信论义记》，卷二，T 1846：44. 262a9 – 262c8）：Fǎzàng on "the Arising and Ceasing Mind as Not Awake" and "the Self-Awareness of the *Ālayavijñāna*."

Note：In the following transcription, passages and phrases from the *Qǐxìn lùn* are given in an alternate（楷书）font so as to distinguish them from Fǎzàng's commentary. Where Fǎzàng quotes whole sentences from the treatise they are given in larger type. Progressive indentation is used to reveal the structure of the commentary.

第二不觉中有三。

初明根本不觉。

二"生三种"下明枝末不觉。三"当知无明"下结末归本。

又亦可

初明不觉体。

次明不觉相。

后结相同体。

前中有二。

初依觉成迷。

后依迷显觉。

亦则释疑也。以彼妄依真起无别体故。还能返显于真。即是内熏功能也。由是义故。经中说言。"凡诸有心悉有佛性"。以诸妄念必依于真。由真力故。令此妄念无不返流故也。

初中有三。谓：

法

喻

合也。

**所言不觉义者。谓不如实知真如法一故。不觉心起而有其念。念无自相不离本觉。**

法中。初不了如理一味故。释根本"不觉义"。如迷正方也。"不觉念起"者。业等相念。即邪方也。"念无自相"下明邪无别体不离正方也。即明不觉不离觉也。

**犹如迷人。依方故迷。若离于方，则无有迷。众生亦尔。依觉故迷。若离觉性则无不觉。**

喻合可知。

**以有不觉妄想心故，能知名义为说真觉。若离不觉之心，则无真觉自相可说。**

后文中二。

初明妄有起净之功。后明真有待妄之（262b1）义。良以依真之妄方能显真。随妄之真还待妄显故也。

第二末中略作二种释。

一约喻说意。

二就识释文。

初者本觉真如其犹净眼。热翳之气如根本无明。翳与眼合动彼净眼。业识亦尔。由净眼动故有病眼起。能见相亦尔。以有病眼向外观故。即有空华妄境界现。境界相亦尔。以有空华境故。令其起心分别好华恶华等。智相亦尔。由此分别坚执不改。相续相亦尔。由执定故于违顺境取舍追遣。执取相亦尔。由取相故于上复立名字。若有相未对时。但闻名即执。计名字相亦尔。既计名取相发动身口。攀此空华造善恶业受苦乐报。长眠生死而不能脱。皆由根本无明力也。

第二释文中有二。

初无明为因生三细。

后境界为缘生六麄。

前中亦二。谓

总标

别解。

**复次，依不觉故，生三种相，与彼不觉相应不相离。**

标中言"与彼不觉……不相离"者。明相不离体故，末不离本故。以依无明成妄心。依忘心起无明故也。

云何为"三"？

前中三细即为"三"。各有标释。

**一者，无明业相。以依不觉故，心动说名为业。觉则不动。动则有苦，果不离因故**

初中释内。"以依不觉"者。释标中无明。即根本无明也。

"心动名业"者。释标中"业"也。此中"业"有二义。

一"动作义"。是"业"义故。云"依不觉故心动名为业"也。"觉则不动"者。反举释成。既得始觉时即无动念。是知今动只由不觉也。

二为"因义"。是"业"义故。云"动则有苦"。如得寂静无念（262c1）之时。即是涅槃妙乐。故知今动则有生死苦患。"果不离因"者。不动既乐。即知动必有苦。动因苦果既无别时。故云"不相离"也。此虽动念而极微细。缘起一相能所不分。即当梨耶自体分也。如《无相论》云。"问此识何相何境界。答相及境界不可分别。一体无异。"当知此约赖耶业相义说也。下二约本识见相二分为二也。

## NOTES

1. The term 生灭, which is often, but incorrectly, read as the equivalent of *saṃsāra* （生死）, seems rather to be one of the many examples in the *Qǐxìn lùn* of terminology derived from the *Laṅkāvatāra Sūtra*. Here is one example particularly relevant to the *Qǐxìn lùn*'s use of the term 生灭:

yadi hi Mahāmate ālayavijñānasaṃśabditas tathāgatgarbho "tra na syād ity asati Mahāmate tathāgatagarbha ālayavijñānasaṃśabdite na pravṛttir na nivṛttiḥsyāt. bhavati ca Mahāmate pravṛittir nivṛttiś ca bālāryāṇām/svapratyātmārya-gati-dṛṣṭa-dharma-sukha vihāreṇa ca viharanti yogino" nikṣipta-prayogāḥ (Nanjio ed. , 222).

Bodhiruci translated this passage as follows:

大慧！若如来藏阿梨耶识名为无者，离阿梨耶识**无生无灭**。一切凡夫及诸圣人，依彼阿梨耶识故**有生有灭**，以依阿梨耶识故，诸修行者入自内身圣行所证现法乐行而不休息。（《楞伽经》T 671: 16. 556c28-557a1）

Relying on the Bodhiruci translation in comparison with the Sanskrit, we read this passage as:

"Oh, Mahāmati, if there were no *tathāgatgarbha* called *ālayavijñāṇa*, there would be no arising and ceasing. (But) as all beings, common and noble alike, are dependent on the *ālayavijñāna*, there is arising and ceasing. And, as they are dependent on the *ālayavijñāna*, cultivators still persist in practice (even though) they have entered into the immediate dharma-joy they have personally realized by their noble conduct."

Here we see good scriptural warrant for the *Qǐxìn lùn*'s distinctive claim of the reciprocal identity of the *ālayavijñāna* and the *tathāgatgarbha*, upon which, in turn, rests the claim that in its deepest nature the mind of a sentient being is both "awake" and "not awake". Many more examples of possible scriptural sources influential in the composition of the *Qǐxìn lùn* have been helpfully assembled by Ōtake Susumu 大竹晋 in his excellent study, (*Daijōkishinron*) *seiritsu mondai no kenkyū*: (*Daijōkishinron*) *wa kanbun bunken kara no pachiwāku* 「大乗起信論」成立問題の研究:「大乗起信論」は漢文仏教文献からのパッチワーク [Tokyo: Kokusho kankōkai (国書刊行会), 2017], to which (p. 108) I am indebted for the discovery of this particular example. See also Ishii Kōsei's 石井公成 review of Ōtake's book in *Komazawa daigaku bukkyō gakubu kenkyū kiyō* 駒澤大学仏教学部研究紀要, no. 76 (March 2018): 1-9.

2. For the edited Chinese text of this section of the *Qǐxìn lùn*, see Appendix I.

3. T 1846: 44. 242a25 – 243c8. A complete English translation of Fǎzàng's *Qǐxìn lùn Commentary* has been published by Dirck Vorenkamp — *An English Translation of Fa-tsang's Commentary on the Awakening of Faith* (Lewiston, Queenston, and Lampeter: The Edwin Mellen Press, 2004). While I find Vorenkamp's work to be impressively meticulous I often disagree with his translations and interpretations, and in some cases the disagreements are substantial.

4. See *Huáyánjīng tànxuán jì* (《华严经探玄记》) (T: 35. 110c19–111c7). Among the ten experts whose doctrinal classification schemes Fǎzàng sketches are Pāramārtha, founder of the *Shèlùn* (摄论) tradition, Bodhiruci and Huìguāng (慧光) of the *Dìlùn* (地论) tradition, the Tiāntái (天台) founders Huìsī (慧思) and Zhìyǐ (智顗), and the Korean monk Wǒnhyo (元晓). Special attention should be paid to the classification system of Wǒnhyo, who had composed an earlier commentary, *Qǐxìn lùn shū* (《起信论疏》, T1844), which was known to Fǎzàng and was influential upon own commentary. Likewise, the classification systems of Pāramārtha, Bodhiruici, and Huìguāng are especially noteworthy because they were directly incorporated into the Huáyán classification system first formulated by Fǎzàng's teacher Zhìyǎn (智俨). Concerning the *Tànxuán jì*, one should be aware of the value to its study of the five-volume, thoroughly annotated Japanese translation by Sakamoto

Yukio（坂本幸男），which is included in the series *Kokuyaku issaikyō*（国訳一切経）as vols. 6–10 of the "Scriptural Commentaries Subsection"（経疏部）of the "Japanese and Chinese Compositions Section"（和漢選述部）of that collection. This translation was originally published in 1937, but a "revised edition"（revised only in format）was published in 1980, in Tokyo, by Daitō Shuppansha（大東出版社）. As Fǎzàng's *Exegetical Notes* often draws on the *Tànxuán jì*, Sakamoto's work is helpful in the study of the former as well. We know that the *Tànxuán jì* was composed in 690 — see Chén Jīnhuá（陈金华），*Philosopher, Practitioner, Politician*：*The Many Lives of Fǎzàng*（643—712）（Leiden：E. J. Brill, 2007, p. 20）. The exact date of the composition of the *Exegetical Notes* is not known, but it can be presumed to have been later. We do know that in the year 699 Fǎzàng assisted Śikṣānanda with the second "translation" of the *Qǐxìn lùn*—See Chén, op. cit. , pp. 143, 226, 386.

5. Fǎzàng's account here of what he learned from Divākara about the doctrinal classification systems of these two Indian sages seems to have been taken from the more extensive account of the same and related matters given in the *Tànxuán jì*（T 1733：35. 111c8–115c3）. Apart from the information received from Divākara and recorded by Fǎzàng, most of what we know about these two Indian monks derives from the accounts by Xuánzàng and his disciples of the great pilgrim's time at Nālandā, where Śīlabhadra was then the elderly abbot and Jñānaprabha was a senior teacher. Śīlabhadra is the better known of the two. He was the leading doctrinal disciple of Dharmapāla, whose version of Yogācāra Xuánzàng viewed as most authoritative. The doctrinal affiliation of Jñānaprabha has been a subject of some controversy and confusion. All testimony about him identifies him as an adherent of Madhyamaka. However, he has also been identified as a disciple of Śīlabhadra and for this reason some have assumed that he too must have been a Yogācārin. However, this conundrum, which led some to go so far as to speculate that there may have been two Jñānaprabha-s, is likely the result of misunderstanding the relationship between an Indian monk's doctrinal position and his status as a member of the monastic community. In particular, it may be the result of assuming that Śīlabhadra's status as abbot of Nālandā, where the younger Jñānaprabha also taught, meant that the latter must have been a doctrinal disciple,

as well as a clerical subordinate, of the former. This, however, is an unnecessary and unsupported assumption that fails to appreciate the doctrinal diversity of great institutions of monastic learning like Nālandā.

6. The word *lǐ* (理) presents special challenges to both the interpreter and the translator. Conventionally but inadequately translated as "principle", the "*lǐ*" of a thing is understood in the philosophical usage of Buddhism and in other traditions of Chinese thought to be the inherent structure of a thing, its sustaining constitution, its constitutive truth. If western analogies may be permitted, it might be described as the "nature" ($\varphi\acute{v}\sigma\iota\varsigma$/*phýsis*) of a thing, its *quidditas*, its essence (in the Aristotelian sense of "$\tau\grave{o}$ $\tau\acute{\iota}$ $\mathring{\eta}\nu$ $\varepsilon\mathring{\iota}\nu\alpha\iota$ / *tò tí ên eînai*", "*quod quid est*" = "the what-it-is-ness" or "what-it-has-always-been-ness" of the thing). The Chinese word, as used here, does not translate any Sanskrit word but it does bear some relation to concepts expressed in Sanskrit by terms like *svalakṣana* (自相 = "proper character") or *jāti-lakṣana* (真相 = "true nature", "distinctive character"), which are free of the ontological implications found in deceptively similar terms like *svabhāva* (自性). Especially when used of an array of things, or of the totality of things, "*lǐ*" is distantly analogous in meaning to the "$\lambda o\gamma o\sigma$/*logos_*" of the Stoics. In Huáyán usage it often labels the epistemological object (*ālambana*, 缘) of "insight" or "wisdom" (*prajñā*, 智) and the object of "realization" (*abhisamaya* / *abhisambuddha*, 证). As such "*lǐ*" has been understood in some strains of East Asian Buddhist thought to be a constructive enunciation of the truth that all things are empty (*śūnya*, 空), i. e., the "principle" of the insubstantiality of all things, the absence from all things and beings of self-existence (*svabhāva*, 自性), which absence is paradoxically said to "constitute" what things and beings most essentially are. Other strains of Chinese Buddhist thought treat the word as the label of a kind of presence rather than a kind of absence. They may identify it, for example, as the inherence of Buddhahood, or the seed thereof, in all sentient beings (all epistemological subjects), or as the presence of suchness (*tathatā*, 真如) or truth (*dharmatā*, 法性) in all things (all epistemological objects). In the characteristic discourse of the Huáyán tradition a creative tension is maintained between apophasis (遮诠) and cataphasis (表诠) such that the doctrine of *lǐ* as emptiness and the doctrine of *lǐ* as

inherent Buddha-nature or dharma-nature or suchness are understood to be two means by which to apprehend the same ultimately ineffable truth, the former seen as propaedeutic to the latter, the latter seen as culminative. This is the basic position of the *Qǐxìn lùn.*

7. The term "*zōng*" (宗) is inherently polysemic and therefore often hard to translate. Rooted in the ancient Chinese concept of ancestral descent, it is often used also to mean "doctrinal lineage" or "tradition of thought". In certain contexts, it has a more institutional connotation and then may be understood to mean "school" or even "sect". However, it can also refer to the core concept, basic argument, or governing intellectual disposition that lies at the heart of any system of doctrine, thereby giving a teaching lineage or school its distinctive character. In this sense it may be thought of as the underlying code, the conceptual DNA, that defines a particular lineage or school and accounts for the continuity of its development. In this latter sense it can be legitimately understood to mean "essential doctrine" or "fundamental tenet". In this sense also the word is often juxtaposed, as it is here, with the word "*jiào*" (教) so as to distinguish between a discursively formulated teaching or system of teachings, on the one hand, and, on the other hand, the principle that gives a teaching its basic meaning or that lies at the heart of a doctrinal system.

8. The long-standing and vexed question of the authenticity and origin of the *Qǐxìn lùn* is far too complex to be fully addressed here. Suffice it to say that I find most persuasive the hypothesis lately proposed by scholars like Ōtake Susumu, Ishii Kōsei [ and variously foreshadowed by earlier scholars like Mochizuki Shinkō (望月信亨), Liáng Qǐchāo (梁启超), Walter Liebenthal, Lv Chéng (吕澄), and others]. According to this hypothesis, the work is neither wholly a Chinese composition nor wholly a translation from an Indic language. Rather it seems likely that it emerged somehow from the circle of the Indian missionary Bodhiruci and that it likely incorporates language and concepts from Bodhiruci's various extant and inextant translations, from his oral commentary on those texts, and from notes taken by his students. This hypothesis allows for two equally possible, and possibly convergent, scenarios——first the possibility that Bodhiruci's teachings conveyed to China strains of Indian Mahāyāna thought that were not well preserved later in India; second, that Bodhiruci and other early sixth century Indian missionaries to China developed teachings

shaped in part by their encounters with Chinese traditions and thinkers, or that they joined with their Chinese interlocutors in the creation of new Chinese-influenced formulations of originally Indian Buddhist ideas. In other words, it need not be the case that all that is new or seemingly anomalous in the *Qǐxìn lùn* must be attributed solely to Chinese authors who could not understand the Indian teachings or who rejected them. Nor must it be that the *Qǐxìn lùn* is simply a faithful translation of the work of some unnamed Indian author. This flexible hypothesis accommodates well the established fact that in the *Dìlùn* (地论) tradition of Bodhiruci (and Ratnamati, et al.), Yogācāra, Tathāgatgarbha, and Śūnyavāda themes were variously intertwined in something like the way they are intertwined in the *Qǐxìn lùn*. See, inter alia, Ōtake, 「*Daijōkishinron*」 *seiritsu mondai no kenkyū* (cited above in note # 1). Of course, the question of who actually composed the text remains open. Among the several sixth century scholar-monks who have been identified by earlier scholars as possible authors or compilers are Paramārtha (the alleged "translator"), Tánzūn (昙遵, 475? —577?), Dàochong (道宠, 477? —573?), Tánqiān 昙迁 (541—607), and Bodhiruci himself, but no consensus has yet been reached. Well worth considering, however, is the very recent and quite intriguing suggestion made by John Jorgensen of Australia's La Trobe University, in a conference paper not yet published, that the author may have been Tánlín (昙林) (d. u.). Little of Tánlín's corpus of writings survives; we have only a few brief prefaces and introductions to translations from his brush. Moreover, he is known to modern scholars chiefly for his association with several of the progenitors of the Chán or proto-Chán tradition. Nevertheless, it is significant that Tánlín was also eminently learnèd in the very array of texts and doctrinal traditions from which the *Qǐxìn lùn* seems to have arisen. He worked with Bodhiruci and other Indian figures in Bodhiruci's circle, assisting them in their translations (including several Yogācāra texts by Vasubandhu). We can therefore safely assume that he was quite well versed in the terminology and patterns of usage that characterize the translations and exegetical discourse of Bodhiruci and his associates, and we now know that those translations and that discourse echo clearly in the *Qǐxìn lùn*. We also know that Tánlín had a special interest in sources of *tathāgatgarbha* doctrine like the *Śrīmālā*, *Laṅkāvatāra*, and *Nirvāṇa* sūtras, all of which were clearly influential upon the *Qǐxìn lùn*. All of this would seem, then, to qualify Tánlín well for the role of composer of the treatise. Although Jorgensen's case is not, and probably cannot ever be, "proven", he has shown it to be eminently plausible.

9. It is worth noting that Zhìyǎn is said to have composed two commentaries on the *Qǐxìnlùn*, both listed in Uichŏn's 义天（1055—1101）*Catalogue* of his *Supplement to the Canon*（《新编诸宗教藏总录》，卷 3—T 2184：55.1175a4-5）. Unfortunately, neither of them is extant.

10. On this change in the history of Huáyán thought see Peter N. Gregory, *Tsung-mi and the Sinification of Buddhism*（Princeton：Princeton University Press，1991），especially pp. 162-167.

11. For the edited Chinese text of this section of the *Qǐxìn lùn*, see Appendix II.

12. One is reminded of the distinction in modern western philosophy, following Gottlob Frege, between *Bedeutung*（"reference"，意持/所指）and *Sinn*（"sense"，意义）. The sense of a word or proposition is something that resides in the word or the proposition. The referent is the extrinsic thing or idea to which the word or proposition refers. The sense of a word or proposition may be described as the way in which it presents its referent. The classic examples are the terms "morning star" and "evening star". Both terms refer to the same planetary body（Venus）but they present that one referent in two different ways, setting it in two different contexts. This distinction has been the focus of much philosophical analysis. It and its implications have been subjected to a variety of contending interpretations and critiques. Nevertheless, it is at least worth considering whether or not it is a distinction that may prove useful in efforts to understand, for example, what the *Qǐxìn lùn* means when it speaks of the one mind as both the mind of suchness and the mind that arises and ceases. It may help us appreciate that these two, and other pairs mentioned in the text, are more than simply names for two "parts" or two collaborating aspects, of one thing. That is too simple an interpretation and the *Qǐxìn lùn* is saying more than that. It is saying, I would suggest, that each is the whole of the dharma to which it refers, just as "evening star" and "morning star" each refers to the whole of Venus and not just to one part or feature of that planet.

13. It is clear from the outset that the *Qǐxìn lùn* does not use the term "*mahāyāna*" in

the most customary sense 〔which is perhaps why it speaks of *móhēyǎn*（摩诃衍）rather than of *dàshèng*，大乘〕. Rather than refer simply to the greatest of Buddhism's several "vehicles" the *Qǐxìn lùn* regards "*mahāyāna*" as a name for ultimate reality，the great truth about all things，the great "way" that all things are.

　　14. We have conscientiously avoided the conventional translation of 觉（bodhi）as "enlightenment" or "enlightened". These are poor translations that carry with them too much western baggage while ignoring the all-important plain or literal meaning of both the Sanskrit and the Chinese originals. We are aware，however，of the fact that although the adjective "awake" or the passive participles "woke" or "awoken" are often appropriate translations，the word "awakening"，although better than "enlightenment"，has its own deficiencies. "Awakening" is a gerund（动名）and so could be taken to signify only the process or moment of "waking up" to reality or truth. But the word 觉 as used here more often refers not so much to the process or moment of waking up（that is what 始觉 means）as to the condition of having woken up. It is as though the English language needs some other word that it does not really have，like "awake-ness" or "awake-ment". Nor is the word "wakefulness" always quite suitable because it seems to refer to a quality or state of mind rather than to the nature of mind or its essential constitution.

　　15. It may seemindeed，it is-far-fetched，but I cannot help but note that the *Qǐxìn lùn*'s reflections on the dual nature of the one mind as both awake and not awake，and on the dual nature of the one awake mind as both incipiently awake and originally awake，is distantly analogous，i. e.，structurally but not substantively similar，to Early Christian reflections on the nature of Christ as both fully divine and fully human. The Fathers of the Church arrived at the orthodox conclusion that Christ was two natures（*physes*，*naturae*），one divine and the other human，in one individual or person（*hypostasis*，*persona*）— two "what-s"，as it were，comprising a single "who". Whether ancient Greek categories like "nature" and "person" or "individual" could be useful in interpreting the *Qǐxìn lùn* is an open question worthy of attention at least by comparative philosophers and theologians if not by Buddhist scholars. This analogy，I believe，partly accounts for the keen interest in the *Qǐxìn lùn* on the part of Christian thinkers that began in the late 19th century with Timothy Richard/Lǐ Tímótài

（李提摩太，1845—1919），the first westerner to study the *Qǐxìn lùn* after being introduced to it by Yáng Wénhùi（杨文会，1837—1911），the founder of modern Chinese Buddhism and an ardent devotee of the treatise who credited it with his own conversion to Buddhism. Since the time of Richard and continuing even today, Christian interest in the text has generated numerous essays and dissertations by Christian theologians.（So keen was Richard's ill-informed but enthusiastic interest in the *Qǐxìn lùn* that he went to the absurd length of suggesting that it was actually a crypto-Christian text and that it may have resulted from an encounter at the court of the Indo-Scythian king Gondophares（多法勒斯）between Aśvaghoṣa and the Apostle Thomas（使徒多马）！When I give free rein to my own imagination I wonder, in this connection, if Fǎzàng might ever have met a Syrian Christian like Alopen（阿罗本）when they were both residing in Cháng'ān or Luòyáng. But for this, of course, there is not the slightest bit of evidence.）

16. "Momentary conceptualizations" is a somewhat cumbersome translation intended to convey at once two senses of the word 念——the sense of "moment" or "instant"（*kṣaṇa*, 刹那）and the sense of "thought" or "thinking", the latter in the sense of constructive or discriminative and thus erroneous thought or thinking（*vikalpa*, et al.）. It is quite likely, I think, that this word often carried both connotations when used in Chinese Buddhist discourse. The word is also commonly used to convey the notion of mindfulness or awareness（*smṛti*）, but that sense seems not to apply here.

17. The term 相 is most often used in the *Qǐxìn lùn*, and in Huáyán, as the equivalent of the Sanskrit *lakṣana*, which can be rendered into English as "mark" or "characteristic" or "attribute" or "quality". All of these translations are appropriate provided one understands that the characteristics or qualities so labelled are more than merely accidental features. Rather they are features that distinguish one kind of thing from other kinds of things. They are thus necessary and indispensable parts of the character of the thing without which the thing would not be what it is. In many cases "*lakṣana*" has the implied sense of "*jāti-lakṣana*"（真相）and thus functions as the epistemological counterpart of the ontological term *svabhāva*（自性）. One might well say that the term "*lakṣana*" is used to define a thing epistemologically whereas "*svabhāva*"（or "*niḥsvabhāva*"）is used to define

it ontologically. In any case, although the *lakṣana* of a thing may not be its single most essential aspect neither is it a minor or dispensable quality of the thing.

18. This passage is a challenge to construe and susceptible to differing readings. In the translation given here (which takes the word 幻 as an adverb modifying the verb or adjective 差别) we have followed Fǎzàng's gloss:

"随染幻差别"者，是"无漏"法也。"性染幻差别"者，是"无明"法也。以彼"无明"迷平等理，是故其"性"自是"差别"。故下文云，"如是无明自性差别故也。"（T 1846：44. 264b1-4）

Here Fǎzàng explains the mark of difference (异相) between the mind awake and the mind unawake in terms of the intrinsic purity (无漏) of the former, which, despite that purity, can nevertheless adjust to or accommodate defilement (随染). By contrast, the mind unawake with its ignorance (无明) is held to defiled by its very nature. He proceeds further by analyzing the two key clauses in the passage——随染幻差别 ["it is by involvement with defilement that (the mind awake, in its purity) is apparitionally differentiated"] and 性染幻差别 ["it is by its very nature as defiled that (the mind unawake, in its ignorance) is apparitionally differentiated]. He says that the first clause refers to the way in which the mind awake differs from the mind unawake insofar as its status as a pure dharma (无漏法) is not compromised by its being involved in defiled apparitional differentiations (随染). The second clause, he says, indicates that the awake mind and the unawake mind are apparitionally differentiated from each other in the sense that the latter, as a dharma of ignorance (无明法), has defilement as its very nature (性染). For ignorance, he says, "obscures the truth of sameness" (彼无明迷平等理) and differentiation is its very nature (其"性"自是差别). In support of this analysis he points to a later passage in the *Qǐxìn lùn* which says, "because in this way the self-nature of ignorance is differentiation". So, the point of the passage is that the difference between the mind awake and the mind unawake is a real as well as an apparent difference, but not so real, or not real in such a way, as to entail bifurcation of the mind. They are not two different minds. That they may appear to be so substantively different as to constitute two minds is a function of the unrecognized fact that the inviolate purity of the awakened mind can tolerate involvement with defilement without compromising its inherent purity, whereas the unawake, ignorant mind has the nature of defilement in the epistemological sense of error. It is the name we give to the misapprehension of the oneness of the mind.

19. The term 业 renders the word *karma* in its primitive sense of deliberate action on the part of a sentient being, i. e. , action which, because it is deliberate or intentional, has necessary（"karmic"）consequences for the actor.

20. Here Făzàng is referring not to causality in the general sense but to causality as operative in the multi-dimensional mind as conceived in the Yogācāra tradition（the eight consciousnesses, including the *ālayavijñāna*）. According to this tradition, suffering is caused by the foundational mind's nature as inherently active or unstill.

21. I take the word 今（"at present", "now"）to signify that the causal relationship between suffering and the unawake character of the mind's movement is a simultaneous relation. It is not the case that the cause precedes the effect. Rather, both cause and effect occur "in the present".

22. The term 自体分［literally："inherent-substance part（of consciousness）"］is found in the ＊*Vijñaptimātratāsiddhi*（《成唯识论》）（T 1585：31. 10b3－7）where it is said to be the self-nature of both the subjective and the objective aspects of cognition—i. e. , of both its "seeing part"（darśana-bhāga, 见分）and its "image part"（nimitta-bhāga, 相分）. It is the more precisely defined as "nothing other than self-awareness"（即自证分）, i. e. as the "third part" of consciousness, which is said to be an "actual" thing（dravya, 事）thing and the basis（āśraya, 所依）of the other two parts. In Făzàng's use of this notion we have a reference, relatively rare in Huáyán writings, to a topic that looms especially large in later Indo-Tibetan Buddhist thought and in modern philosophical analyses of Buddhism as well, namely, the topic of self-awareness or reflexive awareness（*svasaṃvedana* or *svasaṃvitti*）, the existence of which as a distinct kind of consciousness is generally affirmed in the Yogācāra tradition but denied in the Madhymaka tradition. That Făzàng invokes this notion, which he characterizes as "extremely subtle", in order to explain the unawake nature of the "arising and ceasing mind"（the *ālayavijñāna*）is worthy of special notice. For more on the topic of self-awareness and its relationship to the *Qǐxìn lùn* and to Huáyán, see

the stimulating article by Yáo Zhìhuá（姚治华），" 'Suddenly Deluded Thoughts Arise'：Karmic Appearance in Huayan Buddhism"，*Journal of Chinese Philosophy* 37：2（June 2010）：198－214. It was in Yáo's article that I first came upon this inconspicuous but crucially significant claim by Fǎzàng. See also Yáo's general discussion of the theme of self-awareness in Indian Buddhist thought—*The Buddhist Theory of Self-Cognition*（London：Routledge，2005）. The literature on *svasaṃvitti* in the later Indo-Tibetan traditions of logic and epistemology is abundant and interest in the Buddhist concept in modern analytical epistemology and philosophy of mind（sometimes with reference back to Kant on the "unity of apperception"）and in the cognitive sciences is growing. As examples of work in both areas see Christian Coseru，*Perceiving Reality：Consciousness, Intentionality and Cognition in Buddhist Philosophy*（Oxford：Oxford University Press，2012），especially chpt. 8 （pp. 235-273）and Dan Arnold，"Self-Awareness（*Svasaṃvitti*）and Related Doctrines of Buddhists following Dignāga：Philosophical Characterizations of Some of the Main Issues"，*Journal of Indian Philosophy* 38. 3（June 2010）：323-378.

23. This very brief text（T 1619），translated by Pāramārtha，is known also by the fuller title of《无相思尘论》（the original Sanskrit of which is hard to guess）. It is a fragment of Dignāga's（陈那）*Ālambanaparīkṣā*（*Analysis of the Object of Consciousness*），a classic statement of the great Yogācāra logician's claim that all objects of consciousness or cognition are themselves just representations，i. e.，mental，rather than extra-mental，phenomena. However，this passage is not found in the edition of the *Wúxiāng lùn* that we have today.

# 昙迁与敦煌写本羽333V

〔澳大利亚〕John Jorgensen

**内容摘要**：法藏大师至少引用了三次杏雨书屋所藏"敦煌"写本羽333V中的"大乘起信论"疏片段。这个写本片段来自李盛铎的收藏品，因此有可能是伪造的。本文认为，基于其教义内容、书法，以及第一次有明确证据表明其存在的日期，这个写本片段不是伪造的。疏中有许多句与昙延大师著《大乘起信论疏》的语句相同，并且很多证据表明其内容受到真谛大师摄论教义的影响。与其他文本比较的当前结论是，这个写本片段是在587之后不久由昙迁大师编写的，它影响了元晓、智俨、法藏。

**关键词**：《大乘起信论》，法藏，羽田亨，李盛铎，昙迁，昙延

**作者简介**：John Jorgensen，澳大利亚拉筹伯大学教授。

Fazang (643—712) used a number of commentaries on the *Dasheng qixin lun* (《大乘起信论》) (hereafter QXL) to write his *Dasheng qixin lun yiji* (《大乘起信论义记》). He consulted commentaries by Wǒnhyo (元晓, 617—686), Tanyan (昙延, 516—588), and Huiyuan (慧远, 523—592). He also consulted a previously unidentified commentary recently been found in the Kyō'u shōku (杏雨书屋) (or Takeda) collection. This is here labelled Hane 333V. Three quotes by Fazang of Hane 333V have been found by Ikeda Masanori in the *Dasheng qixin lun yiji*. Ikeda has also suggested Hane 333V had an indirect influence on Fazang via Tanyan, who in turn influenced Wǒnhyo, the chief influence on Fazang. [1]

There are three early commentaries on the QXL from before the Tang, but there are questions about the provenance or dating of all three. They are the commentary by Tanyan, the commentary by Huiyuan, and a fragment of a commentary by an unknown author, Hane 333V. The earliest two extant commentaries are the undated manuscript, Hane 333V, and that by Tanyan. These interlinear commentaries are related, one copying from the other or from a common source. Both made no reference to Aśvaghoṣa, [2] nor had the earliest catalogues made such a reference, not until the *Kaiyuan shijiao lu* (《开元释教录》) (T55. 561c9) of 730. Furthermore, surprisingly given the lack of Dilun doctrine in the QXL, all of the early commentators (Tanyan, Huiyuan) with the possible exception of the Hane 333V author (and we only

---

[1]  Ikeda Masanori 池田將則, 'Kyō'u shōku shozō Tonkō bunken *Daijō kishinron* sho (gidai, Hane 333V) ni tsuite' 杏雨書屋所藏敦煌文献大乘起信論疏 (擬題, 羽 333V) につい て, *Pulgyohak ribyu* 불교학리뷰 12, 2012, pp. 45-167. See pp. 96-100, examples given pp. 99-100.

[2]  Ikeda 2012; bibliographical study of Tanyan in Takasaki Jikidō 高崎直道, "*Daijō kishinron no imi to rontai*" 大乘起信論の意味と論体, in *Takasaki Jikidō chosaku shū*, 高崎直道著作集 vol. 8, *Daijō kishinron Ryōgakyō*, 大乘起信論。楞伽経 Tokyo: Shunjūsha, 2009, pp. 327- 331; Takemura Makio 竹村牧男, *Daijō kishinron dokushaku* 大乘起信論読釈, Tokyo, 1993, p. 335.

have a small section of his work）, and lecturers on the QXL used elements of Dilun or Yogācāra doctrine to analyse the text or were possibly members of the Southern branch of Dilun derived from Ratnamati,[1] though some were influenced by Shelun school ideas, like the Hane 333V author.

However, none of these earlier commentaries are securely attributed to the named authors. No QXL commentary is mentioned in Tanyan's biography in the *Xu gaoseng zhuan*. Rather, he was known for his scholarship on the *Nirvana Sutra* and attempts to link him to the Dilun school are inconclusive.[2] The commentary attributed to Tanqian（昙迁, 542—607）is apparently no longer extant, and that attributed to Huiyuan is thought by some, beginning with Fujaku（普寂, 1707—1781）, to have been written in imitation of Huiyuan's ideas.[3] "Huiyuan" added much material from other canonical texts, but not from the Shelun school derived from Paramārtha.[4]

The commentary by Tanyan exists in only one out of the original two fascicles. All copies are traced back to a copy made in 741 in Japan; it does not seem to have survived for long in China.[5]The "Huiyuan" commentary is complete, but it appears to have been by a pupil, not written in Huiyuan's

---

① Takemura, 1993, p. 347.

② Aramaki Noritoshi 荒牧典俊, "Hokuchō gohanki Bukkyō shisōshi josetsu" 北朝後半期仏教思想序説 in Aramaki Noritoshi, ed., *Hokuchō Chūgoku Bukkyō shisōshi* 北朝中国仏教思想史, Kyoto: Hōzōkan, 2000, pp. 66 – 67, who attempts to link Tanyan's teacher Sengmiao 僧妙, who specialised in the *Nirvana Sutra*, with Fashang 法上, merely on the basis of the *Xu gaosengzhuan*'s mention of a previous teacher 先师 and that most of the monks in this section were pupils of Fashang.

③ Tao Jin, "The Formulation of Introductory Topics and the Writing of Exegesis in Chinese Buddhism," *Journal of the International Association of Buddhist Studies* 30, 1 – 2（2007/ 2009）, p. 39, note 103; but Kashiwagi Hiroo 柏木弘雄, *Daijō kishin ron no kenkyū: Daijō kishin ron no seiritsu ni kansuru shiryōronteki kenkyū* 大乗起信論の研究：大乗起信論の成立に関する資料論的研究, Tokyo: Shunjūsha, 1981, pp. 30–32 thinks it genuine.

④ Kashiwagi, 1981, p. 297.

⑤ Takasaki, 2009, pp. 328–331.

normal "four-character phrase pattern" nor referring to his famous *Dasheng yizhang* (《大乘义章》), *unlike in all his other works*. Moreover, the text contains the phrase, "Dharma Master Huiyuan understands," something not found in any of his other writings. Lastly, the *Xu gaosengzhuan* does not list it among the nine works it attributes to Huiyuan.[①]The provenance of Hane 333V has some doubts over it because it was once in the possession of Li Shengduo (李盛铎, 1859—1937), with whom a number of forgeries have been associated.

## Commentaries and Manuscript Culture

Before considering each of the commentaries, it is necessary to understand the nature of manuscript culture and how commentaries were written in pre-woodblock print times. Manuscripts permitted many variations due to copyists and authors making changes when they felt that the original was miscopied or needing augmentation and correction. It was not uncommon for little or no proof-reading to be done. Clean copies (净本) were made only when the author felt that his work was ready for distribution, as was the case when Lingbian (灵辩, 477—522) finished his commentary on the *Huayan jing* (《华严经》) in 520.[②]When works were considered worth reproduction by the court or an influential monastery or wealthy donor, they would be copied out by trained scribes and proof-read, as can be seen in the example of the Buddhist scriptorium of Chang'an during the early Tang dynasty.[③]This practice seems

---

① Tanaka, Kenneth K., *The Dawn of Chinese Pure Land Buddhist Doctrine*: *Ching-ying Hui-yuan's Commentary on the Visualization Sutra*, Albany: State University of New York Press, 1990, p. 31, 216 note 58.

② Huixiang 慧详, *Gu Qingliang zhuan*《古清凉传》, T51. 1094c.

③ Fujieda Akira, "Tonkō shutsudo no Chōan kyūtei shakyō" 敦煌出土の長安宮廷写経 in Tsukamoto Hakushi shōju kinen kai, comp., *Tsukamoto Hakushi shōju kinen Bukkyōshigaku ronshū* 塚本博士頌壽記念佛教史学論集, Kyoto: Nagai shuppansha, 1961, pp. 647–667.

to date back to the Northern Wei period, for Fang Guangchang says that copies of such scriptures made by official scribes dating from 511 to 514 have been found at Dunhuang. ①Even such officially-produced copies were unique due to scribal and textual "fluidity". ②

Moreover, there were probably differences between copies of sutras, dharanis, and texts by venerated Indian commentators who were seen as being bodhisattvas, that were copied for the merit to be gained by making an accurate copy, ③ and copies of texts by Chinese commentators. Of course, commentary authors often felt a need to be given authority for their interpretations by buddhas or bodhisattvas. For example, Tanyan dreamt of a sign that indicated Aśvaghoṣa's approval before writing his commentary on the *Nirvana Sutra* (《涅槃经》). ④Lingbian, in order to gain a profound understanding of the *Huayan jing* spent one year on Mt. Wutai bowing on his knees till they were bloodied, his forehead touching the ground in front of the sutra, as he prayed (to Mañjuś rī) for assistance. After a year of such austerities, a voice (in the sky) said, "Stop praying and look at the sutra". When he did so, he understood it fully. ⑤Again, another commentator on the *Huayan jing*, Zhiju (智炬), who

---

① "Defining the Buddhist Canon: Its Origin, Periodization, and Future," in *Journal of Chinese Buddhist Studies* 28, Chung-Hwa Institute of Buddhist Studies, 2015, p. 14.

② Fang, 2015, p. 22.

③ Fang, 2015, p. 15.

④ *Xu gaoseng zhuan*, T50. 488a.

⑤ Fazang, *Huayan jing chuanji*, T51. 1579b-14, 入清凉山清凉寺, 求文殊师利菩萨哀护摄受, 冀于此经义解开发。则顶戴行道, 遂历一年。足破血流, 肉尽骨现, 又膝步恳策, 誓希冥感。遂闻一人谓之曰, 汝止行道, 思惟此经。于是披卷, 豁然大悟; *Huayanjing tanxuanji*, T35. 122c5-7, 灵辩法师于五台山顶戴华严, 膝步殷勤, 足破血流, 遂经三载, 冥加解悟。于悬瓮山中造此经论一百余卷, 现传于世。See Ch'oe Yonsik (崔鈆植), "Reiben-sen *Kegonkyō ron* no denrai to shisōtekitokuchō," 霊弁撰「華厳経論」の伝来と思想的特徴 in Kŭmgang Taehakkyo Pulgyomunhwa yŏn' guso 金剛大学佛教文化研究所 comp. , *Jiron shisō no keisei to hen' yō* 地論思想の形成と変容, Tokyo: Kokusho kankōkai, 2010, p. 121.

lived in Eastern Wei and Northern Qi times, wrote a commentary on the sutra after following the directions of the bodhisattva Samantabhadra in a dream that removed his doubts. [1] Commentaries were not simply academic exercises.

Because of the gravity of the work of commentary, in manuscript culture, work could continue indefinitely on a commentary, even after an initial work had been made and circulated, at least among pupils. For example, Huiyuan made a draft of his *Daban niepan jingyiji* before he delivered his lectures on the sutra. He then changed the draft as he lectured, and then after the lectures finished he made further changes. He began in the 550s, lectured on it in the 570s, and finalized the commentary after 587. [2] As we have seen above, Tanyan also wanted a sanction for his commentary. It is clear that commentators often made changes to their initial drafts after the questions and discussions that occurred during lectures. [3]

It is clear also that authors and others added comments in the margins or interlineally, and when there was no space, slips of paper were pasted in with what was probably a rice-glue, some coming adrift over the years. Thus, when copies were made later, it was possible for some notes to be incorporated into the body of the text without any indication that they were originally interpolations. Liebenthal states that the text of the QXL "was not always the same as it is now". He also thinks that sentences and "whole paragraphs are

---

① Ōtake Susumu 大竹晋, "Jironshū danpen shūsei," 地論宗断片集成 in Kŭmgang Taehak Pulgyo munhwa yŏn'guso 金剛大学佛教文化研究所 comp., *Jironshū no kenkyū* 地論宗の研究, Tokyo: Kokusho kankōkai, 2017, p. 660.

② Ikeda Masanori 池田将則, "Eon *Daiban nehankyō giki* no seiritsukatei ni tsuite," 慧遠「大般涅槃経義記」の成立過程について, in Kŭmgang Taehak Pulgyo munhwa yŏn'guso, comp., *Jironshū no kenkyū*, Tokyo: Kokusho kankōkai, 2017, pp. 455 – 456, a conclusion reached by comparing manuscripts and printed versions, plus the *Xu gaosengzhuan* account of him waiting for a sign in a dream before he would lecture on it, Ikeda, 2017, pp. 413 – 414.

③ Ikeda, 2017, p. 414.

found that interrupt the continuous stream of language and might have been inserted later. "[1] Thus, it could well be that the author of the QXL made an initial draft, and then added some other material later.

Moreover, the work on commentaries may have been continued by pupils after the death of the author, using notes from the lectures or other works by the author to answer some issues raised during reading and discussion of the text. This may have been what happened with Huiyuan's commentary on the QXL.

The manuscripts were generally written on scrolls made up of twenty to thirty sheets of paper pasted together. While the officially-produced copies and those made for merit (sometimesfor sale to obtain merit),[2] were generally neatly written in *lishu*（隶书）(a square, clunky style of calligraphy) before 600, and in *kaishu*（楷书）(formal clerical style of calligraphy, often called standard) from the year 600 onwards on ruled paper, usually about seventeen characters per line,[3] the non-official texts were often written in less formal calligraphic styles, with texts continuing on one after the other on the same scroll, often with no chapter divisions, with copies written on the reverse. [4]This was because paper was expensive. [5]Pelliot ch. 3308 has a *Fahua*

---

[1]  Walter Liebenthal, "New Light on the Mahāyānaśraddhotpāda Śāstra," *T'oung Pao* 46, 1958, p. 194.

[2]  See Tsien Tsuen-Hsuin, *Science and Civilisation in China*: volume 5, Part 1: Paper and Printing, Cambridge, Cambridge University Press, 1985, p. 135 and Fig. 1100 of a copy made in 602.

[3]  Inokuchi Taijun 井ノ口泰淳, "Shutsudo butten no shujusō," 出土仏典の種種相 in Nakamura Hajime 中村元 et al., eds, *Ajia Bukkyōshi*: *Chūgoku hen V*: *Shirukurōdo no shūkyō*, アジア仏教史 中国編 V シルクロードの宗教, Tokyo: Kōsei shuppansha, 1975, pp. 221–222.

[4]  Jean-Pierre Drège, "La matérialité du texte: Préliminaires à une étude de la mise en page du livre chinois," in Viviane Alleton, ed., *Paroles à dire, paroles à écrire*: *Inde, Chine, Japon*, Paris, École des Hautes Études en Sciences Sociales, 1997, p. 248.

[5]  Inokuchi, 1975, pp. 111–112.

*jing yiji*（《法华经义记》）by a Lidou（利都）and "agreed to"（许）by a Tanyan（昙延）in 536, possibly the Tanyan who allegedly wrote a commentary on the QXL, for he was born in 516 and was already a monk by 536,[①] with a *Shengman yiji*（《胜鬘义记》）and a *Wenshi yiji*（《温室义记》）on the reverse.[②]

This practice has implications for the likelihood of survival of commentaries, especially those that fell out of fashion, and for "editions" to be firmly fixed. The copies were made chiefly for students of a master who was lecturing on a specific text, and so did not need to be in formal or neat calligraphy. The text of the sutra being lectured on was probably kept open infront of the students, for these interlinear commentaries usually inform readers or auditors as to the passage in the sutra being commented on by writing from "XXX" to "XXX"（XXX 乃至 XXX）. The commentaries then can be those of the master, possibly in draft form, or lecture notes by the students taking down the master's oral commentary or be post-lecture corrected texts. Some of these notes would have been in running hand because they had to be taken down quickly or were only for the use of a select circle of readers.

## Tanyan's Commentary

As we have seen, only one out of two fascicles（rolls）of Tanyan's commentary has survived through a manuscript copy made in Japan in 741, but in 753 it is listed as in three fascicles, and the first two-fascicle copy does not exist in another copy until 1743, with the current edition in the *Zoku Zōkyō*

---

① *Xu gaosengzhuan*, T50. 488a.
② Jiao Mingchen 焦明晨, *Dunhuang xiejuan shufa yanjiu* 敦煌写卷书法研究, Wenshizhe press, 1997, p. 62, plate 20, pp. 238−239。

based on a recopy of it made in 1779. [1] Yoshizu suggests that as the QXL existed in North China ca. 540, that Tanyan's is the oldest commentary. However, despite Tanyan being famed for studying the *Nirvana Sutra*, which champions ideas of Buddha-nature prefiguring the *tathāgatagarbha* doctrine, "Tanyan's" commentary is more Yogācāra than tathāgatagarbhin, for it includes mentions of the mind of sentient beings as the six and the seventh consciousnesses, of seeds and so forth, [2] and only two mentions of Buddha-nature. [3]

Because Tanyan cites the *Shedasheng lun Shiqin shi* and the *Shedasheng lun*, both allegedly translated by Paramārtha in 563, [4] his commentary must date after this time. It is often thought, on the basis of the testimony of the *Xu gaosengzhuan*, that Tanqian first introduced the *Shedasheng lun* and related texts to North China (specifically Chang'an) in 587, [5] which would mean that Tanyan wrote this commentary in the last year of his life. However, Aramaki Noritoshi has argued that information and texts were possibly introduced to North China before 574 via an emissary from the southern state of Chen in 560. This emissary, Zhou Hongzheng he may have debated Tanyan. [6] There was another

---

① Takasaki, 2009, pp. 330-331.

② Yoshizu Yoshihide 吉津宜英, *Daijō kishinron shinshaku* 大乗起信論新釈, Tokyo: Daizō shuppan, 2014, pp. 122-124.

③ XZJ 45. 159c18, 169c16.

④ See evidence in Michael Radich, "External Evidence Relating to Works Ascribed to Paramārtha, with a Focus on Traditional Chinese Catalogues," in Funayama Tōru 船山徹 ed., *Shintai sanzō kenkyū ronshū* 真諦三蔵研究論集, Kyoto: Kyoto Daigaku Jinbunkagaku kenkyūsho, 2012, pp. 61-62.

⑤ Aoki Takashi 青木隆, "Jironshū no yūsokuron to engisetsu," 地論宗の融即論と縁起説 in Aramaki Noritoshi, ed., *Hokuchō Chūgoku Bukkyō shisōshi*, Kyoto: Hōzōkan, 2000, p. 201; T50. 572b18-20.

⑥ Aramaki, 2000, pp. 76 - 77. but notes a problem with the dates in the following; *Xu gaosengzhuan*, T50. 488b19-25, 有陈郗使周弘正者, 博考经籍, 辩逸悬河, 游说三国, 抗叙无拟。以周建德中年衔命入秦。帝讶其机捷, 举朝恶采。敕境内能言之士不限道俗, 及搜采岩穴遁逸高世者, 可与弘正对论, 不得坠于国风。时蒲州刺史中山公宇文氏, 夙承令范。乃表上曰, 昙延法师器识弘伟, 风神爽拔。

exchange of information of south and north, this time with Huibu（慧布, 518—587）, who studied Sanlun（Madhyamaka）under Sengquan（僧诠）on Mt. She（摄山）. He pursued knowledge of meditation by going north to Ye before the Northern Zhou persecution, met Huike（慧可禅师）there and came to understand Huike's views. Huibu brought six pack-animal loads of his texts back to his monastery on Mt. She.①Thus, it was possible that texts translated by Paramārtha may have reached Tanyan via several routes before the Northern Zhou persecution began in 574.②

The commentary attributed to Tanyan only cites works by Paramārtha a few times in his QXL commentary,③ and as he and his disciples are not known to have studied the *Shedasheng lun* or the *Shedasheng lunshi*, Kashiwagi casts doubt on Tanyan being the author of the commentary,④ for Tanyan rather specialized in studies of the *Nirvana Sutra*. Even if Tanyan did use these texts in his QXL commentary, it was probably before 587.

In fact, the *Baoxing lun* quoted in Tanyan's QXL commentary is not Paramārtha's translation, but that by Ratnamati,⑤ and the two quotes of the

---

① *Xu gaoseng zhuan*, T50. 480c, translated in full in Jeffrey L. Broughton, *The Bodhidharma Anthology: The Earliest Records of Zen*, Berkeley and Los Angeles: University of California Press, 1999, pp. 148-149.
② Kashiwagi, 1981, p. 194. also suggests this possibility.
③ Kashiwagi, 1981, pp. 190, 198.
④ Kashiwagi, 1981, pp. 193-194.
⑤ See Tanyan QXL, XZJ 45. 162a21-b1. 如宝性论偈说。诸佛如来身，如虚空无相。为诸胜智者，作六根境界，示现微妙色，出于梵音声，令嗅佛戒香，与佛妙法味，使觉三昧触，令知深妙法。and Ratnamati T31. 816b24-28, 诸佛如来身，如虚空无相。为诸胜智者，作六根境界，示现微妙色，出乎妙音声，令嗅佛戒香，与佛妙法味，使觉三昧触，令知深妙法。

*She lun* are in fact from the *She lunshi*. ①As there are only two explicit references to the *She lunshi*, it is possible that these could be later interpolations by one of Tanyan's students, who are known to have studied the *She lun* and its commentary, ② and were not added by Tanyan, for whom we have no other evidence besides this commentary that he studied any of Paramārtha's translations and works, including the *She lun*. Furthermore, it seems that the Dilun theories of Huiguang (慧光) and others only arrived in Chang'an after the 550s. ③Therefore, "Tanyan" wrote his commentary on the QXL without much influence from Southern Dilun theories and he largely tried to understand the text without introducing much material from outside the text beyond some general ideas from Yogacara and the *Nirvana Sutra*.

## Hane 333V and Tanyan's Commentary

There are passages in which Hane 333V and Tanyan's commentary are almost literally word-for-word the same, but in other places there are

---

① See Tanyan, QXL, X45n755_ p0168a14-16 故因真如为净法。故摄论云：一者能成立者，谓真如十种功德，起成十地新生十种正行，即是所成一也。and *She lunshi*, T31.229a2-3, 能成立者，如来依六波罗蜜所说一切正法 and T31.234b24-25, 一所成立境，谓十波罗蜜是真如十种功德所成立故，which are unrelated fragments. This passage is quoted by Fazang from Tanyan, T44.270a23-25, 返染成于始净故。梁摄论云：能成立者，谓真如十种功德法。所成立者，谓十种新生正行也 and not from the *She lun*; and Tanyan QXL, X45n0755_ p0154b19-20 此具如摄论。逼知者，如来智身遍照法界，即理量二智也 is not a quote, and the five karma/actions referred to preceding this are not mentioned in the *She lun* but have been extracted from a long passage in *She lunshi*, T31.264b17-c24; if anything the quote precedes the reference to the *She lun*, T31.264b16-17, 由法身含法界五义。诸菩萨应见法身恒与五业相应，无时暂离，compare with Tanyan, QXL, X45n0755_ p0154b17 论云诸菩萨应见法身，恒与五业相应，无暂时离。

② For these students and their studies, see Kashiwagi, 1981, pp.199-203.

③ Aramaki, 2000, pp.51-55, argues that Fashang's 法上 pupil Tanxian 昙显 was akin to a spy who brought the Buddhism, especially the Dilun thought, of Northern Qi Ye into Northern Zhou Chang'an after 556.

considerable differences. It is difficult to see who was borrowing from whom, or criticizing, or summarizing and expanding. ①The best evidence Ikeda advances for his suggestion that Hane 333V precedes Tanyan, and that Tanyan selectively used Hane 333V is in respect of the passage before *wuyi*（五意）in which five names of *vijñānas* are given and allocated to a numbered *vijñāna* in a scheme of general and specific. In this preceding passage on *xin*（心）、*yi*（意）and *yishi*（意识）, Tanyan refers to three names of the particular/specific explanation that parallels Hane 333V line 271, and says, 准义可知, 但今此所明. Ikeda thinks this is a summary and then a criticism of the Hane 333V text. ②Ikeda also says that Tanyan's paragraphing is more developed than that of Hane 333V, which make him think Tanyan's text is later. ③All of the arguments are suggestive at best, but they seem rather flimsy for determining precedence. ④Okamoto opines that there are three conditions to be met for Hane 333V to be declared the oldest commentary: （a）that Huiyuan's commentary mentions Tanyan's commentary, which he thinks is confirmed,⑤ but Ibuki has doubts⑥and I find the evidence inconclusive; （b）proof that Hane 333V precedes Huiyuan's commentary; and （c）proof that the Huiyuan commentary is a false attribution made after Huiyuan or Tanyan's death. As there is no certain evidence, I think other approaches are required.

---

① Ikeda, 2012, p. 56.

② Ikeda, 2012, pp. 57-63.

③ Ikeda, 2012, p. 69.

④ My opinion on this is backed by Okamoto Ippei 岡本一平, "Jōyō ji Eon ni okeru shoki no shikiron" 淨影寺慧遠における初期の識論, in Kǔmgang Taehak Pulgyo munhwa yǒn'guso comp., *Jironshū no kenkyū*, 2017, p. 570 note 16.

⑤ See Kashiwagi, 1981, p. 34.

⑥ Ibuki Atsushi 伊吹敦, "Jironshū Hokudōha no shinshikisetsu ni tsuite" 地論宗北道派の心識説について, *Bukkyōgaku* 佛教学 40 (1999): 86-92, pp. 57-58.

# Provenance of Hane 333V

Hane 333V is in the Kyō'u collection owned by Takeda Pharmaceuticals. This collection was purchased from Li Shengduo (李盛铎, 1858—1935) in 1936, so it is necessary to find where Li acquired the text and how it arrived in the possession of the now Takeda Kagaku Shinkō Zaidan, the owners of the Kyō'u Collection.

According to Fang Guangchang, when the Education Department (*Xuebu*) of the Chinese government was considering sending to Beijing all the remaining manuscripts left after Aurel Stein and Paul Pelliot and others had taken materials from Dunhuang, a sample manuscript was sent in 1909, together with another twenty-two "fascicles". He Yansheng (何彦升) was ordered by the government to investigate and collect the remaining Dunhuang materials and send them to Beijing. These were received in November 1910 by the Education Department. However, He Yansheng kept some for himself, and gave some to others, especially to Li Shengduo. He Yansheng, together with Li Shengduo, supposedly stole the twenty-two fascicles. This theft was discovered and He and Li had to return the manuscripts. [1]

Because it is known that Li Shengduo conspired to steal a number of the Dunhuang manuscripts, it is also widely suspected that he also colluded in the forgery of manuscripts alleged to have come from Dunhuang. He was a connoisseur of books and manuscripts, and he had 432 items in his personal collection of the finest works, although he had more in other collections. Many of

---

[1]  Fang Guangchang 方广锠, "Bainian qiande yizhuang gong'an" 百年前的一桩公案, *Dunhuang yanjiu*, 1 (2009), electronic copy, unpaginated, http://www.douban.com/group/topic/23447686/)。

the works with Li Shengduo's seals stamped on them are forgeries, but Rong Xinjiang has argued that those manuscripts in Li's collections were genuine. Rongrejects the widespread allegation that Li Shengduo had a manuscript-forging workshop and contends that those catalogued were genuine. [1]

Haneda Tōru (羽田亨, 1882—1955) was a scholar of Chinese thought and history. He wrote a thesis of Manichaeism from Chinese materials in 1910. In 1911, he went as an assistant to Naitō Kōnan (内藤湖南) to a palace in Fengtian to photograph Manchu materials. From this time on, Haneda specialized on Central Asia, reading Manchu, Mongol, and various Turkic languages, plus Chinese. He collected Dunhuang manuscripts for historical and linguistic data.

In 1928 he went to visit Li Shengduo, in particular because Li held a Manichaen text from Dunhuang. Then he examined Li's collections, and Li said he had sent people to Dunhuang to obtain them. This collection of 432 items is now considered genuine.

Hane was determined to bring this collection back to Japan, and he found a wealthy Japanese industrialist to buy the collection. Li Shengduo and his son wanted to sell, and so Li had his son make a catalogue. [2]Haneda also made a catalogue and took some photographs (these are among over 900 photos of texts taken by Haneda and are now in the Haneda Memorial Research Centre). This catalogue is *Tonkō hikyū mokuroku* (《敦煌秘笈目录》), which was made by Haneda, probably as a catalogue of that collection for the buyers.

The collection of 432 items came into Haneda's hands in 1936 and was kept

---

① Rong Xinjiang, *Eighteen Lectures on Dunhuang*, translated by Imre Galambos, Leiden: Brill, 2013, pp. 507-510.

② See in Shangwu yinshuguan comp (商务印书馆), *Dunhuang yishu zongmu suoyin* 敦煌遗书总目索引, Zhonghua shuju (中华书局), 1983, pp. 318-323.

along with other manuscripts from 1938 in his offices in Kyoto University. [1] Haneda was an expert on Dunhuang texts, and as Rong and others such as Fang Guangchang （方广锠） and Takada Tokio, specialists on Dunhuang materials, consider the texts in Li Shengduo's collection genuine, they would agree with Haneda that Hane 333V is not a forgery. Indeed, the first items from that page of the catalogue beginning with Hane 333 corresponds to Li's catalogue, p. 322 no. 490ff. [2]

If Hane 333V was a forgery, then it would be most extraordinary that only one copy was made, was made as a fragment, and that forgery ended up with a private collector who was only interested in its calligraphy. A forger would not make the huge effort to acquire the right looking paper, compose, with a very high level of competence and knowledge of the debates of the Dilun and Shelun schools, and knowledge of the commentary attributed to Tanyan, which was extremely rare (not available in China) and only incorporated into a printed edition of the Continued Tripitaka in 1897[3] before it was published in the *Zoku Zokyo* sometime between 1905 and 1912 in Japan, if it was only going to remain in the private hands of a collector who did not make it publicly available. If it was forged to provide evidence in debates over the authenticity of the QXL, and the doubts about the origins of the QXL were not well known in China until after the publication of Liang Qichao's summary of Japanese academic debates over the authenticity of the QXL that began in the 1910s was published in 1922 by Liang Qichao （梁启超, 1873—1929）, there was only a very narrow time

---

① Takada 2007, p. 1; and summarized from Zhang Nali （張娜麗）, "Haneda Toru Hakushi shushū 'Saiki shutsudo bunken shashin' ni tsuite" 羽田亨博士収集「西域出土文献写真」について *Ocha no mizu shigaku* お茶の水史学, 2006. 12, no. 50; there are some differences between the two accounts.

② Shangwu yinshuguan comp., *Dunhuang yishu zongmu suoyin*, Zhonghua shuju, 1983, p. 322.

③ Takasaki, 2009, p. 331.

span between 1922 and 1928 when we know Li Shengduo had Hane 333V for the forger to produce his work. The forger needed an audience, and since no-one in these debates over the authenticity of the QXL that we know of referred to this as evidence before Ikeda published his article in 2012, it did not get that audience, so I can only suggest that this was not a modern forgery.

Moreover the vast majority of "Dunhuang" forgeries were copies of existing texts made to obtain money. For a twentieth-century forger to create a new commentary on old paper obtained from Dunhuang, and only a partial commentary at that, would be highly unlikely. To establish this as a forgery we would have to establish the motive of the forger. The forger would have to (1) obtain a scroll from Dunhuang that had considerable blank areas (most unusual in itself), (2) be knowledgeable of the works or alleged works of Paramārtha because it quotes from some of his works, (3) have knowledge of the debates of the time of Tanyan (whose sole work, the commentary on the QXL could only have been available in China sometime after 1905) and Huiyuan, (4) have a purpose, other than monetary, for making the forgery, and (5) have a market for that forgery. Because the text is unique, and as Susan Whitfield has written, "As far as we know, the texts of forged manuscripts are not unique or variants: they are simply reproductions of existing texts. The forgers were not concerned to create history"[1], the supposed forger was not after money, did not seriously try to find an audience, and was unlikely to have been trying to create history by writing a commentary on the QXL because he would have had to have written it in the very restricted time frame between 1922 and 1928 at the very latest.

The calligraphy of Hane 333V is unusual, as it is in a cursive form and is very untidy, including interpolated notes made when it was being written

---

[1] Susan Whitfield, "Dunhuang Manuscript Forgeries," IDP (International Dunhuang Project) News Issue, No. 20, *http://idp. bl. uk/archives/news20/idnews_ 20. a4d.*

out. This means it was not copied out by an official scribe or by someone for the merit of making or buying a copy. Copies made for merit or for distribution to monasteries were almost always written in *lishu* or *kaishu*. [1]Ikeda thinks that this copy was not the original by the author as it has some other material added by the compiler (and copyist). He also suggests that calligraphy of the holograph of a Shelun text, the *Sanxing yi* (Meaning of the Three Levels of Understanding of the Nature of Existence) (Stein 2743) is similar to that of Hane 333V. [2]Unfortunately, he does not elaborate. However, if this is correct, this also suggests that Hane 333V is not a forgery, for the admittedly late *Fozu tongji* (《佛祖统纪》) of 1333 writes, based on the testimony of the *Jingde chuandeng lu* entry on Shanhui (善会) (Fu Dashi) and his dealings with Emperor Wu of Liang, and a Zhuyuan (possibly Shigui, 1083—1143),

> Liangzhu said, "The *Chuandeng* says that when Emperor Wu requested the Dashi to lecture on the *Diamond* (Sutra) that he grasped a clapper (to beat a tune) and chanted the forty-nine hymn-contemplation". Zhuyuan said, "(As) it often uses the words of the *Sanxing yi*, I fear it has been attributed to the Dashi by a person of the Xiang (characteristics, Faxiang) lineage of the north". [3]

This suggests that the *Sanxing yi* was a Dilun text forgery attributed to Fu Dashi, for the *sanxing* (three levels of truth) seems to have been a topic in the

---

① For a history of the development of this calligraphy until about 500 CE, see Tsui Chung-hui, "A Study of Early Buddhist Scriptural Calligraphy-Based on Buddhist Manuscripts found in Dunhuang and Turfan (3-5 Century)," PhD diss., University of Hong Kong, 2010.

② Ikeda, 2012, p. 53.

③ *Fozu tongji*, T49n2035_ p0352c15-17：良渚曰：传灯言，武帝请大士讲金刚般若，执拍板唱四十九颂观。竹庵云：多用三性义语。恐北方相宗人托大士名。

Shelun schools as the Dunhuang text, *She dasheng lun chao* （《摄大乘论抄》）, in T85（no. 2806）, suggests. [1]

The closest calligraphic forms of characters I can find that correspond closely to Hane 333V arc in Pelliot ch. 3308, the *Fahua jing yiji* by a Lidou and "accepted" 许 by Tanyan in 536, [2] which is not as cursive as Hane 333V.

**Pelliot ch. 3308**

---

① T2806. 85. 1009a4−12.

② Jiao Mingchen, *Dunhuang xiejuan shufa yanjiu*, 1997, p. 62, plate 20, pp. 238−239.

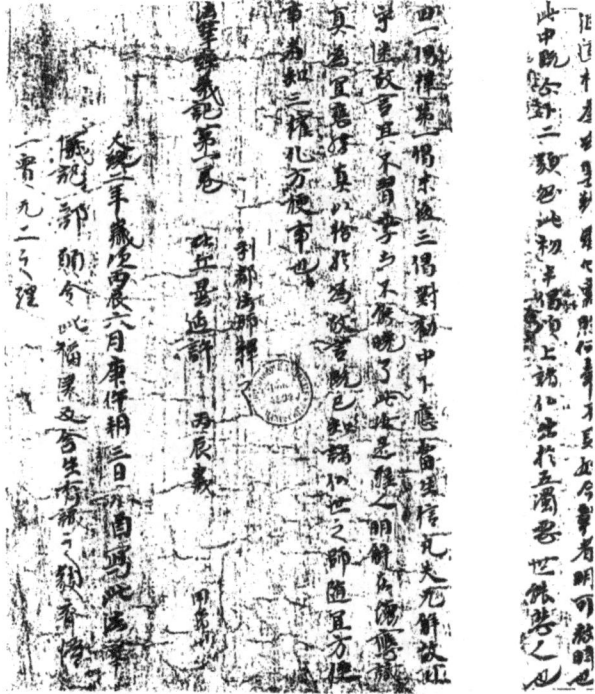

**Pelliot ch. 3308**

The common features here include the L shape for radical 162, 辶, something that is rare (I have found no other examples), the use of 仏 for 佛 (something common in later periods), the 为 is almost the same, the 所 is similar, but the 众 of 众生 differs, but this can be accounted for by the more cursive nature of the calligraphy of Hane 333V. My conclusions, based on Jiao's examples, and my reading of the thesis by Tsui, is that the calligraphy is closest to that of the late Northern Wei. Although there are naturally not as many Dunhuang manuscripts in Chinese of the sixth century as there are of the seventh century and later, there are still 78 dated manuscripts from the sixth century

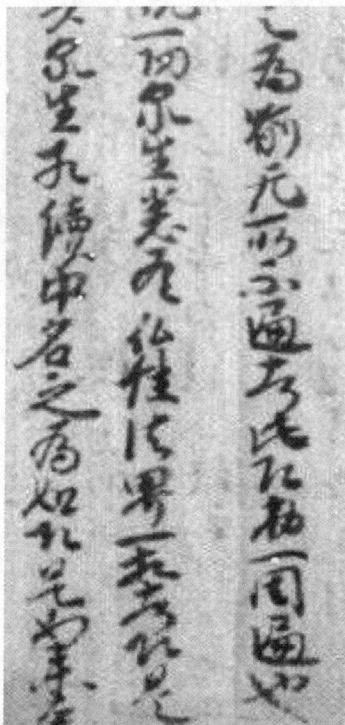

敦煌写本羽 **333V**

compared to 131 from the seventh and 173 from the eighth. [1]This means that not only would there be fewer manuscripts from this period for any forger of the early twentieth century to imitate, but also that it is highly unlikely that the alleged forger would have had access to such documents or to have accidentally written in a similar style. Hane 333R's calligraphy seems to be similar to Hane 333V. The similarities though suggest they were written around the same time.

Dating via doctrine is a fraught practice. However, Hane 333V quotes often from the *She dasheng lunshi* translated by Paramārtha in 564, which means that

---

[1]　Paul Magnin, "Pratique religieuse et manuscrits dates," *Cahiersd' Extrême-Asie*, 3, 1987, p. 132.

Hane 333V had to have been written after that date. ①Paramārtha is named in Hane 333V as having written a *Jiushi zhang* that defines *ālayavijñāna* as the "unceasing consciousness"（若依三藏法师《九识章》内，名无没识）② . This translation for *ālayavijñāna* also appears in Huiyuan's *Shidi yiji* of ca. 549,③ and both appear in a similar context about this consciousness conforming with conditions. Some think that a *Jiushi yiji* or *Jiushi zhang* was written about 549 by Paramārtha. ④The *She dasheng lunzhang*, dated by Radich to between 590 and 640,⑤ a text that shows the influence of the QXL, also uses "unceasing consciousness" for the *ālayavijñāna*. ⑥This suggests that Hane 333V was written when the issue of the *Jiushi zhang* was current and that the translation of "unceasing consciousness" was being used.

The second issue is that of the *ādana-vijñāna*, which Hane 333V writes about as follows when they are common（通）:

For example, in the mental consciousness, when it discerns the corresponding cognitive objects, it is called "consciousness"; when it

① Ikeda, 2012, p. 80ff.

② Ikeda, 2012, p. 122.

③ Okamoto Ippei, 2017, p. 535 for date, p. 559 for quote.

④ Okamoto, 2017, p. 580; Ōtake Susumu 大竹晋, 2012, "Shintai 'Kyūshikishō' o megutte," 真諦「九識章」をめぐって, in Funayama Tōru, ed., *Shintai sanzō kenkyū ronshū*, p. 132, that cites *Lidai sanbaoji*, T49. 99a. Ōtake, 2012, p. 136, thinks that the theories of this text may come from Sthiramati. On the other hand, Michael Radich, "The Doctrine of *Amalavijñāna in Paramārtha（499—569）and Later Authors to Approximately 800 C. E." *Zinbun* 41（2009）, pp. 115-117 thinks the *Jiushi zhang* may have been written by someone in Paramārtha's lineage but attributed to Paramārtha as early as 590, but he does note that *Xu gaosengzhuan*, T50. 574b4 says that Tanqian（542—607）wrote a *Jiushi zhang*.

⑤ Radich, 2009, p. 104 note 229.

⑥ T85. 1013a25-29, 了别不同略有三种。一名梨耶识。二名陀那识。三名生起识。言梨耶识者，此方正翻名无没识。此有二义。一识生灭门，能受净熏，终能转依成应身功德，名为无没。二就识真如门。

accumulates afflictions and *karma*, it is called "the mind"; and when it is able to serve as the basis for negative proclivities, it is called "mental activity". There are also these three in the *ādāna* (consciousness): when it is able to discern and grasp the self as an object, it is called "consciousness"; when it is also able to accumulate the four afflictions (self-ignorance, self-view, self-pride, and self-love), it is called "the mind"; and when it is able to serve as the basis for four negative proclivities, it is called "mental activity". In the root consciousness, the three are as follows: when it is able to accumulate the effects of the *karma* of the three realms and six paths (*gati*), to give rise to the sixth and seventh minds (consciousnesses), which change into the objects of self and *dharma* (ie. the objects of the seventh and sixth consciousnesses), it is called "the mind"; when it is also able to cause the three (moral) seeds-good, bad, and neutral (lit. immovable) —to be retained without loss and to serve as a base for them, it is called "mental activity"; and, additionally, when this consciousness itself also has subtle discernments, it is called "consciousness".[1]

In other words, in the common or shared sense, there are eight consciousnesses, and the seventh is called the *ādana*. It shares the three operations of consciousness, mind, and mental activity with the *ālayavijñāna*, here called the root consciousness, but they operate in different ways.

When they are considered separately or as being distinct (别) it says that

---

[1] 诸识皆有此三义。如意识中, 对境了别名识, 集起烦恼及业名 (279) 心, 能与诸使作依止处, 说名意。陀那中亦三。能了别取其我尘名识, 复能集起四惑 (280) 名心, 能与四使作依止处名意。本识三者, 能集起三界六道业果, 起六七等心, 变 (281) 异作彼我法尘等, 名之曰心。复能令彼善、恶、不动三性种, 摄持不失, 与作依止, 名意。Ikeda, 2012, p. 152. Numbers in square brackets are line numbers added by Ikeda.

the six consciousnesses are called consciousness, the seventh is called mind, and the eighth is called mental activity (normally translated *manas*). It continues,

Here, in these five (cognitions), although they are collectively designated "mental activity", the meaning of the *Qixin lun* connects (通, is in common with) them to the other consciousnesses, not just to the eighth. The "karmic consciousness" here elucidates the *ādāna* consciousness. The reason it is also called the "karmic consciousness" is because it is set in motion yet not awoken and, when it is set in motion, there is bitter suffering as a result. (Inter-linear note: this can also be the *ālaya* consciousness.)①

This may have had a basis in Bodhiruci's translation of the *Laṅkāvatāra Sūtra* where,

*ālayavijñāna* has three senses or names of operations: the thinking mind that is also called mind; the life force that comes to be the consciousness of warmth, which is the capability for life (*jīvita-indriya*), and (as) mental activity (*manas*) that goes to the *manovijñāna* is another name for discrimination; and the mind that is maintained in the body, what the mental activity (*manas*) that is always aware of dharmas is conscious of its own mind (and) perceptual realms is shared with the

---

① 今此五中，虽总名为意，论义乃通余识，不唯第八。今言"业识"者，此明阿（286）陀那识。所以复名业识者，以此识不觉而动，动则有苦果故也。亦可是阿梨耶识。Ikeda, 2012, p.153. Translations made from *Hane 333V* made by John Makeham, Mark Strange, and John Jorgensen.

discrimination of the consciousness. ①

In other words, as the *ālayavijñāna* here has three senses, the Hane 333V author may have extended this to the *ādana* in the system of thought attributed to Bodhiruci.

Bodhiruci's own opinions concerning the system of consciousnesses were complex. He taught two systems. One was that there are seven consciousnesses, the first six consciousnesses and the *ādana*. Two was that there are eight consciousnesses; the first six, the *ādana* and the *ālayavijñāna*. The *ālayavijñāna* was true suchness, a principle of emptiness, and was not an entity or a mind-consciousness. Moreover, the *ālayavijñāna* was also called the *ādana*. This meant that the seventh consciousness could be seen as both the *ālayavijñāna* and the *ādanavijñāna*. ②Ratnamati and others were supposed to have taught another system in which there were eight consciousness, the last being the *ālayavijñāna* that knows without being active. ③Therefore, there were a number of theories that were contradictory. The theories found in the translations of Paramārtha were different yet again. For him, the *ālayavijñāna* was a combination of pure and impure and so can change, but the *ādanavijñāna* only grasps self, cannot change, and has no pure portion. In the *Chuanshi lun*

---

① T16. 576b5-9, 阿梨耶三有, 思惟心异名, 命及于暖识。阿梨耶命根, 意及于意识, 是分别异名。心住持于身, 意常觉诸法, 识自心境界, 共于识分别。

② Ōtake Susumu 大竹晋, "Jironshū no yuishikisetsu," 地論宗の唯識説 in Kŭmgang Taehakkyo Pulgyomunhwa yŏn' guso comp., *Jiron shisō no keisei to hen' yō*, Tokyo: Kokusho kankōkai, 2010, pp. 67-69.

③ Shinkō, *Yuishiki gi shiki*, T71. 359c21-360a1, 是明大乘有古新两说中古德计也。此有二类。七识修道师八识修道师也。问: 其二类师者谁? 答: 珠等记中引道基师摄论章云, 至于后魏流支三藏但说七识, 谓眼识・乃至・阿陀那・第七识也第八梨耶体非心识。是空理故・乃至・即其魏世勒那・伏陀二ノ三藏アリ说有八识, 谓从眼识至阿梨耶。梨耶识者不虑而知, 不动而照, 譬如明镜ニ万像俱现, 境来现心, 非是外境云云。

he translated as follows: "There are three kinds of object-takers: one is the consciousness of the result-recompense, which is the *ālayavijñāna*; the second is the grasping consciousness, which is the *ādanavijñāna*; and the third is the sense-object consciousnesses, which are the six consciousnesses."[1] This was different to the system transmitted by Xuanzang.[2]

Furthermore, Fashang（法上，495—580）followed Bodhiruci in his description of the system of consciousnesses in his *Shidi lun yishu*. In the list of mind, mental activity, and consciousness, the seventh consciousness is mind, and is the *ālayavijñāna*, which is conditional origination and the basis of birth and death. The eighth, which is the *ti*, has the function of the seventh consciousness in it. For him, mental activity is the sixth consciousness. As with Bodhiruci, his *ālayavijñāna* is Janus-faced.[3]However, his disciple, Huiyuan, changed this, making the *ālayavijñāna* the true and unblemished, real and not empty, containing all the Buddha-dharma and yet being empty of substantiality, but also the basis of all mundane false dharmas because it contained all seeds. It is also the *tathāgatagarbha* and the true suchness consciousness. On the other hand, the *ādanavijñāna* is the seventh consciousness, and is the false mind or ignorance. It is also the karmic consciousness.[4]As he writes in his *Dasheng yizhang*,

*Adana* is properly translated into Chinese as without understanding

---

① T31.61c8-9，能缘有三种。一果报识，即是阿梨耶识。二执识，即阿陀那识。三尘识，即是六识。

② Yang Weizhong 杨维中, *Zhongguo Weishizong tongshi* 中国唯识宗通史, Nanjing, Fenghuang chubanshe, 2008, 2 Vols, 1: 343-344.

③ Kim Ch'ŏnhak 金天鶴, "Hōjō *Jūji ron giso* 'kabunshaku' no tenkai", 法上「十地論義疏」加分釈の展開 in Kŭmgang Taehak Pulgyo munhwa yŏn'guso, comp., *Jironshū no kenkyū*, Tokyo: Kokusho kankōkai, 2017, pp. 287-288.

④ Yang Weizhong, 2008, 1: 177-178.

because its reality is the ignorant, stupid mind of darkness. In accordance with its meanings, its derivative translations are differentiated into eight (names). One, ignorant consciousness, is because its reality is the ground of fundamental ignorance. Two is named karmic consciousness because it relies on the ignorant mind, is unawakened and false conceiving that suddenly moves. Three is named transforming consciousness because it relies on the former karmic consciousness and so the mental characteristics gradually coarsen, transforming into the discriminatory grasping of external characteristics. Four is named the manifesting consciousness because it gives rise to false cognitive objects that are due to manifestations from one's own mind, just as the characteristics of matter are manifested in a clear mirror. Five is named cognitive/intellectual consciousness because it discriminates tainted and pure, contrary and conforming dharmas in the cognitive objects that were manifested by the previous manifesting consciousness. Being a deluded and erroneous discrimination, it is called cognitive/intellectual and so is not the cognition/wisdom of enlightened release. Six is named the continuation consciousness because the false cognitive objects lead the mind and the mind follows after the cognitive-object realms, and the taking of these as objects is uninterrupted, and it further resides in and holds onto the karmic results of good and bad without interruption. Seven is called the false consciousness because it combines the previous sorts of unrealities. Eight is called the grasping consciousness because it grasps for and adopts self and because it grasps all empty and false characteristics. The *ālaya* is properly translated into Chinese as without cessation because even though it is in birth-and-death, it is not lost and does not cease. These derivative translations in accord with their meaning are named in eight separate ways. One is named the store consciousness because the store of the Thus Come One (*tathagatagarbha*) is named the store consciousness. Because the dharma realm that is contained in this consciousness is buddha-dharmas as numerous as the sands of the Ganges is called a store. ①

See the discussion in Kantor, who says that Huiyuan's understanding of the *ādanavijñāna* differs from that in the *Saṃdhinirmocana* and the *She dasheng lun*, and that Huiyuan's understanding differs from that of Yogacara and "essentially represents the *tathāgatagarbha* scheme of the pure mind and the inseparability of truth/reality and falsehood". ②

There are many features of this passage from Huiyuan that are similar to Hane 333V in its analysis of the *ādanavijñāna* under the heading of separate or individual. Firstly, both call it the "karmic consciousness" which they both say is not aware and yet moves. Moreover, they both use "unceasing" as a name for the *ālayavijñāna*. Therefore, the author of Hane 333V seems to be wrestling with the same issues as Huiyuan, and as there are close parallels with the Tanyan commentary, it probably belongs in the same time frame and intellectual milieu.

---

① T44. 524c7-22, 阿陀那者，此方正翻名为无解，体是无明痴暗心故。随义傍翻，差别有八。一无明识，体是根本无明地故。二名业识，依无明心不觉妄念忽然动故。三名转识，依前业识，心相渐粗，转起外相分别取故。四名现识，所起妄境，应现自心，如明镜中现色相故。五名智识，于前现识所现境中，分别染净违顺法故。此乃昏妄分别名智，非是明解脱为智也。六名相续识，妄境牵心，心随境界，攀缘不断，复能住持善恶业果，不断绝故。七名妄识，总前六种非真实故。八名执识，执取我故，又执一切虚妄相故。阿梨耶者，此方正翻名为无没，虽在生死，不失没故。随义傍翻，名别有八。一名藏识，如来之藏为此识故。是以经言，如来之藏名为藏识，以此识中涵含法界恒沙佛法故名为藏。

② Hans-Rudolf Kantor, "Philosophical Aspects of Sixth-Century Chinese Debates on 'Mind and Consciousness'," in Chen-kuo Lin and Michael Radich, eds, *A Distant Mirror: Articulating Indic Ideas in Sixth and Seventh Century Chinese Buddhism*, Hamburg: Hamburg University Press, 2014, pp. 377-378.

Again, the analysis via *tong* and *bie* seems to have been common in this period, possibly coming from the south in earlier times. [①]It was used by the Dilun master Huiguang as two different characteristics of teaching[②]and in a possibly late Dilun text, the *Fajing lun*, as the common or shared *ti* and the differentiated or separate *ti* of the ten *bhūmi*. [③]

Hane 333V uses the phrase, "This inherent awareness does not maintain its own nature, and follows habituation by other, and there is the capability of conditional arising"[④] in the context of how inherent awakening（本觉）becomes non-awareness and *ālayavijñāna*. This terminology first appears elsewhere in Huiyuan's *Dasheng yizhang*.

The innumerable Buddha-dharmas within the *tathāgatagarbha* share one nature, （which is that） they mutually accumulate conditions/objects, but do not have a single dharma that separately/individually maintain their own nature. Thus, it is said that the dharmas take this as being permanent. Apart from the dharmas there is no separate single permanent nature to be attained. [⑤]

A similar point is made in the *Dasheng yizhang* at T44. 476a, 523b,

---

① Funayama Toru 船山徹, "Jironshū to Nanchō kyōgaku", 地論宗と南朝教学 in Aramaki Noritoshi, ed., *Hokuchō Chūgoku Bukkyō shisōshi*, Kyoto: Hōzōkan, 2000, p. 127.

② Ishii Kōsei 石井公成, *Kegonshisō no kenkyū* 華厳思想の研究, Tokyo: Shunjūsha, 1996, p. 149.

③ Kim Ch'ŏnhak 金天鶴, "Hōkyō ron no shisōteki tachiba", 「法鏡論」の思想的立場 in Kŭmgang Taehakkyo Pulgyomunhwa yŏn' guso, comp., *Jiron shisō no keisei to hen' yō*, Tokyo: Kokusho kankōkai, 2010, pp. 230-231.

④ 此之本觉不守自性，随他熏习，有缘起功能。Ikeda, 2012, p. 122.

⑤ T44. 476c19-22，如来藏中，恒沙佛法。同一体性，互相缘集。无有一法，别守自性。如说诸法，以之为常。离诸法外，无别有一常性可得。

528a, 528c, and 546c, and it does not occur in Huiyuan's commentary on the QXL. Huiyuan does not use the full formulation of "It (true suchness, *tathāgatagarbha*) does not maintain its own nature and while it follows conditions it does not change"（不守自性、随缘不变）and the like that appear thereafter, especially in Huayan literature. [1]

The second half, "follows conditions", of the standard formulation of later times, "does not maintain its own nature but follows conditions", also has a connection with the development of the QXL and its commentaries. For example, Tanyan's commentary, when discussing "perfuming" and the three buddha-bodies and how they influence sentient beings and illuminate their mind, says that there are two kinds of mind, the mind which is inherently pure by nature and the mind that functions in accordance with conditions or objects 随缘 (*suiyuan*). [2] In tracing the history and meaning of this term, Ishii Kōsei shows that it is related to the "practice of according with conditions" of "Bodhidharma's" *Erru sixing lun*（《二入四行论》）and Tanlin's（昙林）preface to that text. [3] Indeed, after the "practice of according with conditions", there is "the practice of according with Dharma, (in which) the principle that is pure by nature is viewed as the Dharma"（称法行者、性净之理）. [4] While in earlier texts, *suiyuan* meant "in accordance with the capacity (of the student)", in the Gunabhadra *Laṅkāvatāra Sūtra* it had the sense of

---

[1] See John Jorgensen, "Two Themes in Korean Buddhist Thought," *Han' guk Pulgyohak* 7, 1982, esp. pp. 216-219.

[2] CBETA X45. 163a9-13 (XZJ 71. 546a)，四缘熏镜者，依出离法身，起应化二身。从于大悲，流出十二部经，作诸众生外缘熏习。镜者，谓受用镜。谓依法出离者，不示应化二身。依离垢法身，遍照众生之心也。以佛日慧光照诸众生二种之心。一本性净心。二随缘用心也.

[3] Ishii Kōsei 石井公成, "Zuien no shisō", 随缘の思想 in Aramaki Noritoshi, ed., *Hokuchō Chūgoku Bukkyō shisōshi*, Kyoto: Hōzōkan, 2000, pp. 154-155.

[4] Ishii, 2000, p. 169; see translation Broughton, 1999, pp. 10-11.

"according with conditions or objects". "Thus, non-Buddhists see their false ideas and calculations……and are unable to know that they are projections of their own mind. For example, it is like a bright mirror that displays all material images in accord with the conditions/objects, and yet there are no false ideas."① In other words, the pure mind or *tathāgatagarbha* follows after conditions or objects, which is what leads to misperception and ultimately to suffering. While this idea may predate the *Laṅkāvatāra Sūtra* translations and may possibly have influenced the QXL,② the idea of the inherently pure mind not maintaining its nature and pursuing conditions/objects was a topic among Dilun scholars, with one text that Ishii thinks predates the QXL, Stein ch. 4303,③ saying, "In relation to the response (body), it follows conditions to distinguish the functions".④Huiyuan used *suiyuan* only once in the sense of the pristine mind losing its nature: "The one *ti* (reality) of the true mind accords with conditions and transforms itself and becomes the dharmas",⑤ and twice in his commentary on the QXL, which Ishii thinks is by one of Huiyuan's pupils, as "true suchness accords with conditions".⑥

Importantly, these attempts to explain how the unconditioned becomes

---

① T16.491b22-25, 如是外道见习所熏, 妄想计著。依于一异、俱不俱、有无、非有非无、常无常想, 而不能知自心现量, 譬如明镜随缘显现一切色像而无妄想 (almost identical wording in Bodhiruci's translation of the *Laṅkāvatāra Sūtra*, T16.532a27-b2), 彼诸外道依邪见心妄想熏习亦复如是。分别一异、俱不俱、有无、非有非无、常无常。妄想分别故。何以故。以不觉知唯自心见故。大慧, 譬如明镜随缘得见一切色像无分别心。

② Ishii, 2000, pp.165-169.

③ Pak Poram 朴ポラム, "Rokusōsetsu no hensenkatei no kōsatsu," 六相説の変遷過程の考察 in Kŭmgang Taehak Pulgyo munhwa yŏn'guso, comp., *Jironshū no kenkyū*, Tokyo: Kokusho kankōkai, 2017, p.202, suggests it belongs to the period after the split in the Northern Wei, 530 C.E.

④ 论应、随缘弁用。Ishii, 2000, p.170.

⑤ *Niepan jing yiji*, T37.702c2-3, 一真心体随缘转变为诸法故。

⑥ T44.193b3-4, 如此无明熏习真如, 真如随缘, 差别不同 and 264b9-19, 如是染净皆是真如随缘显现, 似有而无体; see Ishii, 2000, pp.170-171.

conditioned as encapsulated in the special use of *suiyuan*, a most thorny problem for supporters of *tathāgatagarbha* doctrine that addresses how there is causation such as conditional origination/*pratītya-samutpāda* （缘起） or conditional production/ dependently originated （缘生） and the concatenation or accumulation of or via conditions （缘集） when true suchness or *tathāgatagarbha* is said to be unchanging and permanent, were important for the QXL, Hane 333V and Huiyuan. These three terms are usually treated as synonyms, but there is, according to Kuiji, a difference in nuance between the first two："*Yuque* 56 says, 'The direct cause is called *yuanqi*, the result is called *yuansheng*'." [1] The third term, *yuanji*, does not appear in any dictionaries and it was only in the 1980s that it was realized that it was a term used by Dilun [2] and that it was developed out of the term used by Lingbian that in turn probably was formed from the Gunabhadra translations of the *Laṅkāvatāra Sūtra* and *Śrīmālādevīsiṁhanāda Sūtra*. [3] "The word *yuanji* was hardly ever used in Chinese translations of the scriptures, and according to Jingying Huiyuan, it is a synonym for *yinyuan* and *yuanqi*. It was probably an abbreviation of *yinyuanji* （same sense as twelve-part causation） used in the *Shidi jinglun* of the *xianqian* stage." [4] Although it came to be used in various formulations and was used in Huayan and Tiantai, it was especially distinctive of Dilun doctrine. [5] Modern scholarship only noted it in recent decades. As Hane 333V uses it, not long after mentioning "not maintaining its own nature", to gloss a passage in the QXL that says, "What I say is true suchness being non-existent is not what you

---

① *Cheng weishilun shuji*, T43.520b2-3, 五十六说，因名缘起，果名缘生。

② Ishii, 2010, p. 26.

③ Ch'oe Yŏnsik, 2010, p. 133.

④ Aoki Takashi 青木隆, "Tonkōshahon ni miru Jiron kyōgaku no keisei," 敦煌写本にみる地論 教学の形成 in Kŭmgang Taehakkyo Pulgyomunhwa yŏn'guso, comp., *Jiron shisō no keisei to hen'yō*, Tokyo：Kokusho kankōkai, 2010, p. 57.

⑤ See a text cited by Ishii, 2010, p. 27 and Aoki 2010, pp. 56-57.

mean by self-nature ……" where the author says, "Also that it exists is the existence of true suchness *yuanji* existence, and therefore（the QXL）says, 'Not non-existent'."[①] This is probably a comment on part of QXL: "One should know that the self-nature of suchness is neither characterized as existent, non-existent, both existent and non-existent, or neither existent nor non-existent; nor is it characterized as the same, different, both the same and different, or neither the same nor different."[②] The closest form to the *ruxing yuanji* that Hane 333V uses is in Huiyuan's *Weimo yiji*, "All sentient beings are suchness（means that）ordinary people are suchness. The nature of suchness is that conditions arise and gather to form sentient beings".[③]

This is the only occurrence found in a SAT search. Since Huiyuan uses what he calls a synonym for *yuanji* here, that is *yuanqi*, I conclude that Hane 333V was written around the same time that Huiyuan was writing his works. Okamoto thinks that the *Weimo yiji* is an early work by Huiyuan, that is, it was written before 578.[④]

All of the above evidence points to Hane 333V being a product of the period from 563 or 564 to the 590s, and not a forgery. It addresses ideas that were topical in this period, has passages almost identical to those in the Tanyan commentary, quotes from works translated by Paramārtha, and shares terminology with Dilun and Huiyuan. Moreover, as the works known to have been in Li Shengduo's collection have been judged to be genuine, and Hane 333V was in this collection, when considered together with the other evidence

---

① "我言真如非有者，非汝所谓自性□＊［16］＊□□于无□谓是非有，还复是其有，乃是如性缘集有，故言'非非有'," Ikeda, 2012, p. 119.

② T32. 576a29-b2, 当知真如自性，非有相非无相，非非有相非非无相，非有无俱相，非一相非异相，非非一相非非异相，非一异俱相。

③ T38. 462a19-20, 一切众生如者，凡人如也。如性缘起，集成众生。

④ Okamoto, 2017, pp. 531, 538.

provided above, leads to the conclusion that Hane 333V was a genuine Dunhuang manuscript. I conclude Hane 333V was written sometime between 564 and the 590s, possibly before Huiyuan's commentary was written or in the same period, possibly the 570s. I suggest that it quoted from Tanyan's commentary, and not the other way around, for while Tanyan drew not at all on Dilun works and very little on Paramārtha's works, and was possibly writing before 574, the Hane 333V author drew prolifically on Paramārtha's translations and was conversant with Dilun terminology, some of which he clearly shared with Huiyuan. My own speculation is that this text was written down from lectures on the text because of the existence of inserts or notes in the text such as "it can also be the *ālayavijñāna*".[①]

## Possible Author of Hane 333V

I also speculate that Hane 333V is the commentary by Tanqian (542—607), which has long been lost, but is mentioned in the catalogues and in the *Xu gaoseng zhuan*. Besides a commentary attributed to Paramārtha (*Dasheng qixin lun xuanwen*, 玄文),[②] and the "Zhikai" preface (the attributions of a commentary on the QXL to Paramārtha only appear in much later catalogues[③]), only three pre-Tang commentaries are listed; those by Tanyan, Tanqian, and Huiyuan. As we possess commentaries attributed to Tanyan and Huiyuan, and if, as I argue above, Hane 333V was written in the pre-Tang period, I think

---

① Ikeda, 2012, p. 153.

② See Kashiwagi, 1981, p. 70, considers this attribution by the "Zhikai Preface" to be unreliable, but Yang Weizhong, *Zhongguo weishizong tongshi*, 1: 236 - 244 thinks it mostly genuine, and 1: 248 accepts this commentary.

③ Catalogues such as the *Lidai sanbaoji* (T49.99a11), which lists a *Qixin lunshu* in two fascicles, something it fails to mention earlier at T49.87c - 88a. See Radich, 2012, "External Evidence," pp. 73-74, esp. note 114, and p. 85.

Tanqian is a prime candidate for author of Hane 333V, because Tanqian went south and then returned north to teach in Chang'an from 587, especially promoting the *Shelun* and its commentary, which Hane 333V often quotes, compared with Tanyan who only refers to the *Shelun* several times. Tanqian had also studied the QXL before 574. [1] Even the erudite Huiyuan attended Tanqian's lectures on the *Shelun* in Chang' an, and the two were friends. [2] On the other hand, Tanqian may have been the author of the "Zhikai Introduction", which is why, as Chen Yinke argued, it has some information that suggests a familiarity with Paramārtha's activities and environment, but also errors. [3] These errors may have been due to Tanqian not being fully familiar with events in South China over two decades before he travelled and stayed in South China. I think Tanqian may have mentioned a *Jiushi yizhang* (《九识义章》) in the "Zhikai Introduction", for this is very like the *Jiushi zhang* mentioned in Hane 333V. It is even noted that Tanqian wrote a *Jiushi zhang*. [4] This coincidence of mentions of a *zhang* on nine consciousnesses or a ninth consciousness (*Jiushi*) in the "preface" and Daoxuan's biography of Tanqian, which is very detailed, is evidence that Tanqian probably wrote the "preface" and Hane 333V. Tanyan and Tanqian had connections, because both were members of the same elite clan, [5] which may be why Hane 333V and Tanyan's commentary have much

---

[1] *Xu gaosengzhuan*, T50.572a2; Chen Jinhua, *Monks and Monarchs, Kinship and Kingship: Tanqian in Sui Buddhism and Politics*, Kyoto: Scuola Italiana di Studi sull' Asia Orientale, 2002, pp. 14−17.

[2] Chen, 2002, p. 17; *Xu gaosengzhuan*, T50.572c21−24.

[3] See views discussed in Yang Weizhong, 2008, pp. 237−244, some of the errors Yang tries to explain away as being due to Paramārtha retranslating some texts and the confusion of the times created by warfare.

[4] *Xu gaoseng zhuan*, T49.574b3−4, 又撰楞伽起信唯识如实等疏九识四月等章; see Chen, 2002, pp. 21−22, esp. note 31, "it is also possible that the treatise attributed to Paramārtha was actually composed by Tanqian".

[5] Chen Jinhua, 2002, p. 37.

material in common, one probably quoting from the other. I suggest that the sequence of the texts is probably QXL (ca. 535 – 549), Tanyan commentary (ca. 564–574), Tanqian/Hane 333V and "Zhikai Preface" (ca. 587–607), and possibly Huiyuan's commentary.

## Conclusion: Fazang and Tanqian

Ikeda Masanori identified three quotes from Hane 333V by Fazang in his *Dasheng lun yiji*. Fazang also made occasional mentions of Tanqian in his works, such as in his *Huayan jing tanxuan ji* (《华严经探玄记》), where he calls him Meditation Master Qian (迁禅师)① and in the *Huayan jing chuanji* (《华严经传记》), where he mentions that a Tanqian of the Sui dynasty had written a *Mingnan yipin shu* (《明难一品疏》). ②It was likely that Fazang saw a copy of Tanqian's commentary on the QXL because it survived until at least 914 when Enchō (圆超) catalogued it in his *Kegonshū shōshō narabini inmyō roku*. (《华严宗并因明录》)③ It was listed by Daoxuan his *Xu gaoseng zhuan*, probably in his first of 645.④In addition, Zhiyan (智俨, 602—668), a teacher of Fazang, quoted a short text by Tanqian in its entirety. ⑤Therefore, it is likely that Fazang used a copy of Tanqian's commentary on the QXL.

---

① T35. 176c6-7.
② T51. 164b27. This was a commentary on part of the *Huayan jing*. See Chen Jinhua, 2002, p. 22 note 31.
③ T55. 1134b16; Chen Jinhua, 2002, p. 22 note 31 lists two later Japanese catalogues in which it appears.
④ T50. 574b3.
⑤ Chen Jinhua, 2002, pp. 23-24.

# 法藏对《大乘起信论》的解读：
# 要点及其反响

〔澳大利亚〕梅约翰（John Makeham）

**内容摘要：** 本文由四部分组成。第一部分陈述元晓（617—686）与法藏二师重要理论的创新。简而言之，元晓与法藏让阿赖耶识同时扮演了"海水"及"湿性"的双重角色，即让阿赖耶识兼备无为法（即真如）及有为法（因能生一切法）的特征。元晓和法藏的阐释与《大乘起信论》初期注释著作的批注——诸如昙延（516—588）《起信论义疏》、拟题《羽333V》的敦煌写本，以及慧远（523—592）《大乘起信论义疏》大相径庭，因此具有分水岭般的解读意义。

第二部分解释法藏如何通过处理"无明"这一概念的本体论意涵来消解《大乘起信论》所面对的二元本体论的问题。基于"一心"概念，《大乘起信论》主张某种实体一元论（substance monism）。主要以解脱为终极目标，试图通过若干策略来指导修行者成就这一目标。其重要策略之一是通过一元本体论来证实无明虚幻的性质。然而，因为采用的比喻将无明表征为外在于真如，所以这一比喻难免于引二元论入一元论之诮。因为没有正面处理无明的来源问题，《大乘起信论》未交代所牵连的苦难及罪恶的来源问题，进而削弱了自己的解脱目标。

第三部分介绍法藏如何对《大乘起信论》进行判教，以及此判教与"理事无碍""体相镕融门""性起"等概念的关联。

以第三部分为背景，第四部分说明北宋天台宗四明知礼（960—1028）针对法藏所主张无为法（真如、一心、如来藏）随缘而不变"以诸缘生皆无自性""离真如无自体"等观点进行的批判。知礼认为这种以法藏为代表的华严观点与天台"山外"诸师的错误立场大有渊源。据"山家"知礼，华严宗的过错在于认为"一理"（即真如）随缘时就有万物（事）差别，但一不随缘差别就不存在了；真如超越差别之事象为纯一之理。差别的事象乃无明所作，非真如之理中所固有；以及断掉了无明也就灭了万物（事），因而理可以单独存在。

**关键词：**法藏，《大乘起信论》，真如，无明，山家，山外

**作者简介：**梅约翰（John Makeham），澳大利亚拉筹伯大学教授。

# 一　阿赖耶识的双重功能

法藏《大乘起信论义记》（T44. 1846）对往后的注释家产生了深远的影响。《大乘起信论义记》采用不少新罗僧人元晓（617—686）《起信论疏》（T44. 1844）的内容。两位僧人也都师事华严宗二祖智俨（602—668）。另外一位师事智俨的新罗僧人义湘（625—702）被尊为"海东华严初祖"，他也是法藏的同窗、元晓的好友。

至于"真如"是否改变或移动这一问题，元晓与法藏所提出的阐释与初期注释家的阐释形成鲜明的对照，下面介绍三组例证来说明。[①]

## （一）生灭门

《大乘起信论》云："心生灭者，依如来藏故有生灭心，所谓不生不灭与生灭和合，非一非异，名为阿梨耶识。"[②] 问题在于，当无为法的如来藏与生灭和合，如来藏是否改变？昙延、《羽333V》与慧远均强调如来藏不改变。

昙延《大乘起信论义疏》批注：

> "依如来藏故有生灭心"者，如来藏者即是无念本觉体。无念故随妄流转。尔来无始，照性不改，故名为觉。一切诸佛从此出生，即因此觉为如来藏。"有生灭心"者，复以此心体无念故，无心造物，相似生灭也。言不生灭者，指取照性不易。言相似者，随熏故似也。[③]

---

① "阿赖耶识的双重功能"一节根据本文作者、John Jorgensen，Dan Lusthaus 及 Mark Strange 合译注《大乘起信论》英译本前言最后一节，该节的内容主要由耿晴教授提供。英译本为 *Treatise on Awakening Mahāyāna Faith*，New York：Oxford University Press，2019。

② T32. 1666，576b7-9。

③ X45. 755，159b12-16。

昙延认为如来藏就等同是没有虚妄分别（念）的本觉状态。恰恰因为没有虚妄分别如来藏能够随妄流转。如来藏只不过"相似"生灭，而其实如来藏的照性①不改变。

慧远《大乘起信论义疏》批注：

> "依如来藏"者是第八识也。有生灭心者是第七识也。此言"依"者同时相依，如影依形。此之二句妄有所以。此妄之中随妄转流名第八识。下正表体有三句。所谓"不生不灭"者其体常住，随缘成妄，而体非无常。如上说也。此之一句正表体常。②

慧远将如来藏等同第八识（阿梨耶识、阿赖耶识），认为如来藏尽管"随妄转流"，而其为"妄"之"体"则仍然"常住"。

《羽333V》批注：

> 言"依如来藏故有生灭心"者，以依觉，故而有不觉；依不觉，故有生灭心也。所谓"不生不灭与生灭和合"者，谓前如来藏与生灭心虽复不一，以无异体故而常和合，不相杂也。论其生灭，由于熏习。不生灭者，心性自尔，无有迁变故也。③

《羽333V》也很清楚：作为心④的性，如来藏仍然"自尔"，没有改变。

与此相反，元晓与法藏都认为如来藏（自性清净心、真心、不生灭心）"因无明风动作生灭"，而且"举体而动"。易言之，无为法的如来藏

---

① "照"即明照、恒照：让众生觉悟。
② T44. 1843，182b28-c4。
③ 池田将则（이케다 마사노리）、杏雨書屋所藏敦煌文献大乘起信論疏（拟题，羽333V）について、*Bulgyohak ribyu* 불교학리뷰、12（2012）、頁122.
④ 《羽333V》将"心"当成第七识："第七名心，偏能生起四惑染净诸识故。"池田將則、杏雨書屋所藏敦煌文献大乘起信論疏（拟题，羽333V）について、頁60.

也受制于有为法（因果律）。元晓《起信论疏》批注：

> 自性清净心名为如来藏。因无明风动作生灭，故说生灭依如来藏。……"不生不灭"者，是上如来藏。不生灭心动作生灭。不相舍离，名与和合。……不生灭心举体动。……"非一非异"者，不生灭心举体而动。故心与生灭非异。而恒不失不生灭性。故生灭与心非一。①

法藏《大乘起信论义疏》批注：

> "依如来藏有生灭心"者，谓不生灭心。因无明风动作生灭。……如不动之水为风所吹而作动水。……自性清净心名如来藏，因无明风动作生灭。…不生灭心举体动故。……"非一非异"者，真心全体动，故心与生灭非异；而恒不变真性，故与生灭不一。②

## （二）大海水与风的比喻

《大乘起信论》引用大海水与风的比喻来说明如来藏是否能动：

> 如大海水因风波动，水相风相不相舍离，而水非动性，若风止灭动相则灭，湿性不坏故。如是众生自性清净心，因无明风动，心与无明俱无形相、不相舍离，而心非动性。若无明灭相续则灭，智性不坏故。③

---

① T44.1844，208b8-22。
② T44.1846，254b25-c24。
③ T32.1666，576c11-16。

初期的注释家都认为无论大海水激动还是平静，既然湿性不坏，那么这段文本要强调的就是如来藏始终不变的意思。①

与此相反，元晓与法藏都将此比喻解释为如来藏从平静状态转变为激动状态。至于如何解释如来藏会"动"的难题，他们都强调说，如来藏不是由自性而动，而是随无明而动。② 因为《大乘起信论》大海水与风的比喻本身就是模棱两可的：一方面《大乘起信论》说无论大海水激动还是平静，水的湿性不改变；而另一方面也说尽管"水非动性"但可以被风动；一方面"自性清净心"的如来藏不改变；而另一方面可以被无明动。

## （三）熏习真如

昙延阐释《大乘起信论》"熏习真如"："此无明起已，无力自存。是依真如而起熏习。"对昙延而言，无明要依赖真如才有熏习他物的功能。与此相反，元晓与法藏将其解读为真如可以被熏习的意思，正如法藏批注："熏真如者，谓根本无明熏习义也。以熏习故有妄心者，依无明熏动真如有业识心也。"③

经过以上三组例证的考察足以显示元晓与法藏所提，对于真如是否能"动"一问题的阐释具有分水岭似的解读意义，与初期注释家的阐释形成鲜明的对照。这个考察也突出了《大乘起信论》在理论上的一个根本难题。《大乘起信论》试图在染法和无染法之间建立一种紧密的关系，故而断定阿赖耶识只不过是真如与无明和合的某种模棱两可的事物："不生不灭与生灭和合，非一非异，名为阿梨耶识。"因为阿赖耶识处于这种特殊状态就不能视作一般意义上的"识"，因为不生不灭的真如是无为法。既然是无为法，那么就没有因果功能，当然不能生染法。尽管如此，《大乘

---

① T44.1843，185a9-11；X45.755，161c24-162a4；池田将则、杏雨书屋所藏敦煌文献大乘起信论疏（拟题，羽333V）について，页135。

② T44.1844，211b8-10；T44.1846，260b5-8。

③ T44.1846，270c5-6与T44.1844，217b14-16亦大同小异。

起信论》很清楚，阿赖耶识"能摄一切法、生一切法"的结果，既然阿赖耶识又是无为法，又是有为法，这就成为困境。为了让阿赖耶识具有生一切法的功能，只能将其当成一种真正的"识"，因为真正的识才是生法的基础。

《大乘起信论》本来设大海水与风的比喻以便表明"不生不灭与生灭和合"所隐含的道理，但如上所述，比喻的应用遇到了一定的困难。为了能够处理这个困难，阿赖耶识应该改为比喻水的湿性而不应该用来比喻海水本身。然而，假如如此修改比喻的应用方式，会导致另一个困难：比喻就会缺少任何对应海水的相关概念，等于是所谓空洞能指或空符征。

有鉴于此，元晓与法藏决定只好让阿赖耶识同时扮演水与水的湿性两种角色。结果，阿赖耶识不得不被理解为既指涉无为法（即真如）又指涉有为法（即生法的作用），因而无为法与有为法的严谨区分也消解了。随着这种解读逐渐成为主流，昙延、慧远等人的解读就被取代了。

## 二　无明与本体二元论的问题

据《大乘起信论》，由于无明的干扰，真如被遮蔽，因而主体不能了别妄心：

> 云何熏习起染法不断？所谓以依真如法故有于无明，以有无明染法因故即熏习真如；以熏习故则有妄心，以有妄心即熏习无明。不了真如法故，不觉念起现妄境界。以有妄境界染法缘故，即熏习妄心，令其念着造种种业，受于一切身心等苦。①

---

① T32.1666, 578a23-27。

与真如一样，无明没有开端："以如来藏无前际故，无明之相亦无有始……一切众生从无始世来，皆因无明所熏习……"①据《大乘起信论》的解释，因某种缘故，真如被无明所熏习，这就产生妄心，妄心就熏习无明，因而增强了无明迷惑的功能，结果众生心不能觉了真如。不能觉了真如，妄心就产生种种虚妄分别，所产生的虚妄分别又为妄心提供不断染污的新条件，进而产生了主体所受的一切苦恼。

与其他如来藏系的经论不同，《大乘起信论》宣称无为法的真如也能被有为法的无明所熏习。如上所述，初期的注释家解释说，尽管《大乘起信论》提出真如能够被无明所熏习（即似乎等于说无为法竟然会受到因果律的支配），然而这无非是真如"相似"（貌似）被熏习而已，而实际上并未改变。

《大乘起信论》所引用大海水与风的比喻并不难解读为支持这种辩护的解释。尽管风会激起波浪和运动，海水的湿性未曾改变，无论风刮或不刮；尽管妄心被激起作虚妄分别，妄心的自性（本觉、真如）常恒不变，只不过无明阻挡主体觉悟到这点。然而，既然心本觉，本觉之心又怎么会有无明可以导致妄心？为什么大海水之外另有风？风从哪来？②

---

① T32. 1666，580b01-2；582c22-23）。《大乘起信论》有可能吸收了《胜鬘经》"无明住地"（avidyāvāsabhūmi）一概念的影响：
"如是过恒沙等上烦恼，如来菩提智所断。一切皆依无明住地之所建立。一切上烦恼起，皆因无明住地，缘无明住地。世尊，于此起烦恼，刹那心刹那相应。世尊，心不相应无始无明住地。"（T12. 353，220a20-24）
当心刹那起，刹那灭这就给主体提供良好的机会知觉自己的烦恼。然而能够知觉到无明住地就困难多了。尽管一切上烦恼（强盛烦恼）依无明住地而建立，然无明住地本身并非一种刹那的存有，而是恒不变的无为法。与《胜鬘经》"无明住地"一概念不同，《大乘起信论》的"无明"概念只有刹那的存有，因为无明所依赖的"念"亦无非一种刹那的存有："以从本来念念相续未曾离念故，说无始无明。"（T32. 1666，576c01）
② 至于如何克服无明，《大乘起信论》有针对这一问题的办法。据《大乘起信论》："以从本来念念相续未曾离念故，说无始无明。"（T32. 1666，576b29-c1）因为从本以来无明一刹那、一刹那（念念）相续，主体从来不离开虚妄分别（念），而这个状态称为无始无明。无明即等同将"常恒不变"的"真心"分解为分离的、连续的虚妄分别（念）。"无始无明"的意思是指这个"念念相续"的过程本来就有，没有开端；但这并不意味着主体无法领悟到这一点，因而能够断绝妄心的连续。

　　基于"一心"概念,《大乘起信论》主张某种实体一元论（substance monism）。① 主要以解脱为终极目标,《大乘起信论》试图通过若干策略来指导修行者成就这一目标,其重要策略之一是通过一元本体论来显示无明虚幻的性质。然而,因为所采用的比喻将无明表现为外在于真如,难免其将二元论的比喻引入一元论的指责。本体一元论无法容纳大海水和风的并存。因为没有交代无明的来源,《大乘起信论》未交代所牵连的苦难及罪恶的来源问题,进而削弱了自己的解脱目标。②

　　为了处理好二元本体论的问题,法藏否认无明有自体、有自性:

　　　　问:"何故前明体大中,通一切法,③ 不简染净及其相用,唯是其善,不通不善?"答:"体大理日通诸法。不得简别。若真如外别有无明为不善体者,有多种过。……真如之外不得别立无明作不善体。不善等法亦不得作真如相用。若是相用亦有多过。"④

在此段,法藏只不过指出真如是普遍融通的,并未说明为何无明不能离于真如而独存为罪恶的（本）体,抑或有其独自的本体。

　　然而在批注"以一切心识之相皆是无明,无明之相不离觉性"⑤ 一段的时候,法藏确实对上述问题加以说明:

　　　　业等染心⑥名诸识相。此等皆是不觉之相。故云:"心识⑦之相皆是无明。"非约心体说也。又更转难云:"既言识相皆是无明故,说灭

---

① 实体的特性即其所以然者不依赖任何更根本的存有体。
② 对此问题用神义论相关问题来进行分析,可参见 Peter N. Gregory, "Theodicy in the *Awakening of Faith*," *Religious Studies* 22. 1, 1986, pp. 63-78。
③ 据《大乘起信论》:"体大,谓一切法真如平等不增减故。"（T32. 1666, 575c26）
④ 《大乘起信论别记》,T44. 1847, 288a28-288b2；288b6-288b8。
⑤ T32. 1666, 576c10。
⑥ 《大乘起信论》"意"（manas）有五种名称,第一种是"业识":"谓无明力不觉心动故。"
⑦ 此处"心识"指:业识、转识、现识、智识、相续识。

者即应别有体性离于真如。即真妄别体难也。"答云："如此诸识不
觉之相不离随染本觉之性。以是故云：'不离觉性。'此无明之相与
彼本觉之性非一非异。非异故非可坏。非一故非不可坏。若依非异非
可坏义，说无明即明。故《涅槃经》云：'明与无明其性不二，不二
之性即是实性。'① 若就非一非不可坏义，说无明灭，觉性不坏。灭惑
之义准此知之。"②

虽然"意"与"无明"及"不觉"有关联，法藏认为《大乘起信论》否
认无明之相是心体、真如之相。不过，这一断言也引入了一个潜在的理论
困难：假如无明能断灭（始觉所必备的基本条件），这就意味着是由于无
明的体性断灭，无明才断灭。因此，这就等于承认"别有体性离于真
如"，无明的来源及二元论等问题又抬头了。

无明之相与本觉之性之所以"非异"，可模拟海水与风之不相离。
只要海水（阿赖耶识）继续响应（随）风（无明）的推动而移动，
海浪（妄心，染心，心识）就会继续维持风（无明），因而风非可坏。
然而，风一不刮，海水静下来，海浪不存在了，而水仍然存在，因为水
的自性非可坏，显而易见水与风并"非一"。主体一断绝妄心的连续，
无明就灭绝，而这就是本觉之性。法藏征引《涅槃经》一段是为了说
明究竟只有一性，觉与无明不二因为只有一性，真觉即了别无明无
自性。

## 三  法藏对《大乘起信论》的判教

从初唐开始，阿赖耶识（自性清净心）随缘，这一核心的议题亦用
"理""事"这一对范畴表述。受到"心真如"可与"心生灭"融通无碍

---

① 根据《大般涅槃经》，T12.374，410c21-22。
② T44.1846，260a19-29。

而自性不坏这个理念的启发，① 华严初祖杜顺提出了"理事无碍"这一概念，等于是"重新铭刻"（reinscribe）"色空"的旧提法。②

随后，法藏认定"理事融通无碍"为"如来藏缘起宗"的代表学说（以《大乘起信论》为代表经论之一）：③"此宗中许如来藏随缘成阿赖耶识。此则理彻于事也。亦许依他缘起无性同如。此则事彻于理也。"④ 如同理（如来藏）彻于事，事亦彻于理。关键在于，"事彻于理"不应该理解为那些与阿赖耶识有牵连的染法因某种缘故能够侵入、掺杂如来藏的清净，而应该理解为在阿赖耶识这个"领域"内，事彻于理，而理（如来藏）不变。

法藏还进一步提出一个分成五类的判教体系来说明这点："一小乘教、二大乘始教、三终教、四顿教、五圆教。"⑤ "始教"指《般若》等经，《中》《百》《十二门》等论以及《解深密》等经，《瑜伽》《唯识》等论的学说。始教只能教人认识到阿赖耶识生灭的功能，而不能领悟到"不生不灭与生灭和合""理事融通无碍"的道理："若依始教，于阿赖耶识但得一分生灭之义，以于真理未能融通。但说凝然不作诸法，故就缘起生灭事中建立赖耶。"⑥

"终教"指《楞伽》《密严》《如来藏》《胜鬘》等经，《起信》《宝性》《法界无差别》等论的学说。与"始教"不一样，"终教"反而可以教人领悟到"理事不二"的道理：

---

① 在阐述这个道理时，杜顺甚至说："心真如门者是理。心生灭者是事。"参见《华严五教止观》，T45.1867，511b6-7。
② 参见 Robert M. Gimello, "Apophatic and Kataphatic Discourse in Mahāyāna: A Chinese View," *Philosophy East and West* 26.2, 1976, pp.122-123；冯达文：《理性与觉性：佛学与儒学论丛》，巴蜀书社，2009，第15~18页。
③ 如来藏缘起宗即是法藏所判别"通大小乘"四宗之一：随相法执宗（小乘诸部）、真空无相宗（《般若》等经）、唯识法相宗（《解深密》等经）、如来藏缘起宗（《楞伽》《密严》等经，《起信》《宝性》等论），T44.1846，243b23-28。
④ T44.1846，243c1-4。
⑤ T45.1866，481b7-8。
⑥ 《华严一乘教义分齐章》，T45.1866，484c13-16。

"若依终教，于此赖耶识得理事融通二分义。故《（起信）论》但云：'不生不灭与生灭和合。非一非异。名阿梨耶识。'以许真如随熏和合成此本识。"……问："真如既言常法，云何得说随熏起灭？既许起灭，如何复说为凝然常？"答："既言真如常故，非如言所谓常也。何者？圣说真如为凝然者。此是随缘作诸法时不失自体故说为常。是即不异无常之常，名不思议常。……此终教中。约体相镕融门故，说二分，无二之义。"①

"体相镕融门"是《大乘起信论》生灭门的别名。此段，法藏注重理与事（体与相）在"体相镕融门"和合（镕融）的"不二"特征。他尤其强调真如恒常不变是因为真如"随缘作诸法时不失自体"。

务必注意的是，法藏将终教排为五教中的第三位。第五位的"圆教"排最高位，代表教义为"法界缘起"，阐明现象和现象之相即关系："一即一切，一切即一"，一与一切互为主从，即后来所称的"事事无碍"。②按法藏的判教排列，终教从属圆教，因而理事无碍从属事事无碍。然而，这并不意味理事无碍从此以后就输给事事无碍。

华严宗四祖澄观（738—839）强调，理事无碍的教义在事事无碍的教义建立中起关键作用。③接着，圭峰宗密（780—841）将理事无碍判为"中道第一义观"："方名理事无碍。观之于心即名能观，观事当俗，观理当真，令观无碍，成中道第一义观。自然悲智相导，成无住行，已当大乘同教之极致。"④

---

① T45. 1866, 484c24–485a4；485a9–a15；485a21–23。

② T45. 1866, 485b7–9；503a17–20；507c12–15。

③ 澄观阐释华严初祖杜顺"周遍含容观"中"十门"的"理如事门"说："今理如事者，如事之现，如事之局，如事差别，如事大小一多等。"《华严法界玄镜》，T45. 1883, 680b19–22。正如弘安法师解释，意思是用语言文字表达的"理"相对于"事"而言，既然有相对关系，理就变为事了。参见《〈华严法界玄镜〉初探》，http://www.chinabuddhism.com.cn/a/fayuan/2008/200801f10.htm。

④ 《注华严法界观门》，T1884. 45.0687b15–18。

　　圭峰宗密解释"性起"一概念，开宗明义就说："性相无碍，理事交彻，事不异理，理不异事，互相融。"① "性起"概念将"性"（即一心，真如、理）当作诸法的本体："既世、出世间一切诸法全是性起，则性外更无别法。所以诸佛与众生交彻，净土与秽土融通，法法皆彼此互收，尘尘悉包含世界。相即相入，无碍镕融，具十玄门，重重无尽，良由全是性起也。"② 宗密的"性起"概念也是阿赖耶识的别称。据 Peter Gregory 的解释，"性起无非是一心随缘作用的别称，作为染、净法与究竟真如的桥梁"。③

## 四　天台四明知礼批评法藏

　　Peter Gregory 又特别指出，宗密的理事无碍教义"给北宋天台宗山外诸师提供了理论基础，以便阐释他们所理解的天台传统"。④ 天台宗山家、山外之争是天台宗内部的争辩，前后绵历 40 年。山家派占正统地位，贬低论敌为"山外"。山外派将"理事无碍"与"性起"两个概念等同。与此形成对比的是，山家派将"事事无碍"和"性具"两个概念等同。山家、山外之争重现了华严传统内部所固有的"法界缘起"⑤ 与"性起"二概念之间的理论张力。山家派主张，在本体论上，所有现象具有平等性，包括无为法和有为法。理不优先于事，也不脱离于事。与此相反，山外派主张，在本体上，理应当优先于事。山家派批评说，这跟华严主流的立场大同小异。

　　山家派批评山外派不只主张理优先于事，甚至还主张"理"可以从"事"脱离而独立存在。这就是山家领袖四明知礼（960—1028）所说的

---

① 《广圆觉经略钞》，X9.248，214b5-7。
② 《行愿品别行疏钞》，X5.229，399c11-14。
③ Peter Gregory, *Tsung-mi and the Sinification of Buddhism*, p. 189.
④ Peter Gregory, "The Vitality of Buddhism in the Sung," *Buddhism in the Sung*, Peter N. Gregory、Daniel A. Getz Jr. ed., Honolulu: University of Hawai'i Press, 1999, p. 9.
⑤ "一与一切互为主从"，属华严"四法界"中"事事无碍法界"的内容。

"缘理断九"："以彼（山外家）不谈性具九界，乃是但理随缘作九。若断无明，九界须坏。若九界即是真如理者，何须除九?"①"但理随缘"即指华严宗主张真如随缘作一切法，而真如体性常不变。②九界是佛教"十法界"中地狱、饿鬼、畜生、阿修罗、人、天、声闻、缘觉、菩萨。相对于佛界而言，九界均为迷界，是真如理的障碍，因此须破除，理才能开显。山家反而主张不能破除九界，因为理即事、事即理。

"体用"范畴也常常被引用来讨论"理事"范畴。知礼在下文扼要介绍了山外、山家对体用关系的不同理解：

> 夫体用之名本相即之义，故凡言诸法即理者，全用即体方可言即。《辅行》云："即者，《广雅》云合也。若依此释，仍似二物相合，其理犹疏。今以义求，体不二故。故名为即。"（上皆《辅行》文也）。今谓全体之用方名不二。他宗明一理随缘作差别法，差别是无明之相，淳一是真如之相，随缘时则有差别，不随缘时则无差别，故知一性与无明合方有差别，正是合义，非体不二，以除无明无差别故。今家明三千之体随缘起三千之用，不随缘时三千宛尔，故差别法与体不二，以除无明有差别故。验他宗明即，即义不成，以彼佛果唯一真如，须破九界差别归佛界一性故。今家明三千之体随缘起三千之用，不随缘时三千宛尔，故差别法与体不二，以除无明有差别故。验他宗明即，即义不成，以彼佛果唯一真如，须破九界差别归佛界一性故。③

《辅行》指湛然（711—782）的《止观辅行传弘决》。知礼提出，必须体用不二，全用即体，才算相即。正如诸法（事物）和理（真如）没有两个不同的体，体和所有的用（作用）也不二。"他宗"指华严宗。华严宗

---

① 《四明尊者教行录》，T46.1937，876a13。
② "但理"的意思是"理"超绝现象界而不内在现象界。
③ 《十不二门指要钞》，T46.1928，715b10–22。

认为一理（即真如）随缘时就有万物（事，用）差别，但是一不随缘，差别就不存在了。真如超绝差别之事象为纯一之理，故称"一理"。差别的事象乃无明所作，非真如之理中所固有。断掉了无明也就灭了万物（事，用），因而理可以单独存在。"今家"指天台（山家）宗。"三千之体随缘起三千之用"实时下的任何对象体（所谓当体）都具有千差万别的用。"不随缘时三千宛尔"应该解读为反事实假设的提法，意思是"假设真如不随缘，诸法（事物）依然会清晰呈现出各自不同的样态"，即说明由于"全用即体"相即之义，不能没有千差万别的用。①

知礼于《天台教与起信论融会章》中还特别点名批评法藏：

> 盛将随缘以②凝然二理简于性相二宗此乃出自贤首。天台未见此文。据理，随缘未为圆极。彼宗尚自判终教。未及于圆。岂天台之圆同彼之终。须知，若凝然、若随缘，但据带方便义边。皆属别教。③

法藏分判终教比始教高一筹，因为如上所述：

> 若依始教，于阿赖耶识但得一分生灭之义。以于真理未能融通，但说凝然不作诸法，故就缘起生灭事中建立赖耶。……若依终教，于此赖耶识得理事融通二分义。故《（起信）论》但云："不生不灭与生灭和合非一非异，名阿梨耶识。"以许真如随熏和合成此本识。④

无论始教抑或终教，对知礼而言都不过是别教。知礼为什么认为法藏所说的随缘"未为圆极"？因为法藏凭着"离真如无自体""诸缘生皆无自性"⑤

---

① 知礼亦称之为"理具三千"。
② "以"概为"而"的传讹。
③ T46. 1937, 871c17-21。
④ T45. 1866, 484c13-15；484c24-485a4。
⑤ T45. 1866, 497a29, a13。

等论题来支持其所提倡真如随缘的主张。在知礼眼里，原来"随缘时则有差别，不随缘时则无差别""缘理断九"的错误立场"出自贤首"。

法藏采用的镜子比喻也显示知礼的指责不无道理：

> 且如圆成（即真如），虽复随缘成于染净，而恒不失自性清净。只由不失自性清净故，能随缘成染净也。犹如明镜现于染净：虽现染净，而恒不失镜之明净。只由不失镜明净故，方能现染净之相。以现染净知镜明净，以镜明净知现染净。①

杨维中在解释镜子和影像的比喻与随缘不变问题的关系时说：

> 在此，法藏将"圆成"② 之"不变"性当作能随缘的前提条件。真如依随缘义，才能表现不变之理，如果没有随缘义，也就没有不变义。反过来，真如有不变义，才能随缘显现世间万象，依不变之理，才能显现随缘义，如果没有不变，也就没有变。不变与随缘相反相成，绝对（不变）与相对（随缘）是相互依存的。③

顺着这个解释我们可以进一步推理，透过影像的显露，主体才能认知镜子的清净性。然而这只不过是发挥知识论层面的意涵。法藏这个比喻还隐含着本体论层面的意涵。在本体论上，镜子与影像的存有关系是单向的：影像依赖镜子而存有；"事"依赖"理"而存有。其关键在于，一旦没有影像可显露，镜子就不随缘，但镜子之为镜子，明净之为体性，却依然如故。

---

① T45.1866.499b。

② 圆成即真如。

③ 杨维中：《论华严宗的染净善恶观与妄尽还源的修行路径》，《妙林》第 12 卷 4 月号，2000。

# 法藏《大乘起信论义记》之"疏记"传承

金 涛

**内容摘要**：法藏之《大乘起信论义记》（以下简称《义记》）历来被视为《大乘起信论》注疏中的经典与权威，但是《义记》在中国流传之主要形态，并非《义记》自身，而是《义记》之两部末疏，即唐代宗密修辑《义记》之《大乘起信论疏》（以下简称《疏》）、与宋代子璿注释宗密《疏》之《大乘起信论疏笔削记》（以下简称《记》）。《疏》在唐代产生之后，逐渐取代《义记》，以法藏注疏的身份在中国流行；《记》在宋代产生之后，以其对前疏的注释，成为宗密《疏》之重要补充与阐发。《疏》与《记》在明清时期结合，成为后代《大乘起信论》解释的主要依据与基本框架。换言之，法藏《义记》在中国的传播，主要表现为宗密的《疏》与子璿的《记》在不同时期、以不同形式、不同相互关系之传播。这样一个以"疏记"为中心的传承，在当前的《义记》研究中尚未得到充分探讨。本文试图填补这一空白，揭示出法藏《义记》在中国传播中的主要形态。

**关键词**：法藏，《大乘起信论义记》，宗密，《大乘起信论疏》，子璿，《大乘起信论疏笔削记》，疏记，会本

**作者简介**：金涛，美国卫斯理安大学副教授。

法藏（643—712）所撰《大乘起信论义记》（以下简称《义记》）历来被视为《大乘起信论》（以下简称《起信论》《起信》，或《论》）注疏中的经典与权威，① 故其研究甚众，涉及许多方面的讨论。这些研究关注的对象主要包括《义记》自身、② 《义记》之末疏、③ 《义记》末疏之作者、④ 包括《义记》在内的《起信论》早期注疏、⑤ 《起信论》早期注疏之传承，⑥ 以及《义记》之现代注释、编辑与翻译⑦等。其中一个尚未

① 最著名的说法谓《义记》与慧远《大乘起信论义疏》、元晓《起信论疏》合称 "起信三大疏"，今之学者多持此说。参见小野玄妙『佛書解説大辭典』之「起信」条目、望月信亨『大乘起信論の研究』頁 214、湯次了榮『漢和兩訳大乘起信論新釈』頁 7、柏木『大乘起信論の研究：大乘起信論の成立に關する資料論的研究』頁 30 等，所在皆是。

② 如吉津宜英之 "法蔵大乘起信論義記の研究"（1980）、"法蔵の大乘起信論義記について"（1980）及 "法蔵の大乘起信論義記の成立と展開"（1990）、木村宣彰之 "法蔵における大乘起信論義記撰述の意趣"（2000）与 "大乘起信論義記成立の思想的背景"（2004），以及井上克人之 "法蔵大乘起信論義記研究"（2004）等。

③ 多为对宗密疏的研究，如吉津宜英之 "宗密の大乘起信論疏について"（1982）、曹潤鎬之 "宗密大乘起信論疏の成立について"（1994）、早川道雄之 "宗密大乘起信論疏の諸問題"（2000）等。亦有对其他末疏的研究，如河村孝照之 "德清著起信論疏略の資料的研究"（1983）及 "統蔵における起信論疏略の草稿本故省というについて"（1983）等。

④ 如滋野井恬之 "唐石壁寺伝奥について"（1968）、中條道昭之 "瑯椰慧覚と長水子璿"（1980）与 "長水子璿伝の考察（一）：伝記資料について"（1980）、木村清孝之 "北宋仏教於ける大乘起信論：長水子璿と四明知禮"（1990）、小島岱山之 "大乘起信論と鳳潭"（1990）、吉田剛之 "長水子璿における宗密教学の受容と展開"（2001）、吉津宜英之 "長水子璿の金剛経理解：金剛経纂要刊定記を中心にして"（2005），以及釈智学之 "石壁伝奥：高僧補敘之一"（2006）等。

⑤ 吉津宜英的多篇文章，探讨慧远（1972、1976、2000）、慧远与昙延疏的比较（1972）、吉藏之引用（2001）、元晓疏及其《别记》（2003）等。又有石井公成之 "新羅仏教に於ける大乘起信論の意義：元曉の解釋を中心として"（1990）、賴賢宗之 "法蔵大乘起信論義記及元曉与見登的相關述記關於一心開二門的闡釋"（2001）及丹治昭義之 "元晓の起信論注釈の一考察"（2002）等。

⑥ 望月信亨（1922）、小野玄妙（1932—1936）、湯次了榮（1941）、柏木弘雄（1980）书中对此均有讨论，其他文章有柏木弘雄之 "古注釋書を通わして見たる起信論の先驅思想"（1963）与 "起信論注釈書の系譜"（1969）、小林實玄之 "起信論解釋の變遷：華嚴教学展開の根底として"（1965）及魏常海之 "大乘起信論三疏比较"（2004）等。

⑦ 如玉城康四郎在『国訳一切経』中以「大乘起信論義記」为名的现代日译（1964），及 Dirck Vorenkamp 以 "An English Translation of Fa-tsang's Commentary on the Awakening of Faith" 为题之英译（2004）。日本近代有大量针对《义记》的注疏，此处不一一列出。

得到充分考察的问题则涉及《义记》在中国的传播形态。①

《义记》虽然被视为《起信》解释的经典与权威，但是它在中国流传之主要形态，却并非《义记》之自身，而是《义记》之两部末疏，即唐代宗密（784—841）修辑《义记》之《大乘起信论疏》（以下简称《疏》）、与宋代子璿（965—1038）注释宗密《疏》之《大乘起信论疏笔削记》（以下简称《笔削记》或《记》）。《疏》在唐代产生之后，逐渐取代《义记》，以法藏注疏的身份在中国流行；② 《记》在宋代产生之后，以其对前疏的注释，成为宗密《疏》之重要补充与阐发。《疏》与《记》在明清时期结合起来，成为后代《起信论》解释的主要依据与基本框架。换言之，法藏《义记》在中国的传播，主要表现为宗密《疏》与子璿《记》在不同时期，以不同形式、不同相互关系之传播，形成本文所谓的"疏记"传承。

当代学者似乎并没有清晰地认识到《义记》与《疏》之间的关系，③自然也并不了解《义记》被一个以"疏记"为中心的解释模式所取代的复杂过程。本文试图填补这一空白，依赖现存之各种经录与注疏，从历史的角度考察《义记》在中国传播的基本形态。本文分三部分，分别讨论《疏》对《义记》之修辑、《记》对《疏》之注释，以及"疏记"解释模式之形成，其关注要点依次是宗密之注《疏》于《论》、子璿疏之构成，以及《疏》与《记》作为经典解释的会编。

---

① 拙文 "The Transmission Discourse of *Qixin Lun*"（2013）中曾简略讨论这一问题（pp. 151–161），本文是进一步研究。又，本文只讨论《义记》在中国的传播，而不涉及其在日本传播。

② 后代学者所见皆宗密之《疏》，故《义天录》谓"疏三卷：法藏述"，子璿疏称《大乘起信论疏笔削记》，德清疏名《大乘起信论疏略》，而续法疏则题为《大乘起信论疏笔削记会阅》，题中均带"疏"字，可见皆以宗密之《疏》为法藏之作品。其他如明代真界、正远等疏，虽然在题目中未言及"疏"字，其序言中均可见这种认识。

③ 学界均未明确区分《义记》与《疏》，似乎二者只是同物之异名、而非指两部不同的作品。所以小野玄妙（1932—1936）以"大乘起信論註疏""大乘起信論義記""大乘起信論疏""起信論疏""起信義記""賢首疏"（頁286）诸名名之，而望月信亨（1922）则直接说："疏は一に義記と題し、賢首疏と稱して"（頁228）。

# 一 疏：宗密之修辑法藏《义记》

根据吉津宜英的说法，《大乘起信论义记》大概完成于687~690年，为法藏45~48岁之间在长安魏国西寺的作品。① 《义记》的创作，在相当程度上借鉴了元晓之《海东疏》，有的地方甚至是全盘照搬。② "义记"应该是这部注疏的本名③，但是在宗密将《义记》修辑为《大乘起信论疏》之后，作为本疏的《义记》逐渐湮没，而作为末疏的《疏》则被当成法藏的作品而广为流传。如此，在中国佛教史的大部分时间里，人们知有《疏》，不知有《义记》，并且以为《疏》才是法藏的《起信论》注疏。④ 这种情况一直持续到民国时期，杨文会从日本取回《义记》的原本，学界才开始清楚地区分法藏《义记》与宗密《疏》⑤。

宗密《疏》出现之前，即有许多针对《义记》的研究，从而有《义记》之后的《起信》研究本质上就是《义记》研究的说法。⑥ 现存

---

① 吉津宜英（1979），頁165。

② 所以柏木弘雄（1973，頁399）称其为《义记》之"母胎"（"元晓の《大乘起信論疏》二卷は、全面的に法藏の《義記》の母胎となった疏である"），这主要指对《起信》的分科与语句的解释（"法藏の《義記》における註釋上の分科と語句の解釋は、ほとんどが元晓の創案である"）。当然也有不同之处，如二者对如来藏、唯识论的会通，见赖贤宗文（2001）。

③ 法藏《华严一乘教义分齐章》一文中提到过"义记"二字（"此义广如起信义记中说"），可为证明。崔致远（857—940）在其"法藏和尚传"中谓："制《起信论疏》两卷、《别记》一卷"，称其为"疏"，而非"义记"。但崔氏晚于宗密，彼时宗密《疏》当已流行，崔氏可能误以宗密《疏》为法藏疏。与法藏大致同时的阎朝隐在其"大德康藏法师之碑"中言道，"楞伽、密严经、起信论、菩萨戒经凡十部，为之疏，阐其源流"，似以"义疏"称《义记》，但由其统称"凡十部"作品皆为"义疏"可知，这应该只是指出作品之性质，而非其题目。

④ 参见本书第100页注②③。

⑤ 在其《会刊古本起信论义记缘起》一文中，杨文会说道："藏内贤首疏五卷，人皆病其割裂太碎，语意不贯，盖圭峰科会之本也……近年求得古逸内典于日本……内有起信论义记，以十门开释，始知圭峰删削颇多，致失原本规模……。求之数年。复获别行古本，真藏公原文也。"

⑥ 吉津宜英（1980），"《義記》出現以後は《起信論》の研究というよりも《義記》の研究の時代といわれるべきであろう"（頁153）。

的作品中，昙旷（700—782）之《大乘起信论广释》《大乘起信论略述》在解释《起信》之中大量借鉴了《义记》的解释；① 太贤《大乘起信论内义略探记》讨论《起信论》中的八个重要概念，② 以元晓《海东疏》与法藏《义记》为基础，同时其序言亦明显脱胎于《义记》之玄谈；③ 见登之《大乘起信论同异略集本》则承续元晓与法藏，讨论了如来藏说与玄奘唯识论的交涉。④ 倒是法藏为《起信》所撰之《别记》，虽然似有直接的关系，但只是从 35 个问题对《起信》进行讨论，本身不涉及《义记》。⑤

这些作品不管如何借鉴了《义记》，本质还是这些作者自己独立的作品。宗密《疏》不同于这些先行诸疏的地方在于它只是对《义记》的修辑，而并非一部独立的作品。⑥ 当然，说它不是独立作品，不是说作者没有自己的见解，如《疏》在"玄谈""判教"等方面所做的修改，甚至引起争论。⑦ 所谓"不是独立作品"，主要表现在宗密之注《疏》于《论》，将经过修改的《义记》（疏）注入《起信》（论）文中，从而将二者合并成一部作品，而并非创作出一部新的作品。宗密《疏》做如下陈述：

---

① 吉津宜英（1990）指昙旷《广释》为"《義記》を中心としながらも他の諸註釈書と綿密な比較研究を行なったもの"（頁403），谓《广释》之创作应该是综合借鉴了若干注疏，而以《义记》为主。

② 参见《略探记》文，"第三示其旨者，于中略有八义：一归敬三宝义，二和合识义，三四相义，四本觉义，五无明义，六生灭因缘义，亦名五意，七六染义，八佛身义也"。

③ 参见《略探记》文，"今释此论，粗开二门：一述论大意，二探论中义……第二探义中有三门：先明藏部摄，次释题目，后示其旨"。其中第一"述论大意"及第二"探论中义"之前二，均明显自简化法藏"玄谈"而来。

④ 吉津宜英（1990）提到："この見登の書物をみると法藏や元曉を引用してながら、改めて《起信論》と法相唯識の和會を志していることが知られる。"（頁404）；又，见赖贤宗文（2001）对这一问题的讨论。

⑤ 关于《别记》之真伪，参见清水光幸在其"法藏大乗起信論別記について"（1985）一文中之讨论。

⑥ 柏木弘雄（1973）称其为《义记》之别本（頁400），曹润镐（1994）亦谓其非独立之作品，"もともと『起信論疏』なる書物それ自体，完全に独創的な著作ではなく"（頁816）。

⑦ 参见吉津宜英在"宗密の大乗起信論疏について"（1982）一文中对此问题的讨论。

　　大乘起信论疏，西太原寺沙门法藏述，草堂沙门宗密录之，随科
注于论文之下。

而《义天录》则谓：

　　疏四卷（或三卷、或二卷，宗密将藏疏注于论文之下。）

此中"注疏于论"只是一种重新编辑，给予法藏《义记》以一种新的存在
形式，但并未改变其主体来自《义记》的事实，从而并未形成一部独立于
《义记》的作品。这大概也是《疏》可以替代《义记》流行的一个原因。

　　宗密能够"注疏于论"，当然首先是因为"疏、论"之分离，或者更
准确地说，是《义记》中的有"疏"无"论"，只有对《起信》的解释
（疏），而没有被解释的《起信》原文（论）。这种情况并非《义记》所
独有，而是传统注疏中的一个普遍现象，来自传统注疏创作在逻辑上的基
本步骤。在这个步骤中，第一步应该是在本文整体结构于各个层次上的勾
勒，并用文字表述出其结构关系，形成所谓科文；① 第二步则依照科文所
描述的结构关系，于每一个具体的部分对本文进行逐步解释。从创作注疏
的逻辑上讲，应该是先有科文，做提纲挈领式的解释，再在科文的基础
上，在具体细节上做进一步的解释。② 这样一种情况，通常会造成疏论分
离。因为科文不需要从整体上引用一个段落或章节，只用简短文字来概
括，而第二步中具体的解释，都只是对这些文字碎片的解释，从而造成注
疏中没有比较完整的引文。如此疏论分离、有疏无论是必然的结果。昙
延、慧远、元晓三人对《起信》的注疏，就是这样只有注释而没有原文

---

① 横超慧日在其"释经史考"（1979）一文中曾就科判有专章探讨，见第五节"疏释时
　　代"（页178-193）。
② 慧远《大乘起信论义疏》接近结束时唯见科文，而几乎不见解释一事，即从反面说明了
　　这样一个步骤。

的，而宗密所面对的《义记》，应该正是处于这样一种状态。

因为这种必然的疏、论分离，乃有宗密注疏于论的必要。可以想见，疏与论之分离，在有疏而无论进行对照的情况下，必然造成研究者的不便。子璿即很明确地指出了这个问题：

> 先以《论》、《疏》二本别行，致其学者不能周览，既成互阙，功进难前。

"论"是《起信论》本文，"疏"是被当成法藏作品的宗密《疏》，"不能周览"应该是指由于"疏、论"分离而造成学者不能将《论》与《疏》互相参照研习。针对这个问题，宗密很自然地将二者合并，注"疏"于"论"，或如宗密自己与义天所言，将疏"注于论文之下"，① 其具体的操作，大概是如下情况。

鉴于是注《疏》于《论》下，而非注《义记》于《论》下，应该是先将《义记》修改为《疏》，亦即在注疏于论之前，先对义记本身进行修改，比如玄谈与科判等处的删削。又，所谓"注疏于论"，不如倒过来说，是分拆《论》文，填入《疏》中相应之位置，是注论于疏。② 由于《疏》的基本结构是包括科文与相应之解释两部分，所以宗密应该是将《论》的文字注入在相应的科文与解释之间，所以子璿说：

> 今列疏文以就于论，既论下有疏，论上有科，文义昭然，章段备矣。学者披释，得不荷其优赐乎。

---

① 注疏文于论文之下，显然并非宗密之专利，参见《义天录》的其他例子："大华严经，行愿品别行疏二卷（仲希移本疏注于经下）……；盂兰盆经，……疏一卷（净源移本疏注于经下）"等。

② 类似情况见密藏道开《藏逸经书标目》关于《华严疏钞会本》所言："嘉靖间有妙明法师，悯念讲席学人愚昧，乃以清凉疏钞，厘经入疏，厘疏入钞。经、疏、钞科科段段厘开会入成书，如儒家经书集注相似。"

《论》上是"科"文,《论》下是相应于科文之解释,名之为"疏"。如此"注论于疏"的结果是"章段备矣"。此处"章段备矣"之说,当指其将《论》文分拆填入疏中相应位置后,其结构关系得到了明确的说明,知道《论》之某章某段在文中所处之位置。若以宗密疏对《起信》正文解释的第一层结构为例:

1. 初标益起说

"论曰"

拣异经律。

"有法"

一心、二门、三大,即所说法体。

"能起摩诃衍信根"

题目正依此立也。"摩诃衍",此云大乘……;"信根"者……

"是故应说"

论主思惟,见此胜益,是故要须也。

2. 二正陈所说

中间引号中文字是《起信论》本文,加在一起构成《起信论》首句,"论曰:有法能起摩诃衍信根,是故应说"。《论》文下各为《疏》的解释,即所谓"论下有释";其上"初标益起说"(与其下"二正陈所说"相对应),以"初"为标志,是其科判,所谓"论上有科"也。由此例略窥一斑,可知宗密修辑《义记》所得《大乘起信论疏》构成之基本样貌。

## 二 记:子璿之注释宗密《疏》

宗密《疏》出现后,逐渐取代法藏《义记》在中国流行,在子璿

《笔削记》出现之前即已引申出若干自身的注疏。① 《义天录》中提到一部由延俊所撰的《大乘起信论演奥钞》，凝然说是"解圭山起信论注"的作品，② 唯今已不传，作者的年代事迹亦不详，连作者姓名是"延俊"或"正俊"都无法做出明确判断。③ 《义天录》中还提到一部作者为元朗的《大乘起信论集释钞》，其作者之年代事迹亦不可考，望月信亨谓其为"贤首义记之解释"，④ 但从其在日本传播的名字《大乘起信论疏集释记》看，其注释对象应该还是宗密之《疏》。这两部注疏与《笔削记》似无具体关系。

　　一般认为与子璿《笔削记》有着重大关系的作品是石壁传奥⑤所撰之《大乘起信论随疏记》（以下称《随疏记》），谓子璿之注释宗密《疏》，其中经历了传奥《随疏记》的环节，如此由宗密而传奥、再由传奥而子璿，其中每一个环节都是对上一个环节的改进，直到子璿《记》的出现，这个注疏过程得以最终完善。续法于《会阅》中言道：

> 如来称性说经……；菩萨依经造论……；故我贤首大师……再思兹论……；圭山大师，为中下之根，更搜精要，直录于论；石壁法师，因简奥之注，采集部函，详解其疏；长水大师……庆斯论疏，犹豫释文……

即是在说法藏《义记》的传播在初期经历了"宗密、传奥、子璿"的解释发展过程。这样一种认知似乎可以在《笔削记》中得到印证。其"述注人名"一节中言：

---

① 详情见吉津宜英"法藏の大乗起信論義記の成立と展開"（1990）一文。
② 参见凝然《五教章通路记》卷第十四。
③ 望月信亨（1922）言："又延と正と是非知り難し。"（页269）。
④ 参见望月信亨（1922），页270。
⑤ 生卒年代不详，或为宗密弟子或再传弟子，详见释智学《石壁传奥：高僧补叙之一》（2006）一文。

先以论、疏二本别行，致其学者不能周览，既成互阙，功进难前。今列疏文以就于论，既论下有疏，论上有科，文义昭然，章段备矣。学者披释，得不荷其优赐乎？

指出了宗密对法藏的修辑；其"序"中复言：

此文之作，本乎石壁。石壁慈甚，蔓于章句……讲者用之，未至稳畅。今就其文，取要当者笔而存之，其繁缓者削以去之，仍加添改，取其得中，俾后学者不虚劳神，智照无昧也。

又指出了子璿对传奥的"笔削"式的修改。两段文字这样加在一起，遂与续法《会阅》所勾勒出的"宗密、传奥、子璿"之解释流程相呼应，似乎说明《笔削记》亦自见这样一个流程，并且亦认可传奥《疏》是这个流程中不可或缺的环节。

不过，这种看法应该是一个错觉，因为上文印证了《会阅》说法的《笔削记》序言身份可疑，不像是子璿真撰。该序言指《笔削记》为传奥《随疏记》之"笔削"，旨在记录要旨（所谓"笔"）的同时删削烦冗（所谓"削"），然而考诸《笔削记》，可知其注释的对象与宗密《疏》一致，完全看不出一点《随疏记》的影子；该序对"笔削"二字的解释，似乎只是指文句繁简上的修改，不能反映出《记》本身也是一种注疏的事实。《笔削记》自身之"注述人名"处只言及法藏与宗密，而根本未提传奥，而后疏中除续法外均不见提传奥；又，《记》中先《论》、次《疏》、三《记》的结构中亦并不见有传奥。[1] 综合以上几点，此序谓《笔削记》注《随疏记》的说法，颇令人起疑，所以

---

[1] 《笔削记》中只有一次提到传奥《随疏记》，"然此段文是海东疏义，圭山参而用之，石壁失照，作应化解，深为不可"。似乎只是在讨论某一问题时提到传奥《随疏记》，而看不出它在子璿《记》占了什么比重。

此处大胆推测此序是伪撰,谓其传奥说与《记》的实际内容并不相符。①

如果此序确为伪撰,而子璿之注宗密《疏》确实并未出现传奥疏的环节,则产生这一误解的原因可能是伪序作者受了子璿《金刚经纂要刊定记》(以下简称《刊定记》)的影响。子璿在《刊定记》中为《金刚经》解释史描述了一个"宗密、传奥、子璿"的流程,伪序作者似乎因此认为这是子璿解经的标志性模式,因而这一模式应该也反映在子璿对宗密《疏》的解释上。由于在《笔削记》中未见提到传奥疏为此流程的一个环节,因此伪序之重点就在于提出传奥疏,并强调其(而非宗密疏)为《笔削记》的直接解释对象。

子璿在为宗密《金刚般若经疏论纂要》所撰之《金刚经纂要刊定记》②中清晰地勾勒出了这样一个解释流程。其中,子璿首先继承了关于《金刚经》"疏、论"传承的传统说法:

> 释氏教《金刚经》,世所由来尚矣。自秦至今凡几百载,讽诵无卑高,感应盈简牍,利及幽坏而达乎神明,盖趣大之坦涂,破小之宏略也。故补处颂以为本,二论释而有贯,诸疏互解或依或违。

即释迦说经,弥勒(补处)作颂,无着、天亲造二"论",辅以诸"疏",而从宗密题目(包括很可能省略了"疏、论"二字的子璿的题

---

① 即便是续法,也只是在题目上接受这一说法,但心中似并不特别认可传奥疏在子璿解《起信》中之存在,所以虽然在序中提到石壁传奥:"故我贤首大师……一出译场。再思兹论。……圭山大师……更搜精要。直录于论。石壁法师……采集部函。详解其疏。长水大师……庶新论疏。犹豫释文",但是凡例中却略去了传奥:"藏和尚疏三卷、记一卷以传强学。圭山为论疏各本……遂将疏文随科注于论文之下。……长水修定之记也……论有标征释结段落。疏有通章逐句释异。记有解论解疏之殊……。"

② 子璿虽然将其定名为《金刚经纂要刊定记》,但由清代行策所编《金刚般若经疏论纂要刊定记会编》可知,这一题目应该是《金刚经疏论纂要刊定记》一名之略,略去了"疏论"二字。

目)来看，这一流程显然经常以"疏、论"二字概括。① 在这一"疏、论"传承说的基础之上，子璿又提出了一个新的解释流程：

> 圭山大师，撮掇精英，黜逐浮伪，命曰《纂要》。盖取中庸，复申《记略》，用备传习。石壁师，仍贯义意，别为《广录》，美则美矣，辞或繁长，后学多不便用。今更刊定，翦削烦乱，俾流而无滞、学而思讲，庶吾道无坠地之患也已。

这个新的解释流程，首先是宗密针对《金刚经》解释史上"疏、论"传统所做的综述性整理，所谓"撮掇精英，黜逐浮伪"，构成《纂要》，及取其"中庸"的《记略》；第二步是传奥在保持原意的情况下对取《纂要》中庸的《记略》进行扩展，所谓"仍贯义意，别为《广录》"；而子璿之第三步是这个流程的完善，在于其对因传奥《广录》而变得"繁长"的宗密疏进行的精简与修辑，所谓"翦削烦乱"之"刊定"。② 此即子璿为《金刚经》之中国解释史所描绘出的"宗密、传奥、子璿"流程，而这一包含传奥环节的流程显然也影响到了《笔削记》的伪序。

这一影响就是伪序作者专门为《笔削记》的解释流程增加了传奥一环，强调传奥疏比较冗赘的缺点，以说明进一步修改之意义。此意明显来自《金刚经》解释流程对传奥之解释，《刊定记》曰：

> 石壁师，仍贯义意别为广录，美则美矣辞或繁长，后学多不便用。

---

① 关于"疏、论"二字所指：宗密仅言"诸疏"，而"论"则除天亲、无着二论外，还"傍求余论"（"亦傍求余论，采集诸疏，题云纂要，其在兹焉。"）；子璿则略有改动（"疏论纂要者……疏即青龙大云、资圣尘外等疏……论即天亲、无着《智度》《金刚仙》《功德施》等论……"）。

② 此意又见寂焰《金刚经演古》后序："中唐圭峰宗密禅师，约无着七种义句以悬判，依天亲断疑问答以科释，并采集诸疏，题曰《疏论纂要》；又为《纪略》以释。上符圣旨，俯逗群机，实像代之法匠也。五季石壁法师，袭用《纪略》，别为《广录》，辞或繁长，学者苦之。有宋天圣间长水子璿法师重为修治，剪烦削冗，黜伪存真，命名《刊定记》。"

今更刊定，翦削烦乱，俾流而无滞、学而思讲，庶吾道无坠地之患也已。

《笔削记》序中言道：

> 石壁慈甚，蔓于章句……而有太过，大不及焉。讲者用之，未至稳畅。今就其文，取要当者笔而存之，其繁缓者削以去之，仍加添改，取其得中，俾后学者不虚劳神，智照无昧也。

文字表述虽不完全一致，主旨却相差无几，从而为《笔削记》所见之解释流程增加了传奥环节。伪序中这一环节的增加虽然并未明确形成一个"宗密、传奥、子璿"的解释流程，但是若干世纪后的续法似乎体会到了伪序作者的用意，从而在其《会阅》中将伪序未能全面表述的流程明确地表述出来：

> 如来称性说经……菩萨依经造论……故我贤首大师……再思兹论……圭山大师。为中下之根。更搜精要。直录于论。石壁法师。因简奥之注。采集部函。详解其疏。长水大师……庆斯论疏。犹豫释文……

如此遂将传奥纳入《笔削记》形成的过程。

综上所言，子璿《笔削记》本身应该没有伪序所强加上去的这一环节，自然更未提出产生这个"宗密、传奥、子璿"的解释流程。其真实过程大概就是宗密注疏于论，而子璿则释宗密之《疏》。因为这个原因，子璿疏的基本结构包含了如下三个层次，即先《论》、次《疏》、后《记》。以论题"大乘起信论"的解释为例，宗密《疏》之结构大致如下：

先引《论》：
【论】："大乘起信论"

次释《论》：

【疏】："大"者，当体为目，包含为义。

而《笔削记》的解释如下，

先引《疏》：

【论】："大乘起信论"

【疏】："大"者，当体为目，包含为义。

再在《疏》中穿插解释，是为《记》：

【论】："大乘起信论"

【记】：初释前四字①四

【记】：今初总释四字。

【疏】："大者，当体为目，包含为义"

【记】：言"当体"者……

【记】："包含"者……

子璿注释宗密疏之《笔削记》，其基本构成及其构成中并无传奥疏环节一事，于上例中一目了然。

## 三　疏、记：经典解释之会编

佛教经典在东亚之传播，通常伴以大量注疏出现。这些注疏不仅数量众多，而且往往义理艰深，给后世之义学学者造成很大的困难，一如续法

---

① 下"总释"处唯叙"大、乘、起、信"四字，未释"论"，故"四字"。

在其《贤首五教仪》序之所言：

> 奈何今义学家不得其门而入！见其教部广大，意旨幽深……浮狂者诋为葛藤，愚钝者视为砂石，谁复能探其微、窥其奥哉？

面对这样的问题，义学家提出了会编注疏的解决方法，即从佛教经典的各种解释书中选取若干具有代表性的作品或者片段，汇总成文，令学者在一册之中，得窥该经典解释传统中为各家所共同接受的要义。真界《楞严经纂注》序二对该疏构成的描述，即为此提供了一个样本：

> 注之得于长水、温陵者十之七，得于泐潭、孤山诸家者十之二，得于上人之独见者十之一。诸师名号不复录，以融而为一，则经旨脉络相属，读者为便。且诸师所说，世习见之，读可自见也。

此中《纂注》不仅采集诸疏，而且消除了诸疏各自的痕迹，令"经旨脉络相属"，完全"融而为一"，形成了一部独立的作品。[①]

　　佛教注疏之会编，在明清时期蔚然成风，我们甚至可以在对此现象的批判中看到这样一种状况：

> 嗟夫，少智多愚，一唱百和！法华玄义、文句，观无量寿佛经疏、钞等，南北各有会本刊行矣！而华严疏、钞会本，近且重收入藏，使继此而会注疏者愈出。入藏者愈重，则繁沓杂乱，可胜言哉？[②]

---

① 又，所"会"者，不仅有疏，而且还有玄谈与科文，分别如《华严会玄》之玄谈，及《金刚经疏记科会》所会之科文。

② 参见密藏道开［紫柏真可（1543—1603）弟子，生卒年不详］之《藏逸经书标目》。书中对当时的会编风潮还有如下批评："况今所会，起止配合，率多牵强：或不应起而起者有之，或不应截断而截断者有之，或配合不相当者有之，是又莫赎之罪也。或又谓：'若不会人，则学者恶能配合其文而求其义？'予曰：'文且不能配合，又安望能明其义乎？'而要之一切注疏，又不为此等愚昧设也。"

列举的会本虽仅有数例，但会本的现象却是"一唱百和"，足见其普及与
兴盛。①

这一现象的典型案例可见于当时《金刚经》解释中对宗密与子璿所
撰注疏的会编——其中宗密疏为《金刚般若经疏论纂要》（以下简称《纂
要》），而子璿疏为《金刚般若经疏论纂要刊定记》（以下简称《刊定
记》）。荆溪行策（1628—1682）所撰《金刚般若经疏论纂要刊定记会
编》，如其题目所示，为宗密《纂要》与子璿《刊定记》之会本。寂焰
《金刚般若经演古》为同样性质的作品。其道霈（1615—1702）序中言：

> 长水宗圭峰，圭峰宗二论，二论宗兜率，兜率亲禀灵山。

圭峰疏即《纂要》，而长水疏为《刊定记》，虽然二疏要义最终通过无着、
世亲"二论"与弥勒（"兜率"）上承佛陀（"灵山"），但是寂焰当前
之作品显然还是以《纂要》与《刊定记》为其基本之构成。上述行策例
中虽然在题目中明确指出《纂要》与《刊定记》，但是其标题下文字则略
称二者为宗密之《疏》与子璿之《记》：

> 秦三藏法师鸠摩罗什译经，唐圭山大师宗密述疏，宋长水沙门子
> 璿录记，清荆豁后学沙门行策会编。

故行策之《纂要》与《刊定记》会编亦可称为"疏、记"之会编。这一
名称亦见于云栖大瑛②《金刚经疏记科会》之标题：

---

① 另举数例：如真界纂集长水子璿诸家之《楞严经纂注》，道霈纂集智顗《文句》与湛然
《记》之《法华经文句纂要》、道霈纂集澄观《疏钞》及李通玄《论》之《华严经疏论
纂要》、行策集合宗密《金刚经疏论纂要》之"疏"与子璿《金刚经纂要刊定记》之
"记"之《金刚般若经疏记会编》、寂焰演绎相同《纂要》与《刊定记》等古疏之《金
刚经演古》，等等。

② 云栖袾宏（1535—1615）弟子，惟生卒年代不详。

唐圭峰大师疏，宋长水大师记，后学云栖寺沙门大璸科会。

云栖大璸所会编者虽然是科文（科会），但科文来自"疏、记"二疏，所以本质上《金刚经疏记科会》还是一种"疏、记"会本。

这种以宗密"疏"与子璿"记"为中心的会本，作为明清会本现象的典型案例，也正是《起信论》在本阶段解释传统的主要表现形态。此中宗密之《疏》为《大乘起信论疏》，而子璿之《记》则为《大乘起信论疏笔削记》，不同于上文《金刚经》之"疏"与"记"，但是双方似乎都倾向于以"疏、记"指称二人之注疏。如前所述，法藏《义记》在宗密《疏》出现后，其传播即为后者所代替，而此《疏》在流传过程中又受到了子璿《记》之补充与阐发，因此《疏》与《记》构成了明清时期《起信论》解释的基本依据与框架，并且在注疏会编的潮流中，发生了某种形式的结合，形成《起信论》之"疏记"会本。这种会本的案例，主要见于真界[①]之《大乘起信论纂注》、德清（1546—1623）之《大乘起信论疏略》、续法（1641—1728）集大成之《大乘起信论疏笔削记会阅》。[②]下面即以此三疏为例，略论这一阶段"疏记"会编在具体实践上的特色。

---

① 明僧，生卒年代不详。
② 同一时期另有二疏不入此列。正远《大乘起信论捷要》虽然以疏记之繁冗为反衬，但其"捷要"之对象是《起信》自身，而非"疏记"二疏：
　"今《疏》、《记》者，刻意尽取性、相言教以广其义，虽法无定，故略亦可，而广亦可，但学者瞠文浩荡，不免望洋而退，奚能符合造论者之本致也？余不敏，仅就论文提挈纲领，庶使展卷便见指归。虽然，受解缘别，或有因于广文而取解者，亦不妨遍探长水诸师之《疏》、《记》，则余又何敢以为是！"
　又，一雨通润（1565—1624）《大乘起信论续疏》会贤首"疏"（即宗密疏）与永明"宗镜"，贤首、永明"互相发明"，而未提及"记"，自然亦非"疏记"之会本：
　"是论之作，菩萨有释，贤首有疏。永明主此论而作宗镜，故集宗镜中互相发明者作续疏。言续疏者，是续贤首之疏，以显不外贤首，亦不尽贤首也。"

## （一）真界：《大乘起信论纂注》

真界之《大乘起信论纂注》撰于 1599 年，① 是一部以其《楞严经纂注》为范本来纂集或会编旧疏的作品。据真界在序言中说，这一撰写模式来自密藏道开对他的建议：

> 公（密藏道开）启余曰：斯《论》文辞简要，义理宏深，诚诸大乘经之关键也！但分文析义，科节太繁；加以《疏》、《记》未合，恐披览者难为融会。子能去繁就简，融合《疏》、《记》，如《楞严纂注》而纂集之，岂不幸甚！

《楞严经纂注》以《楞严经》为目标，纂集长水、温陵、泐潭、孤山诸家，② 而《大乘起信论纂注》则以《起信论》为目标，纂集宗密《疏》与子璿《记》，即所谓 "融合疏、记"，形成以 "疏、记" 为中心的会本。这一疏记会编包括两个内容，一个是简化二疏对《起信》的科判，因其 "科节太繁" 故，另一个则是在这个简化了的科判的框架下，对疏、记进行会编，即所谓 "融合疏记"。

前面已经见到，宗密注《疏》于《论》，将《论》文分拆，逐段置于《疏》之科文与具体注释之间，从而标示出《论》文之结构关系。子璿视之为 "章段备矣"：

> 今列疏文，以就于论。既论下有疏，论上有科，文义昭然，章段备矣！

---

① 参见《纂注》，"万历己亥孟夏望日寓双径沙门真界谨跋"。
② 序中言："注之得于长水、温陵者十之七，得于泐潭、孤山诸家者十之二，得于上人之独见者十之一。"

但是，这样对文章结构进行标示，又难免将《起信论》本文割裂开来，令读者不见《论》之全貌，有时甚至不见稍微整齐一些的段落。这样，子璿所见之"章段备矣"，在真界眼中就成了"章段不分"，令《起信》变成了一堆零零碎碎、没有逻辑关系、没有统一思想的文字：

> 今复纂之者，盖以贤首《疏》释，《论》、《疏》各分。而圭峯以为览者不便，即碎析《疏》文，列于《论》下，使《论》、《疏》错杂，而章段不分。虽则便于披览，又复困于支离，而弗克见本论浑全之旨，不无寻枝之厌。

所以真界撰写《纂注》，就是有意识地去改变这一状况：

> 故今联合《论》文，而分章段；收束科目，以为断章；复纂集要义，随文销释。

首先，将"碎析"之《论》文，重新收集"联合"起来（"联合《论》文"），从而形成"章段"；其次，又大规模地简化本来非常繁复而琐碎的科判（"收束科目"），从而不用再"碎析"疏文，令《论》可以以章节的形式存在，从而获得某种程度的完整性，所谓"断章"也。

在经过精简的框架下，再对疏、记二疏的注释进行会编。但是这种会编，不是直接摘录二疏，而是对二疏的若干要义进行概述，并有选择地进行编辑会合。《起信》标题中之"大乘"二字，宗密、子璿二疏各有解释，略引如下：

1. 宗密

"大"者，当体为目，包含为义；

"乘"者，就喻为称，运载为功。……又，

"大"者就义，谓体、相、用；

"乘"者就人，谓菩萨等。

2. 子璿

"大"谓体者，此有总、别：

总以一心为体，论之主质，无出于斯；

别者约义所论，即有三种，谓体相用……故"大"之一字通于三也……

"乘"者就喻彰名，运载为义，如世舟车，可以运重致远也……

如上所言，真界之会编，并未直接引用二疏，而是在理解二疏解释的情况下，概述性地、有选择性地复述二者的要义。所以对于"大"字，他接受了二人"法"或"体"的解释，并进一步接受了对"体"三大之解释，但是在释"乘"时，他只是接受了宗密"乘者就人"的说法。在这样的理解下，真界用自己的语言对此进行了简要表述：

言"大乘"者，"大"谓所乘之法，"乘"谓能乘之人。法具一心三大，人通因人果人。

这样的表述，应该是兼有疏、记二者的意思，是真界特色的"疏、记"会编。

## （二）德清：《大乘起信论疏略》

憨山德清（1546—1623）就《起信论》著有二疏，分别为《大乘起信论疏略》（以下简称《疏略》）① 与《大乘起信论直解》（以下简称《直解》）。

---

① 河村孝照（1983）谓《疏略》为《义记》之缩略（頁8），但是显然此处之"义记"应为宗密之《疏》，而非《义记》。德清在标题中依宗密《疏》称法藏为"西京太原寺沙门"，而非《义记》所言之"魏国西寺沙门"，其疏略对象，显然是宗密《疏》。

《疏略》刊行于 1617 年,① 而《直解》则撰于 1620 年,② 故《疏略》在前,《直解》在后。二疏关系在《直解》之"题辞"中有清楚的交代:

> 贤首旧疏,科释最为精详,加之《记》文浩瀚,学者望洋,杳莫可究,予尝就本疏少删其繁,目为《疏略》。业已刻双径,率多尊崇。顷念法门寥落,讲席荒凉,初学之士,既无师匠可凭,己眼不明,非仗此论,无以入大乘生正信,将恐久而无闻焉。山居禅悦之暇,因祖旧章,率意直注本文。

《疏略》是对《疏》在一定程度上的缩写,所以称为"疏"之"略"也。当然,"略"的对象,应该在"疏"外还包括"记",只是可能视"疏记"一体、"记"为"疏"的延伸,故在题目中未作表述。所以,《疏略》应该是德清缩略疏、记二疏而撰,从而是针对疏、记二疏的会编。"题辞"中提到《直解》"因祖旧章,率意直注本文",则应该是在参考而非汇集疏记等"旧章"的基础上对《起信》所作之注释,是对二者一种比较自由"率意"的借鉴,不同于《疏略》之会编也。③

《疏略》之会编"疏""记",与真界《纂注》大致一样,也是先简化科判,再在此基础上融合、会编二疏。《疏略》言:

> 贤首本疏精详,但科段少隔,故删繁从略,间会《记》义。不别出文,贵成一贯,故云《疏略》。

---

① 参见《疏略》卷末,"吴兴居士董福觉施赀刻此大乘起信论疏略……万历丁巳岁夏,径山化城寺识"。河村孝照(1983)以此为据,称其出版于 1617 年(页 28)。望月信亨(1922)谓其撰于万历四十三年(1615)(页 273),不知依据何在。

② 参见《直解》序,"时泰昌改元岁在庚申仲冬朔,匡山逸叟憨山释德清述"。

③ 关于《疏略》与《直解》的关系,河村孝照曾撰文讨论(1993-1),驳斥《疏略》是《直解》草稿的说法,谓《直解》中多阐述德清自己观点,而《疏略》则主要是对《义记》(也就是宗密疏)的概述,是一种对《起信》的注释。

又《直解》中有类似表述：

> 贤首本疏精详，但科段少隔，前已删繁从略，谓之《疏略》。

德清与真界一样，也认为《疏》《记》科文过于繁复，难免会造成《论》文自身结构上的割裂，影响其文意流畅，即所谓"科段少隔"，故须对二疏科文进行"删繁从略"。删略之后，再将二疏要义陈列在一起，取长补短，相互补充，如日僧覃思在其序中所言：

> 方今其传者，疏无核于贤首，记无博于长水，盖垂千载亦复无愧焉！近明憨山大师，撮精要于二家，参互后译，发明隐微。

先"撮精要于二家"，然后会编二家精要，令其"参互后译，发明隐微"。又，《疏略》之目的虽在会编二疏，但是二疏间轻重有所不同，以《疏》为主，以《记》为辅，即所谓"间会《记》义"也。大概是挑选若干《记》文，注入（"会"）经过"删繁从略"的《疏》中去。以德清释"大乘"为例：

> 言"大乘"者，即所信之法体……具有体相用三大之义故。"乘"者运载之义……

比较上文所示宗密与子璿对"大乘"的注释，可知德清采用了"大"之体意及三大意，"乘"之"运载"意，但是没有继承宗密"乘者就人"的解释，所以也是一种选择后的会编。

## （三）续法：《大乘起信论疏笔削记会阅》

续法（1641—1728）之《起信论》会本完成于 1687 年，[①] 包括《大

---

① 参见《起信论疏记会阅缘起》，"康熙丁卯年七月十五佛欢喜日灌顶行者续法谨识"。

乘起信论疏笔削记会阅》（以下简称《会阅》）及其《首卷》两部分。①
《会阅》会编宗密《疏》与子璿《记》，② 而《首卷》则收集《会阅》之
凡例、科判等补充材料。③《首卷》在其目录与目录所对应各文章之间加上
《会阅》十卷的目录，在《续藏经》中称为《起信论疏记会阅总目》。

《会阅》自我期许为佛陀教说在新时代的传法者，由如来经马鸣（菩
萨）、法藏（贤首大师）、宗密（圭山大师）、传奥（石壁法师）、子璿
（长水大师），一脉相承，直至续法自己：

> 如来称性说经……菩萨依经造论……故我贤首大师……再思兹
> 论……圭山大师。为中下之根。更搜精要。直录于论。石壁法师。因简
> 奥之注。采集部函。详解其疏。长水大师……庆斯论疏。犹豫释文……

但是其题目《大乘起信论疏笔削记会阅》一语则很清楚地指出《会阅》
为宗密《疏》与子璿《记》的会本。其序中交代创作缘由时亦就其会本
之构成有明确的说明：

> 然又疏、记别行，未曾总帐。复斋先生，④ 悯后进之难通，重请
> 分会。不慧⑤……遂得论注同条，窃比管弦之合；疏、记共贯，宛如
> 水乳之和。

谓此《会阅》是应友人戴京曾之请，将"别行"之疏、记会编而成。

---

① 参见其《凡例》："论与疏记，总会成十卷，依次行列。余外科、传等着，另编为首卷
　别行，以俟参考。"
② "会阅"者，"会编"与"阅定"也（"清钱塘慈云沙门续法会编，顺天府府丞戴京曾
　阅定"）。
③ 《首卷》内容如下：凡例、缘起、科判、五祖传、论主略录、记主略录、法相数、真妄
　生灭法相图。
④ 顺天府府丞戴京曾，《会阅》之阅定。
⑤ 此系续法自称。

《会阅》与《纂注》《疏略》二疏在会编模式上颇有不同。《会阅》并不缩减疏、记，其会本亦并非摘述二者要义，而是在分拆二疏文本后直接将相对应之章段逐段进行合并。具体而言，此"疏、记"《会阅》的基本任务是对《疏》四卷与《记》二十卷进行的会编，所以《会阅·凡例》中说：

> 旧时开本，分疏为四卷，记为二十卷。今会本，疏记通共，合为十卷。

如前所言，这十卷会本应该不是对二十卷开本的缩编，而仅仅是将二十四卷文字重新组织编入十卷，故《凡例》言：

> 卷帙多寡颇殊，文字语言不二，如并二十四瓶水，泻置十瓶，其间点滴，岂有异耶？具眼者鉴之！

谓二十四卷会编为十卷，其内容并无增减，"如并二十四瓶水，泻置十瓶，其间点滴，岂有异耶？"其"点滴"无异，即其内容无异也。

《会阅》合并疏、记文本，而非缩减并摘述二疏，这样一种会编，就意味着以下两项工作。其一，由于此前《疏》《记》相互独立，而《记》虽然注释《疏》，但并未在整体上引用《疏》文，所以学者在研究《记》的解释时，由于缺乏与之对应的完整《疏》文，会不容易完全跟上解释者的思路，所以《会阅》需要将《论》《疏》《记》分别列出，故《凡例》中强调了这样一种结构：

> 论有标征，释结段落；疏有通章，逐句释异；记有解论、解疏之殊……。今论、疏、记中……一展读间，便知节目，不使眯子有留难焉。

并且由于三文并存，尤其需要在章节、段落甚至文句上做出清晰之区分，故《缘起》中言：

> 先生因旧疏四卷，记二十卷，咸各自为帙，亦未句读，学者难于披对，重命予为疏、记会本，务须章段句读，并顺条理，科注疏文，各安其所。

如此，《会阅》一文之整体构成，在"随文解释"前，应该包括《疏》《记》（因为尚未开始释《论》），而在"随文解释"开始之后，则应该包括《论》《疏》《记》，所以《凡例》言：

> 初卷至二卷将末、随文解前，顶格书者《疏》文，低一格标记字者《记》文；二卷随文解后至十卷终，顶格书者《论》文，低一格标"疏"字者《疏》文，标"记"字者《记》文。

这一结构可以以"归命尽十方"一句的解释来说明：

> 【论】：归命尽十方。
> 　【疏】："归命"二字。显能归至诚也。"归"者，是依投、趣向义……
> 　　【记】："归者"下……
> 　【疏】："尽十方"三字，明所归分齐也。非直一方三宝……
> 　　【记】："非"下……

"论"引《起信》本句"归命尽十方"，"疏"分别释"归命"与"尽十方"，而"记"则对"疏"之两部分做进一步的解释。

　　以上真界、德清、续法三人之作品，为《义记》在明清之际的传播形态提供了三个典型的案例。具体而言,《义记》在明清的传播是当时经典解释中的一个有机组成部分,从而参与了明清时期盛行的注疏会编。其会编的对象,为宗密之《疏》与子璿之《记》,因而《义记》在当时的传播形式即此"疏、记"的会本。上述三疏各自的会编模式略有不同,其中真界与德清倾向于简化疏记的科判并以摘述要义的方式进行会编,而续法则不做修改、依对应之章节段落直接将疏、记二疏合并。

# 结　语

法藏《义记》在宗密《疏》出现之后,先后以三种不同形态在中国传播。先以宗密《疏》取代法藏《义记》而流行,再以子璿《记》对宗密《疏》做进一步之阐发,最后疏、记结合起来,形成《起信》解释的基本框架。如文章开篇处所说,《义记》虽然一直被视为《起信》解释的经典与权威,但是真正统治着《起信》解释传统的,却是《义记》的两部末疏及其各种变形。在宗密之前的《义记》,尚存在着许多根源不同的注疏,如昙延、慧远、元晓等人的作品,但在宗密、子璿之后,《起信》解释则一步一步地完全集中到疏、记上去,并最终以"疏、记"之会本构成了法藏《起信》疏传播的基本形态——尽管在《疏》《记》两者之间,隐隐总是以《疏》为主,而以《记》为辅。

**参考书目:**

　1. 此书目包括两部分,第一原始资料,第二学术研究;

　2. 两部分均予以罗马化,但原始数据以题目的英文字母顺序安排,而学术研究则按作者名字的英文字母顺序安排;

　3. 原始数据中藏经以以下字母表示:

B=大藏经补编;J=嘉兴大藏经;T=大正新修大藏经;X=卍新纂大日本续藏经;N=卷数。

**原始资料：**

*Cangyijingshu biaomu* 藏逸经书标目，by Mizang Daokai 密藏道开．B14n84.

*Dasheng qixinlun jieyao* 大乘起信论捷要，by Zhengyuan 正远．X45n763.

*Dasheng qixinlun shu bixiaoji* 大乘起信论疏笔削记，by Zixuan 子璿．T44n1848.

*Dasheng qixinlun shu bixiaoji huiyue* 大乘起信论疏笔削记会阅，by Xufa 续法．X45n768.

*Dasheng qixinlun shulue* 大乘起信论疏略，by Deqing 德清．X45n765.

*Dasheng qixinlun xushu* 大乘起信论续疏，by Tongrun 通润．X45n0764.

*Dasheng qixin lun yiji* 大乘起信论义记，by Fazang 法藏．T44n1846.

*Dasheng qixinlun zhijie* 大乘起信论直解，by Hanshan Deqing 憨山德清．X45n766.

*Dasheng qixinlun zuanzhu* 大乘起信论纂注，by Zhenjie 真界．X45n762.

*Datang dajianfusi gudade kangzangfashi zhi bei* 大唐大荐福寺故大德康藏法师之碑，by Yan Chaoyin 阎朝隐．T50n2054.

*Gokyōshō tsūroki* 五教章通路记，by Gyōnen 凝然．T52n2339.

*Huayan yishengjiaoyi fenqizhang* 华严一乘教义分齐章，by Fazang 法藏．T45n1866.

*Huikan guben qixinlun yiji yuanqi* 会刊古本起信论义记缘起，by Yang wenhui 杨文会．B28n0157.

*Jingangjing yangu* 金刚经演古，by Jiyan 寂焰．X25n495.

*Jingangjing zuanyao kandingji* 金刚经纂要刊定记，by Zixuan 子璿．T33n1702.

*Jingangborejing shulun zuanyao kandingji huibian* 金刚般若经疏论纂要刊定记会编，by Xingce 行策．J31nB269.

*Sinp'yon chejong kyojang ch'ongnok* 新编诸宗教藏总录，by Uicheon 义天．T55n2184.

*Taesŭng kisillon naeŭi yakt'amgi* 大乘起信论内义略探记，by T'aehyŏn 太贤．T44n1849.

*Tang dajianfusi gusizhu fanjingdade fazang heshang zhuan* 唐大荐福寺故寺主翻经大德法藏和尚传，by Choe Chiwon 崔致远．T50n2054.

**学术研究：**

Cho，Yung-ho 曹润镐．"Shūmitsu daijōkishinronso no seiritsu ni tsuite" 宗密大乘起信論疏の成立について．*Indogaku bukkyōgaku kenkyū* 印度學佛教學研究 43.2（1994）：818–821.

Hirakawa，Akira 平川彰．*Daijōkishinron* 大乘起信论．Butten Kōza 佛典讲座 22. Tōkyō 东京：Daizōshuppan-sha 大藏出版社，1973.

Hayakawa，Michio 早川道雄．"Shūmitsu daijōkishinron no shomondai" 宗密大乘起信論疏の諸問題．*Shūkyō kenkyū* 宗教研究 73.4（2000）：220–221.

Hirai，Yūkei 平井宥慶．"Donkō no daijō kishinron kōjutsu" 曇曠の大乘起信論講述．*Buzan gakuhō* 豊山学报 21（1976）：73–91.

Inoue, Katsuhito 井上克人, ed. *Daijō kishinron no kenkyū* 大乘起信论の研究 . Kansaidaigaku tōzai gakujutsu kenkyūsho kenkyū sōkan 関西大学東西学術研究所研究叢刊 15. Osaka 大阪：Kansai daigaku shuppanbu 関西大学出版部, 2000.

Ishii, Kōsei 石井公成 . "Shiragi bukkyō ni okeru daijōkishinron no igi：wonhyo no kaishaku o chūshin toshite" 新羅仏教に於ける大乘起信論の意義：元暁の解釋を中心 として. In *Nyōraizō to daijō kishin ron* 如来蔵と大乘起信论, ed. by Hirakawa Akira 平川 彰, 545-79. Tōkyō 东京：Shunjūsha 春秋社, 1990.

Jin, Tao 金涛 . "The Transmission Discourse of *Qixinlun.*" *Taiwan Journal of Buddhist Studies*（Taida foxue yanjiu 台大佛学研究）25（2013.6）：99-178.

Kashiwagi, Hirowō 柏木弘雄 . "Kochūshakusho wo kayowashite mitaru kishinron no senku shisō." 古注釈書を通わして見たる起信論の先驅思想 . *Indogaku bukkyōgaku kenkyū* 印度學佛教學研究 11-2（1963）：255-259.

——. "Kishinron chūshakusho no keifu." 起信论論注釈書の系譜 . *Indogaku bukkyōgakukenkyū* 印度學佛教學研究 34. 14-2（1969）：75-81.

——. "Kishinron no tekisuto oyobini kenkyūsho" 起信论のテキスト、及び研究 書 . In *Daijōkishinron* 大乘起信論, by Hirakawa Akira 平川彰, 390-413. Tōkyō 東京：Daizō shuppan-sha 大蔵出版社, 1973.

——. *Daijōkishinron no kenkyū：Daijōkishiron no seiritsu ni kansuru shitsuryōron teki kenkyū* 大乘起信論の研究：大乘起信論の成立に關する資料論的研究 . Tōkyō 東京：Shunjūsha 春秋社, 1980.

——. "Chūgoku nihon ni okeru daijō kishin ron kenkyūshi" 中国日本に于ける大乘 起信論研究史 . In *Nyōraizō to daijō kishin ron* 如来蔵と大乘起信論, ed. by Hirakawa Akira 平川彰, 289-333. Tōkyō 东京：Shunjūsha 春秋社, 1990.

**Kawamura, Kōshō 河村孝照**

1. "Zokuzō ni okeru kishinron soryaku no 'sōkōbon koshō' toiu ni tsuite" 続蔵におけ る起信論疏略の草稿本故省というについて. *Indogaku bukkyōgaku kenkyū* 印度學佛教 學研究 31.2（1983）：527-533.

2. "Tokusei cho kishinron soryaku no shiryōteki kenkyū" 徳清著起信論疏略の資料 的研究 . *Tōyōgaku kenkyū* 东洋学研究 17（1983）：7-28.

Kimura, Senshō 木村宣彰 . "Hōzō ni okeru daijō kishinron giki senjutsu no ishu" 法 蔵における大乘起信論義記撰述の意趣 . In *Daijō kishinron no kenkyū* 大乘起信論の研 究, ed. by Inoue Katsuhito 井上克人, 65-103. Kansaidaigaku tōzai gakujutsu kenkyūsho kenkyū sōkan 関西大学東西学術研究所研究叢刊 15. Osaka 大阪：関西大学出版 部, 2000.

——. "Daijō kishinron giki seiritsu no shisōteki haikei" 大乘起信論義記成立の思想 的背景 . In *Daijō kishinron to hōzō kyōgaku no jisshōteki kenkyū* 大乘起信論と法蔵教学の実

証的研究, ed. by Inoue Katsuhito 井上克人, 63-102. 2004.

Kimura, Kiyotaka 木村清孝. "Hokusō bukkyō ni okeru dajō kishiron: chōsui shisen to shimei chirei" 北宋仏教於ける大乗起信論：長水子璿と四明知禮. *Nyōraizō to daijō kishin ron* 如来蔵と大乗起信論, ed. by Akira Hirakawa 平川彰, 411-432. Tōkyō 東京：Shunjūsha 春秋社, 1990.

Kobayashi Jitsugen 小林實玄. "Kishinron kaishaku no hensen: kegon kyōgaku tenkai no kcntei toshite" 起信論解釋の變遷：華嚴教學展開の根底として." *Indogaku bukkyōgaku kenkyū* 印度學佛教學研究 13. 2 (1965): 668-671.

Kojima, Taizan 小島岱山. "Daijō kishin ron to hōtan" 大乗起信論と鳳潭. In *Nyōraizō to daijōkishin ron* 如来蔵と大乗起信論, ed. by Hirakawa Akira 平川彰, 639-661. Tōkyō 東京：Shunjūsha 春秋社, 1990.

Lai, Shen-chon 赖贤宗. "Fazang dashengqixinlunyiji ji yuanxiao yu jiandeng de xiangguan shuji guanyu yixin kai ermen dechanshi" 法藏大乘起信論義記及元曉与见登的相关述记关于一心开二门的阐释. *Zhonghua Foxue Xuebao* 中华佛学学报 14 (2001): 267-292.

Mochizuki, Shinkō 望月信亨. *Daijō kishin ron no kenkyū* 大乘起信論の研究. Tōkyō 东京：Kaneo Buendō 金尾文渊堂, 1922.

Nakajō, Dōshō 中條道昭. "Rōya ekaku to chōsui shisen" 瑯椰慧覚と長水子璿. *Shūgaku kenkyū* 宗学研究 22 (1980): 225-228.

——. "Chōsui-shisen-den no kōsatsu (1): denki shiryō ni tsuite" 長水子璿伝の考察（一）：伝記資料について. *Komazawa daigaku daigakuin bukkyōgaku kenkyūkai nenpō* 驹沢大学大学院仏教学研究会年報 14 (1980): 69-77.

Ōchō Enichi 横超慧日. "shakukyōshikō" 释经史考. *Chūgoku bukkyō no kenkyū* 中国佛教の研究 3, 166-206. Kyōto 京都：Hōzōkan 法藏馆, 1979.

Ono Genmyō 小野玄妙, ed. Bussho kaisetsu daijiten 佛书解说大辞典. 12 vols. Tōkyō 东京：Daitō Shuppan 大东出版社, 1932-1936.

Shi, Zhixue 释智学. "Shibi Chuan'ao: Gaoseng zhuan buxu zhiyi" 石壁传奥：高僧补叙之一. *Zhengguan zazhi* 正观杂志 39 (2006): 85-143.

Shigenoi, Shizuka 滋野井恬. 唐石壁寺伝奥について. *Indogaku bukkyōgaku kenkyū* 印度學佛教學研究 33. 1 (1968): 314-319.

Shimizu, Mitsuyuki 清水光幸. "Hōzō daijōkishinron bekki ni tsuite" 法藏大乘起信論別記について. *Indogaku Bukkyōgaku kenkyū* 印度學佛教學研究 33. 2 (1985): 513-514.

Tamaki, Kōshirō 玉城康四郎, trans. *Dajō kishin ron giki*. 大乘起信论义记. *Kokuyaku issaikyō* 国訳一切経 47, 73-270. Tōkyō 东京：Daitō shuppan 大東出版, 1964.

Tanji, Teruyoshi 丹治昭义. "Gangyō no kishinron chūshaku no ichi kōsatsu" 元曉の起信論注釈の一考察. *Indogakubukkyōgaku kenkyū* 印度學佛教學研究 51. 1 (2002):

10-18.

Vorenkamp, Dirck. *An English Translation of Fa-tsang's Commentary on the Awakening of Faith*. Lewiston: The Edwin Mellen Press, 2004.

Wei, Changhai 魏常海. "Dasheng qixinlun sanshu bijiao" 大乘起信论三疏比较. *Zhexue, zongjiao yu renwen* 哲学宗教与人文. Eds. LI Silong & ZHOU Xuenong 李四龙、周学农, 353-359. Beijing 北京: Shangwu chubanshe 商务出版社, 2004

Yoshida, Takeshi 吉田刚. "Chōsui shisen ni okeru shūmitsu kyōgaku no juyō to tenkai" 長水子璿における宗密教学の受容と展開. *Nanto bukkyō* 南都仏教 80 (2001): 1-23 (R).

Yoshizu, Yoshihide 吉津宜英. "Eon no kishinronsho o meguru shomondai" 慧遠の起信論疏をめぐる諸問題. *Komazawa daigaku bukkyōgakubu ronshū* 駒沢大学仏教学部論集 3 (1972): 82-97.

——. "Eon daijō kishinron giso no kenkyū" 慧遠大乗起信論義疏の研究 *Komazawa daigaku bukkyō gakubu kenkyū kiyō* 駒沢大学仏教学部研究紀要 34 (1976): 151-173.

——. "Hōzō no chosaku no senjutsu nendai ni tsuite" 法蔵の著作の撰述年代について. *Komazawa daigaku bukkyō gakubu ronshū*10 駒沢大学仏教学部論集 10 (1979): 163-179.

——. "Hōzō daijō kishiron giki no kenkyū." 法蔵大乗起信論義記の研究 *Komazawa daigaku bukkyō gakubu* ronshū 駒沢大学仏教学部论集 11 (1980.11): 139-156.

——. "Hōzō no daijō kishiron giki ni tsuite." 法蔵の大乗起信論義記について. *Indogaku bukkyōgaku kenkyū* 印度學佛教學研究 29.1 (1980.12): 42-46.

——. "Shūmitsu no daijō kishiron sho ni tsuite" 宗密の大乗起信論疏について. *Indogaku bukkyōgaku kenkyū* 印度學佛教學研究 30.2 (1982): 796-800.

——. "Hōzō no daijō kishiron giki no seritsu to tenkai" 法蔵の大乗起信論義記の成立と展開. In*Nyōraizō to daijō kishin ron* 如来蔵と大乗起信論, ed. Akira Hirakawa 平川彰, 377-410. Tōkyō 东京: Shunjūsha 春秋社, 1990.

——. "Joyoji eon no kishinron inyo ni suite 浄影寺慧遠の起信論引用について. *Indogaku bukkyōgaku kenkyū* 印度學佛教學研究 49.1 (2000): 86-91.

——. "Chōsui shisen no kongōkyō rikai: kongōkyō sanyō kanjōki wo chūshin ni shite" 長水子璿の金剛経理解:金剛経纂要刊定記を中心にして. In *Daijō bukkyō shisō no kenkyū: muranaka yusho sensei koki kinen ronbunshū* 大乗仏教思想の研究:村中祐生先生古稀記念論文集, 207-219. Tōkyō 東京: Sankibō busshorin 山喜房仏書林, 2005.

Yusuki, Ryōei 湯次了榮. *Kanwa ryōyaku daijō kishinron shinshaku* 漢和两訳大乗起信論新釈. Kyōto 京都: Kōkyō shoin 興教書院, Shōwa 昭和 16 (1941).

# 法藏《华严三昧观》研究[*]

张雪松

**内容提要**：法藏撰写的《华严三昧观》一卷，分为十门，每门又分十义。本文从现存文献及相关记录判定：法藏《华严三昧观》十门中，直心、深心、大悲心、简教，以及普贤观（《华严三昧章》《华严发菩提心章》改题或误题为"色空章十门止观"）是其原有内容。法藏《华严三昧观》完成后不久传入朝鲜半岛；而在中国本土，由于安史之乱等原因，《华严三昧观》篇章逐渐散乱。大约在 8 世纪中叶，《华严三昧观》散乱的篇章大都被重新编辑并题名为《华严发菩提心章》，该著作很快传入日本。不早于 8 世纪中叶，《华严三昧观》中较为精华的部分（真空观、理事无碍观、周遍含容观）又被编辑为《法界观门》，并被判定为法藏师祖杜顺的著作；稍晚，约 9 世纪上半叶《漩澓颂》成为《法界观门》的附录。在 9 世纪上半叶，《法界观门》经澄观、宗密等人用华严学中新出现的"四法界"思想体系重新加以诠释，《法界观门》遂得到广泛传播。

**关键词**：《华严三昧观》，《华严发菩提心章》，《华严三昧章》，《法界观门》

**作者简介**：张雪松，中国人民大学佛教与宗教学理论研究所副教授。

---

[*] 本文在撰写过程中，部分内容与韩国东国大学留学生甘沁鑫博士、北京大学孙海科博士进行过讨论，特此感谢。文章撰成后，日本东大寺华严学研究所中西俊英教授、北京大学王颂教授向笔者提供过建设性意见，在此一并感谢。

# 一　引言

唐代华严学的重要代表人物法藏著作颇丰，但唐武宗会昌灭佛后法藏的著作就大量散失，经过晚唐五代的社会动荡，法藏的著作在中国几乎散失殆尽。直到南宋绍兴年间，法藏的部分著作才由杭州慧因寺的高丽义天带回中土，重新雕版流通。晚清杨文会居士又从日韩大量回购了在中国绝迹的法藏著作。杨文会曾请日本学者南条文雄帮忙在朝鲜半岛寻找《华严三昧观》《华藏世界观》："近闻贵宗同人往高丽布教者颇多，唐法藏所作《华严三昧观》、《华藏世界观》二种，高丽或有存者，乞寄信求之。"① 日本原有刻本《华严发菩提心章》，杨文会在给南条文雄的信中指出，《华严发菩提心章》与《华严三昧观》内容有关，但混入署名杜顺《法界观门》等著作，杨文会推测朝鲜半岛应有《华严三昧观》原本的流传：

> 法藏所作《华严三昧观》，崔致远作《别传》，已用其"直心"中"十心"名目，贵国所刻《发菩提心章》录"十心"之文与崔同，并有三十心，而与《法界观》，及他种凑合而成。谨知《华严三昧观》，当有全本流传高丽也。祈请驻韩道友访之，并能得唐宋高人别种著作，是所深盼。②

1900 年冬，南条文雄在朝鲜获得《华严三昧章》古写本，寄给杨文会。而《华藏世界观》一直未能寻获："前接赐函，并书三种，欢喜无量……《华严三昧章》与《发菩提心章》同，而阙《法界观》之文，始知二书同出一本，即《华严三昧观》无疑矣。别有《华藏世界观》，若能得之高丽，幸甚！"③ 民国年间金陵刻经处刊刻了《华严三昧章》，并加杨

① 《与日本南条文雄书二十三》，载周继旨点校《杨仁山全集》，黄山书社，2000，第 504 页。
② 《与日本南条文雄书二十一》，载周继旨点校《杨仁山全集》，第 501 页。
③ 《与日本南条文雄书二十四》，载周继旨点校《杨仁山全集》，第 504 页。

文会撰写的按语：

> 《华严三昧章》一卷。新罗崔致远作《贤首传》，用《华严三昧观》直心中十义配成十科，证知此章即观文也。东洋刻本改其名为《发菩提心章》，于表德中，全录杜顺和尚《法界观》文，近三千言，遂疑此本非贤首作。庚子（1900）冬，南条文雄游高丽，得古写本，邮寄西来，首题《华严三昧章》。仇校尽善，登之梨枣。因来本作《章》，故仍其旧。尚有《华藏世界观》，求而未得也。石埭杨文会识①

杨文会认为相比日本刻本《华严发菩提心章》，朝鲜写本《华严三昧章》更接近于法藏《华严三昧观》原本，这一看法在华语学界基本成为定论。改革开放初期，由石峻、楼宇烈、方立天、许抗生、乐寿明五位先生编写的、在中国大陆地区影响极大的《中国佛教思想资料选编》收录的就是金陵刻经处本的《华严三昧章》：

> 关于《华严三昧章》。日本《大正大藏经》中的《华严发菩提心章》与此大致相同。但杨文会据日本学者南条文雄提供的朝鲜《华严三昧章》本考订，认为《华严发菩提心章》混入相传为杜顺所作的《华严法界观门》全文，非法藏原本。又据《华严经传记》一书（此书为法藏撰，由其弟子补充）中载有法藏撰《华严三昧观》一卷，唐代朝鲜学者崔致远作《法藏传》中也提到，他依照法藏《华严三昧观》的体例为法藏作传，因此杨文会判定《华严三昧章》即《华严三昧观》，并据以刊刻。本书所选即据杨文会说，取金陵刻经处本《华严三昧章》，而不取《大正大藏经》中的《华严发菩提心章》。②

---

① 《华严义海》，三秦出版社，1995，第 122 页。
② 石峻等编《中国佛教思想资料选编》第 3 册，中华书局，2014，第 78 页。

但据《华严经传记》卷五中载："《华严三昧观》一卷十门。右于上十门，亦各以十义，辨其所要，务令修成普贤愿行，结金刚种，作菩提因，当来得预华严海会。用于天台法华三昧观，诸修行者，足为心镜耳。沙门法藏所述。"① 《华严三昧观》当有十门，每门下又分十义，然今观《华严发菩提心章》和《华严三昧章》都是分为四门：发心、简教、显过、表德，在形式上都与《华严三昧观》"一卷十门"的结构不相符。

又，法藏《华严经搜玄记》卷十三中载：《华严经》"总具十门约同教说。上来所明通一部经非局此地，又是约教就解而说。若就观行亦有十重，如一卷《华严三昧》中说"。② 亦可旁证法藏《华严三昧观》（一卷）原本应该分为十门（十重）。日本正德四年（1714）刊刻的《华严发菩提心章》，其序言据此认为《华严发菩提心章》不是《华严经搜玄记》中所说的一卷《华严三昧（观）》：

> 此章别有异本，而文画多纰谬，字句颇缺脱。今以梅尾南都诸本随义参订改正，笔削非私意也。每值文有大异系之鳌头。《法界义镜》曰：香象大师《菩提心章》载《法界观门》以明发心相。故今章明第四表德中有五门，自第一真空观至第三周遍含容观，全举彼《观》文耳也。又如《圆超疏钞》录凝然《华严宗要义》，永超《东域传灯录》及《高山寺藏目》等皆标为贤首撰也。世别有题为《华严三昧章》者，然其文大同此章。今谓是乃后学误以今

---

① 北京大学王颂教授认为《华严经传记》中这段关于《华严三昧观》的引文中"右于上十门"指的是承前《华严经旨归》所举"一、说经处；二、说经时；三、说经佛；四、说经众；五、说经义；六、说经教；七、显经义；八、释经意；九、辨经益；十、示经圆"十门（参见王颂《华严法界观门校释研究》第一章第二节中"《华严三昧章》、《华严三昧观》与《发菩提心章》"的部分，宗教文化出版社，2016），但《华严经传记》列举《华严经旨归》十门之后，已经阐述过"右于上十门"，按照体例，不可能再于《华严三昧论》条目中又指此十门。笔者怀疑《华严三昧观》条目中"《华严三昧观》一卷十门"和"右于上十门"之间有阙文，遗漏了《华严三昧观》的十门目录。

② 约教十门为：一相见俱存、二摄相归见、三摄数归王、四以末归本、五摄相归性、六转真成事、七理事俱融、八融事相入、九全事相即、十帝网无碍。

《章》残编为《三昧章》者耶。故《探玄记》说十重唯识，曰：
上来所明约教就解而说，若就观行亦有十重，如一卷《华严三
昧》中说云。然考世所题为《三昧章》者，总无其文，故知彼非
其于《探玄记》所指者，必矣。正德四年（1714）纳锦绫山曼陀
罗院①

　　该序认为，《华严发菩提心章》是法藏的作品，其中收录了署名杜
顺的《法界观门》作为《华严发菩提心章》第四表德中五门的前三门
"以明发心相"；当时日本也有《华严三昧章》存世，内容与《华严发
菩提心章》大体相同，《华严三昧章》应该是《华严发菩提心章》的残
编。由"残编"这一说法可以推测：日本正德年间流行的《华严三昧
章》应该与南条文雄于1900年在朝鲜获得的古写本《华严三昧章》一
致，内容与《华严发菩提心章》大体相同，唯缺少第四"表德"中五
门的前三门的正文，即缺少与署名杜顺《法界观门》重合的文字，但
仍保留了这三门的目录，所以《华严三昧章》被视为《华严发菩提心
章》的"残编"。

　　那么《华严三昧章》可否理解为《华严发菩提心章》的"残编"？
还是如杨文会认为的那样，《华严三昧章》更接近《华严三昧观》的原
貌，《华严发菩提心章》窜入了署名杜顺的《法界观门》？法藏的《华
严三昧观》原始形态应该是怎样的？本文尝试就上述问题进行解答。

## 二　法藏《华严三昧观》十门百义的结构

　　晚唐旅华新罗人崔致远在唐昭宗天复四年（904）春，于新罗陕川郡
伽倻山海印寺华严院养病期间，撰写了《唐大荐福寺故寺主翻经大德法

---

① 《大正藏》第45卷，第650页下~651页上。

藏和尚传》，该传记是研究法藏生平的重要资料。① 崔致远在《法藏和尚传》序言中说：

> 案《纂灵记》云：西京华严寺僧千里撰《藏公别录》，缕陈灵迹，然是传未传海域，如渴闻梅……愚也，虽惭郢唱，试效越颦，仰彼圆宗，列其盈数。仍就藏所著《华严三昧观》直心中十义而配譬焉。一族姓广大心，二游学甚深心，三削染方便心，四讲演坚固心，五传译无间心，六著述折伏心，七修身善巧心，八济俗不二心，九垂训无碍心，十示灭圆明心。深悲两心，互准可见。②

《纂灵记》是《华严经传记》的别名，崔致远在《法藏和尚传》中对《华严经传记》有介绍："经出虬宫已来，西东灵验繁蔚，而或班班僧史，或聒聒俚谈，义学之徒心均畅日，耳功是竞，躬览者稀，由是简二传而聚异闻，考百祥而誉近说，缉《华严传》五卷，或名《纂灵记》，使千古如面，知祖习之无妄焉。"③ 由此可推知，崔致远肯定是看过《华严经传记》的，他应该知道《华严经传记》对《华严三昧观》的叙述，故其在《法藏和尚传》中所云《华严三昧观》应该就是《华严经传记》中"一卷十门"的《华严三昧观》。北京大学王邦维教授认为："现存法藏著作中没有以《华严三昧观》为题的。我以为崔致远讲的《华严三昧观》就是指法藏的《华严经探玄记》……法藏不仅讲'十义'，《华严经探玄记》中以'十'排比，讲'十种三昧'、'十意'、'十心'、'十行'等等，比比皆是。"④ 崔致

---

① 法藏生平传记的综合研究参见吉津宜英『「法藏传」の研究』、『驹泽大学佛教学部研究纪要』第37号、1979。崔致远《法藏传》的流传情况，参见金程宇《关于崔致远〈法藏和尚传〉流传的几个问题》，《域外汉籍研究集刊》第六辑，中华书局，2010。
② 石峻等编《中国佛教思想资料选编》第3册，第309页。
③ 石峻等编《中国佛教思想资料选编》第3册，第314页。
④ 王邦维：《文章感动中华国 别出心裁制新篇——从崔致远撰〈法藏传〉看古代中外文化的交流》，载《北京论坛（2004）文明的和谐与共同繁荣："多元文学文化的对话与共生"外国文学分论坛论文或摘要集》，2004年8月23日，第51页。

远《法藏和尚传》中的"十心"显然并非泛指的"十心",王邦维教授此说恐难成立。崔致远提到的"直心"和"深悲两心"都有十义,符合《华严三昧观》每门"亦各以十义"的体例。

崔致远《法藏和尚传》中引用《华严三昧观》直心十义的句子是:(1)"以广大心誓愿观一切法,悉如如乎";(2)"以甚深心誓观真如,要尽源底乎";(3)"以方便心推求简择,趣真方便乎";(4)"以牢固心设逢极苦,乐受深观,心不舍离乎";(5)"以无间心观其真理,尽未来际,不觉其久乎";(6)"以折伏心,或若失念,烦恼暂起,即便观察折伏,使观心相续乎";(7)"以善巧心静观真理,不碍随事巧修万行乎";(8)"以不二心随事万行,与一味真理融无二乎";(9)"以无碍心理事,既全融不二,还令全理之事,互相即入乎";(10)"以圆明心顿观法界无障无碍乎"。上述文字与《华严三昧章》《华严发菩提心章》"发心"中"直心"的内容可以完全对应。由"深悲两心,互准可见"可推知,深心和大悲心部分也应有此十义的对应关系。

因此,《华严三昧章》《华严发菩提心章》"发心"部分的"直心""深心""悲心"很可能是法藏《华严三昧观》的前三门,每门又各有十义(参见表1)。

表 1 《华严三昧观》的前三门

| "直心"门 | "深心"门 | "大悲心"门 |
| --- | --- | --- |
| 1. "广大心"义 | 1. "广大心"义 | 1. "广大心"义 |
| 2. "甚深心"义 | 2. "修行心"义 | 2. "最胜心"义 |
| 3. "方便心"义 | 3. "究竟心"义 | 3. "巧方便心"义 |
| 4. "坚固心"义 | 4. "忍苦心"义 | 4. "忍苦心"义 |
| 5. "无间心"义 | 5. "无厌足"义 | 5. "无厌足心"义 |
| 6. "折伏心"义 | 6. "无疲倦心"义 | 6. "无疲倦心"义 |
| 7. "巧善心"义 | 7. "常心"义 | 7. "常心"义 |
| 8. "不二心"义 | 8. "不求果报心"义 | 8. "不求恩报心"义 |
| 9. "无碍心"义 | 9. "欢喜心"义 | 9. "欢喜心"义 |
| 10. "圆明心"义 | 10. "不颠倒心"义 | 10. "不颠倒心"义 |

另外，日本学者吉津宜英、馆野正生先后提到《大方广佛华严经普贤行愿品别行疏钞》卷五、《法界图记丛髓录》卷下之二，引用过法藏《华严三昧观》"简教"门的内容。[①]

《法界图记丛髓录》是注解义湘《华严一乘法界图》的著作，姚长寿先生依据房山石经等材料判定《华严一乘法界图》是义湘对智俨《一乘法界图合诗一印》的注释，即《华严一乘法界图》的作者是智俨，释文的作者是义湘，[②] 也有学者不同意这一看法，认为早期史料将图和注的作者都视为义湘，晚出新说恐不足为凭。[③]《法界图记丛髓录》著者未详，成书的时间上限是 10 世纪高丽均如之后，下限是 13 世纪中叶之后高丽《大藏经》追加补遗板雕成的年代，现在有学者认为作者是 13 世纪的高丽天其，也有认为是 14 世纪的高丽体元，尚无定论。《法界图记丛髓录》卷下之二：

> 贤首大师《花严三昧观门》中，问云：众生修行，为要受持圣教耶？为须舍教耶？答有十类：一者自有众生无识，悬舍圣言，师自愚心，复随邪友，违教修行，巧伪诳惑，此为恶人也。二有众生，亦背圣教，以质直心，谓为出要，勤苦修行，竟无所益。此二人，俱舍圣教，不依义理。三者唯诵圣言，不解义意，依傍圣教，求名求利，违自所诵，亦为恶人。四者唯逐文句，不知义理，但以直心读诵，虽无巧伪，亦无所益。此上二人，俱不舍教，不得义理。此上四门，皆不可依。五者读诵圣教，分知解行，多读文句，少有修行。六者广寻圣教，遍知解行，渐略圣言，取意专修。七者受持得意，唯在修行，

---

① 吉津宜英『澄観の華厳教学と杜順の法界観門』、『駒沢大学佛教学部研究紀要』38、1980、頁 150；馆野正生『華厳発菩提心章』と法藏撰『華厳三昧観』に関する一考察、『宗教研究』320、1999、頁 58.

② 参见姚长寿《房山石经华严典籍考》，载中国佛学院《法源》总第十六期（1998）。原刊为『房山石経における華厳典籍について』、『中国仏教石経の研究』，京都：京都大學學術出版會，1996.

③ 参见全海住『一乗法界図の著者について』、『印度學佛教學研究』94、1999。

不复寻言。八者寻教得旨，知一切法，无不称性，是故于教亦不持舍，即此言教，称性约教修行。九者常持称性之言，不舍不着，恒观绝言之理，不弃不滞。此上五门，犹未究竟。十寻教得实理，理教无碍，常观理而不碍持教，常持教而不碍观空，此则教理俱融合为一观，方名究竟。此上十门，前四全不可依。次五从浅转深，随根悟入，然革凡成圣之方便，犹未究竟。唯第十门，方为究竟也。①

上述十类众生，与《华严发菩提心章》《华严三昧章》中的"简教"十类众生有一一对应的关系，由此可以断定，"简教"也是法藏《华严三昧观》中固有的内容。但我们据此并不能直接断定《华严三昧观》在 14 世纪仍然被保存在朝鲜半岛。因为《法界图记丛髓录》的上述部分可能与澄观疏、宗密钞的《大方广佛华严经普贤行愿品别行疏钞》卷第五中相应的内容几乎完全一致。《大方广佛华严经普贤行愿品别行疏钞》卷五中载：

> 贤首大师所制《华严三昧观门》第四简教门中，假问云众生修行为要受持圣教耶？为要舍教耶？答有十类：一者自有众生无识，悬舍圣言，师自愚心，复随邪友，违教修行，巧伪诳惑，此为恶人也。二者又有众生，亦背圣教，以质直心，谓为出要，勤修苦行，竟无所益。此上二人，俱舍圣教，不依义理。三者唯诵圣言，不解义意，依傍圣教，求名求利，违自所诵，亦名恶人。四者唯逐文句，不知义理，但以直心读诵，虽无巧伪，亦无所益。此上二人，俱不舍教，不得义理。如上四门，皆不可依。五者读诵圣言，分知解行，多读文句，少有修行。六者广寻圣教，遍知解行，渐略圣言，取意专修。七者受持得意，唯在修行，不复寻言。八者寻教得旨，知一切法，无不

---

① 《大正藏》第 45 卷，第 767 页中。

称性，是故于教亦不持舍，即此言教，称性约教修行。九者常持称性之教，不舍不著，恒观绝言之理，不弃不滞。此上五门，犹未究竟。十者寻教得实理，教无碍，常观理而不碍教，常持教而不碍理。此即理教俱融合为一观，方名究竟。此上十门，前四门全不可依。次五门从浅至深，随根悟入，然但是革凡成圣之方便，犹未究竟。唯第十门，方为究竟也。①

上述两段引文对比可知，《法界图记丛髓录》关于十类众生的记载应该是沿袭自《华严经普贤行愿品别行疏钞》，而不是直接来自法藏《华严三昧观》。而从"贤首大师所制《华严三昧观门》第四简教门"中，我们可以确证，在法藏《华严三昧观》十门之中，"简教"是排在直心、深心、大悲心之后的第四门。

又新罗崔致远《法藏和尚传》中载："复以行愿所极，止观方成，乃拟天台法华，著《华严三昧观》、《华藏世界观》、《妄尽还源观》各一通。可令有目得珠，孰曰我心匪鉴，蔚传盛观，雅契冲宗。"② 即《华严三昧观》与《华藏世界观》《妄尽还源观》有较为密切的关系，且法藏创作时，参考了"天台法华"，或有意针对天台法华三昧的修行者，将华严三昧与天台三昧进行对照鉴比，故前引《华严经传记》论述《华严三昧观》时也提及了"天台法华三昧观"。

"法华三昧"在《法华经》的《妙音菩萨品》出现两次、《妙庄严王本事品》出现一次，但没有具体论述。署名南岳慧思的《安乐行义》提出法华三昧有两种行，首先是"有相行"，不须定心，只要诵持《法华经》，可证入法华三昧初步；而后"无相行"则要定心与般若空慧配合，证入法华三昧最高境界。而后署名天台智顗的《法华三昧忏仪》，继承南岳慧思的思想，依据《法华经》《普贤观经》等经义，阐述法华三昧前方

① 《卍续藏经》第 5 册，第 301 页中。
② 石峻等编《中国佛教思想资料选编》第 3 册，第 313~314 页。

便和正修行的行仪，其正修行部分分为"十法"：严净道场、净身、三业供养、请三宝、赞叹三宝、礼佛、忏悔及发愿等、行道、诵经、坐禅实相正观。荆溪湛然后撰《法华三昧行事运想补助仪》对此"十法"进行补充修订。《法华三昧忏仪》亦名《法华三昧》，法藏撰写《华严三昧观》时所"拟"的"天台法华"或"天台法华三昧观"可能与此有关，当然也可能是泛指天台止观，天台止观，最常见的如《童蒙止观》（《小止观》）十门、《六妙门》十门、《禅波罗蜜》十章、《摩诃止观》五略十广，都为十项次第内容，皆是十门分别。①

　　法华三昧有十种行仪，天台止最常见的也都为十项次第内容，如果法藏创制华严三昧时参考了法华三昧或天台止观，应该也是十种行仪或次第内容，这可以再度印证法藏《华严三昧观》是"十门"的结构。更为重要的是，智俨、法藏师徒惯用十门来表重重无尽之意，例如法藏《华严一乘教义分齐章》卷四中载："问：何以得知十数显无尽耶？答：依《华严经》中立十数为则，以显无尽义。"② 而依《华严三昧章》《华严发菩提心章》来将华严三昧分为十种行仪的话则：发菩提心三门（包括直心、深心、大悲心）、简教一门（此门依"十类众生"为十义）、显过一门（此门难以分为十义），表德五门（包括真空、理事无碍、周遍含容、色空章十门止观、理事圆融）。《华严三昧章》虽然没有与署名杜顺《法界观门》重合的文字，但表德五门前三门的标题还是有的："一真空观，二理事无碍观，三周遍含容观"，故亦可做上述结构分析。

　　依据《华严发菩提心章》，表德五门，每门皆可分为十义：

---

① 《小止观》十门：具缘第一、诃欲第二、弃盖第三、调和第四、方便第五、正修第六、善发第七、觉魔第八、治病第九、证果第十。《六妙门》十门：第一历别对诸禅六妙门、第二次第相生六妙门、第三随便宜六妙门、第四随对治六妙门、第五相摄六妙门、第六通别六妙门、第七旋转六妙门、第八观心六妙门、第九圆观六妙门、第十证相六妙门。《禅波罗蜜》十章：一大意、二释名、三明门、四诠次、五法心、六方便、七修证、八果报、九起教、十归趣。《摩诃止观》五略十广之十广：大意、释名、体相、摄法、偏圆、方便、正观、果报、起教、旨归。
② 石峻等编《中国佛教思想资料选编》第3册，第191页。

（1）"真空观"门：其内容分为四句"一会色归空观，二明空即色观，三空色无碍观，四泯绝无寄观"，而这四句中前两句各分四义，再加第三、四句，故分十义。

（2）"理事无碍观"门："一理遍于事"义、"二事遍于理"义、"三依理成事"义、"四事能显理"义、"五以理夺事"义、"六事能隐理"义、"七真理即事"义、"八事法即理"义、"九真理非事"义、"十事法非理"义。

（3）"周遍含容观"门："一理如事"义、"二事如理"义、"三事含理事无碍"义、"四通局无碍"义、"五广狭无碍"义、"六遍容无碍"义、"七摄入无碍"义、"八交涉无碍"义、"九相在无碍"义、"十普融无碍"义。

（4）"色空章十门止观"门："第一会相归性"义、"第二依理起事"义、"第三理事无碍"义、"第四理事双绝"义、"第五心境融通"义、"第六事事相在"义、"第七彼此相是"义、"第八即入无碍"义、"第九帝网重现"义、"第十主伴圆备"义。

（5）"理事圆融"门："第一理事俱融"义、"第二理法隐显"义、"第三事法存泯"义、"第四事事相在"义、"第五一事隐现"义、"第六多事隐现"义、"第七事事相是"义、"第八一多存泯"义、"第九多事存泯"义、"第十圆融具德"义。

《卍续藏经》103 册收录法藏《华严经普贤观行法门》，① 该文献"依《华严经》普贤观行法，初明普贤观，次明普贤行"，其中"初明普贤观"的十门与"色空章十门止观"的十门皆可一一对应。

---

① 石井公成在《华严观行文献的真伪及其产生年代》（参见《华严研究（陕西师范大学宗教学丛刊之二）》，三秦出版社，2012，第 67~78 页）一文中对《华严经普贤观行法门》作者为法藏这一观点提出了质疑。石井公成教授的结论带有一定的推测性质，即便暂时搁置《华严三昧观》和《华严经普贤观行法门》的作者是否为法藏这一问题，我们仍可以认为这两个文献关系密切（本文后详）。

表2 "初明普贤观"与"色空章十门止观"的十门对应

| 《华严经普贤观行法门》<br>"初明普贤观" | 《华严三昧章》《华严发菩提心章》<br>"色空章十门止观" |
| --- | --- |
| 第一会相归性 | 第一会相归性 |
| 第二依理起行 | 第二依理起事 |
| 第三理事无碍 | 第三理事无碍 |
| 第四理事俱泯 | 第四理事双绝 |
| 第五心境融通 | 第五心境融通 |
| 第六事融相在 | 第六事事相在 |
| 第七诸法相是 | 第七彼此相是 |
| 第八即入无碍 | 第八即入无碍 |
| 第九帝网重现 | 第九帝网重现 |
| 第十主伴圆备 | 第十主伴圆备 |

由此可见，"色空章十门止观"显然是"初明普贤观"的改题或误题。而《华严三昧章》《华严发菩提心章》中"第十主伴圆备"中："第十、主伴圆备门者，菩萨以普门之智，顿照于此普门法界，然举一为主，一切为伴"，[①] 这里的"普门之智""普门法界"，据《华严经普贤观行法门》："第十、主伴圆备门，谓菩萨以普贤之智，顿见于此普贤法界，是故凡举一门为主，必摄一切为伴"，[②] 皆是"普贤之智""普贤法界"。又前引《华严经传记》在介绍《华严三昧观》时说："辨其所要，务令修成普贤愿行，结金刚种，作菩提因，当来得预华严海会。"那么"普贤观"显然应该是《华严三昧观》的固有组成部分，《华严三昧观》中的"普贤愿行"并非是泛泛而言。又法藏《华严经旨归·明经益第九》中说："夫以信向趣入此普贤法……初，见闻益者，谓依此普法，见闻如来及此遗法，所种善根，成金刚种，不可破坏，要必成佛。"[③] 这里在论及"普贤

---

① 石峻等编《中国佛教思想资料选编》第3册，第240页。

② 《卍续藏经》第58册，第159页下。

③ 石峻等编《中国佛教思想资料选编》第3册，第94页。

法""普法"时所说"善根""成金刚种"等言语，与《华严经传记》介绍《华严三昧观》的论述十分接近，也可旁证《华严三昧观》应有直接论述普贤观法的内容。《华严经普贤观行法门》的序言说：

> 此书乃法藏大师所制，为显普贤观行之宗趣也。其文简而义无尽，其科要而理融通，学者当尽心焉。一日华严性阇梨观诵之暇，偶得之古箧，持以示余，余欣然展读数四，而后欲寿梓以公海内。且傍施和训，将使末学者易解云。犹有未正之处，更俟后之识者。元禄元年（1688）岁在戊辰春三月上浣东山沙门升头陀拜书①

《华严经普贤观行法门》很可能是《华严三昧观》散佚后留下来的残篇。《华严经普贤观行法门》中"第二，明普贤行法，初学菩萨行法亦有十门"，恐亦为"务令修成普贤愿行"的《华严三昧观》的内容。永明延寿《心赋注》卷三在解释"该括有空"时大段引用了《色空章十门止观》：

> 有彻空源，空居有表，如波彻水源，水穷波末，皆是一心，体用交彻，如《色空章十门止观》：第一、会相归性门，于中有二种：一、于所缘境，会事归理；二、于能缘心，摄散归止也。第二、依理起事门者。亦有二种：一者、所归之理非断空故，不碍事相宛然现前；二、由所入之止不滞寂故，复有随事起于妙观也。第三、理事无碍门者，亦有二种：一、由习前理事，融通交彻，令无（据《华严三昧章》此处有"碍故"——笔者引）。二、双现前故，遂使止观同于一念顿照也。第四、理事双绝门者，由理事双现，互相形夺故，遂使两相俱尽。非理非事，寂然而绝，是故令止观双泯，迥然无寄也。

---

① 《卍续藏经》第58册，第159页中。

第五、心境融通门者，即彼绝理事之无碍境，与彼泯止观之无碍心，二而不二，故不碍心境而冥然一味；不二而二，故不坏一味而心境两分也。第六、事事相在门者，由理带诸事，全遍一事，是故以即止之观，于一事中见一切法，而心无散动，如一事，一切亦尔。第七、彼此相是门者，由诸事悉不异于理，复不异于一事（据《华严三昧章》此句为"理复不异于事"，从意思看当以《心赋注》引文为是——笔者引），是故以不异止之观，见于一事即是一切，而念不乱，如一事，一切亦尔。第八、即入无碍门者，由交参非一，与相含非异，体无二故，是故以止观无二之智，顿见即入三门（据《华严三昧章》此处为"二门"——笔者引），同一法界，而心无散动也。第九、帝网重现门者，如于一事中具一切故，此一切内复各具一切，如是重重，不可穷尽。如一事既尔，余一切事亦然。以止观心境不异之智（据《华严三昧章》此处为"目"——笔者引），顿见一切，各各重重，悉无穷尽。普眼所瞩，朗然现前，而无分别，亦无散动。第十、主伴圆备门者，菩萨以普门之智，顿照于此普门法界，然举一门为主，必摄一切为伴，一切亦尔，是故主伴伴主，皆悉无尽，不可称说。菩萨三昧海门，皆此安立，自在无碍，然无异念也。①

经过对比，永明延寿所引的《色空章十门止观》就是《华严三昧章》《华严发菩提心章》中"色空章十门止观"的内容，甚至"普贤"已经写作"普门"，说明至迟在晚唐就已经开始用"色空章十门止观"的名称，内容文字已经定型。

现存《华严三昧章》《华严发菩提心章》中"显过"门，在形式上不具备"十义"，而就内容上来说，独立成为一门，显得十分突兀，"显过"部分对色空关系的讨论是围绕"谓即亦不可，非即亦不可，俱亦不

---

① 《卍续藏经》第 63 册，第 134 页中~下。

可，俱非亦不可"这四句展开的。而这一论证观点，与"真空观"中主要讨论的"四句"最后一句"泯绝无寄观"的观点一致，"泯绝无寄观者，谓此所观真空，不可言即色不即色，亦不可言即空不即空，一切法皆不可，不可亦不可。此语亦不受，回绝无寄，非言所及"。《华严三昧章》《华严发菩提心章》中的"显过"更似为"真空观"的一部分，即"真空观"门在讨论"泯绝无寄"时的答疑。

宗密在《禅源诸诠集都序》卷二中也使用了"泯绝无寄"这个概念来指称禅宗的一些流派，"泯绝无寄宗者，说凡圣等法，皆如梦幻，都无所有，本来空寂，非今始无。即此达无之智，亦不可得。平等法界，无佛无众生。法界亦是假名。心既不有，谁言法界？无修不修，无佛不佛。设有一法胜过涅槃，我说亦如梦幻，无法可拘，无佛可作，凡有所作，皆是迷妄。如此了达本来无事，心无所寄，方免颠倒，始名解脱"。① 这些说法与《华严发菩提心章》《法界观门》"真空观"的说法比较类似，可以比对。宗密接着说："石头、牛头，下至径山，皆示此理。便令心行与此相应，不令滞情于一法上，日久功至，尘习自亡，则于怨亲苦乐一切无碍。因此，便有一类道士儒生闲僧泛参禅理者，皆说此言便为臻极，不知此宗不但以此言为法。荷泽、江西、天台等门下，亦说此理，然非所宗。"② "泯绝无寄"是华严三昧真空观的内容，华严三昧也应该属于"亦说此理，然非所宗"，但宗密在这里没有提到华严三昧，说明法藏撰述《华严三昧观》一百多年以来，未能对禅修者产生太大影响。

综上所述"显过"可能只是"真空观"中"泯绝无寄"部分的答疑，不能独立成为一门的话，那么《华严三昧章》《华严发菩提心章》实际上只有九门；如果我们加上《华严经普贤观行法门》中的"普贤行"门，则正好十门，这一门的"十义"是："第一先起信心"义、"第二归

---

① 石峻等编《中国佛教思想资料选编》第 3 册，第 431 页。
② 石峻等编《中国佛教思想资料选编》第 3 册，第 431 页。

依三宝"义、"第三忏悔宿罪"义、"第四发菩提心"义、"第五受菩萨三聚净戒"义、"第六修离过行"义、"第七修善行"义、"第八修忍辱行"义、"第九救摄众生行"义、"第十修平等行"义。①

《华严三昧观》原本的一卷十门，可能为："发直心"门、"发深心"门、"发大悲心"门、"简教"门、"真空观"门、"理事无碍观"门、"周遍含容观"门、"普贤观"门、"普贤行"门、"理事圆融"门。

法藏《华严三昧观》有十门百义的结构，南条文雄尝疑《华严三昧观》即《义海百门》或《华严杂章》的"异名"，木村清孝等中外学者也多疑现存《华严三昧章》《华严发菩提心章》恐难与十门百义的《华严三昧观》相匹配。② 不过通过本节的讨论，从现存《华严三昧章》《华严发菩提心章》出发，结合《华严经普贤观行法门》、《华严经传记》，以及崔致远《法藏和尚传》等文献的记叙，分析出十门百义是有可能的。

## 三　《华严发菩提心章》与署名杜顺的《法界观门》

针对唐初已经流行的天台法华三昧，法藏依据《华严经》《大乘起信论》等，创《华严三昧观》《华藏世界观》《妄尽还源观》一组文献来阐述华严三昧观法。《华严三昧观》一卷，分为十门，每门又分十义。从内容结构上看，由"一真空观，二理事无碍观，三周遍含容观"这三部分构成署名杜顺的《法界观门》，每部分都可以分解成十义，与法藏《华严三昧观》固有的每门十义的结构并不矛盾。而且前文已述，真空观中对色空的讨论，与《华严三昧章》《华严发菩提心章》中"显过"部分对色空的讨论，有比较密切的关系。

我们已经判定《华严三昧观》前四门为发心三门、简教一门，第四

①　《卍续藏经》第 58 册，第 160 页上。
②　木村清孝『初期中國華嚴思想の研究』第二篇第一章、東京：春秋社、1977.

门简教第十义是"会理、教无碍",即"常观理而不碍持教,恒诵习而不碍观空",这样"理事俱融"合成一观,方为究竟。① 这里所持之"教"指坚持"诵习"经典,而所观之"理"指的是"空",那么《华严三昧观》后续文字若为《法界观门》,《法界观门》第一部分"真空观"讨论的是"观空"的问题,作为《华严三昧观》第五门,接续第四门第十义,在语义上也非常合适。

另外,除署名杜顺《法界观门》内容的《华严三昧章》,"表德五门"缺前三门的内容,仅仅有目无文,确实是"残编"。那么法藏《华严三昧观》中是否有可能全文收录《法界观门》呢? 笔者认为并非全无可能。

首先,我们要讨论法藏《华严三昧观》的编写体例。按照前引崔致远《法藏和尚传》的说法,《华严三昧观》与《华藏世界观》《修华严奥旨妄尽还源观》(以下简称《妄尽还源观》) 有较为密切的关系,可以视为同一组文献。《华藏世界观》已经失传,但《妄尽还源观》尚存。法藏在《妄尽还源观》前言中说:"辄以旋披往诰,晲觌旧章,备三藏之玄文,凭五乘之妙旨,繁辞必削,缺义复全。虽则创集无疑,况乃先规有据。"② 也就是说《妄尽还源观》虽然是"创集",但并非是凭空撰述,而是"先规有据"。作为《妄尽还源观》同类文献的《华严三昧观》,应该也可以作相同的理解。北宋赞宁《宋高僧传》卷五"法藏传":"昔者敦煌杜顺传《华严法界观》,与弟子智俨讲授此晋译之本,智俨付藏。"③ 若依此说,杜顺将《华严法界观》(《法界观门》) 传给了他的弟子智俨,智俨再传给法藏。法藏将其师门传承下来的《法界观门》编辑入《华严三昧观》,也在情理之中。

其次,值得注意的是《法界观门》在唐代也被认为是杜顺所"集",宗密在他对《法界观门》的注释书中专门讨论了此事,《注华严法界观

① 石峻等编《中国佛教思想资料选编》第 3 册,第 238 页。
② 石峻等编《中国佛教思想资料选编》第 3 册,第 98 页。
③ 石峻等编《中国佛教思想资料选编》第 3 册,第 303 页。

门》："京兆南山释杜顺集。姓杜，名法顺，唐初时行化，神异极多，传中有证，验知是文殊菩萨应现身也。是华严新旧二疏初之祖师，俨尊者为二祖，康藏国师为三祖。此是创制，理应云作，今云集者，以祖师约自智，见华严中一切诸佛、一切众生。若身心、若国土，一一是此法界体用，如是义境，无量无边，遂于此无量境界，集其义类，束为三重，直书于纸，生人观智，不同制述文字，故但云集。此则集义，非集文也。"①宗密将"集"诠释为"集义"而非"集文"，实际上是一种"借题发挥"。

《法界观门》应该是一种汇编性质的著作。宗密的注释已经指出其编辑者是"终南山"杜顺，与宗密同时略早的澄观对《法界观门》的注释书，也是相同的记载。澄观《华严法界玄镜》卷一中载："终南山释法顺，俗姓杜氏。""其制作人名，德行因缘，具如传记。"② 如果法藏之师祖杜顺确实编写了《法界观门》，法藏编写《华严三昧观》时全文引用，当然是在情理之中。但杜顺生平传说甚多，其著作多有争议，那么杜顺是否真的撰写《法界观门》并被法藏引用？还是《法界观门》脱胎于《华严三昧观》？

日本学界对《法界观门》是否为杜顺所作，有长期的争论。比较有代表性的观点有铃木宗贤认为《法界观门》是澄观从法藏的《华严发菩提心观》中抄出又托名杜顺而成（江户时代日本华严宗凤潭的弟子觉州鸠就已经提出过澄观伪造说）；而结城令闻则认为杜顺是《法界观门》的作者，法藏的《华严三昧观》是抄袭了杜顺的《法界观门》。东京大学木村清孝教授又对《法界观门》进行了比较细致的考证，对这两种观点都有所批评。③此后北京大学王颂教授对《法界观门》又进行了多年的研究。④ 综合前贤研究成果，《法界观门》现存的最早著录是约805年完成

---

① 石峻等编《中国佛教思想资料选编》第3册，第395页。
② 石峻等编《中国佛教思想资料选编》第3册，第323、325页。
③ 木村清孝：《法界观门撰者考》，《宗教研究》195，1968；专著『初期中國華厳思想の研究』，东京：春秋社，1997，页328-370。
④ 王颂：《关于杜顺初祖说的考察》，《世界宗教研究》2000年第1期；《本嵩与〈法界观门通玄记〉——日本立正大学藏〈通玄记〉及其周边的考察》，《佛学研究》2014年刊；专著《华严法界观门校释研究》。

的日本《传教大师将来越州录》，但未署作者；现存最早的《法界观门》注释书是完成于元和二年（807）澄观所著的《法界玄镜》，澄观明确说《法界观门》的作者是杜顺，而且澄观在《法界玄镜》序言中说："余覃思大经，薄修此观。"① 据赞宁《宋高僧传·澄观传》，澄观是"允齐相请，述《华严经纲要》一卷、《法界玄镜》一卷……"② 这里的"齐相"指的是相国齐抗。而大约同时略晚的宗密《注华严法界观门》前有裴休的序言。此外，白居易也有以"三观门"为题的诗歌唱和。总之，9世纪上半叶《法界观门》已经在士大夫圈子里颇为流行，并被认定为杜顺的作品，故其为澄观伪造的可能性不大。

但如果说《法界观门》是杜顺所作，可能性也不大。9世纪初署名杜顺的《法界观门》广泛流行之前，以及同时略晚，杜顺的传记材料现存主要有三种：道宣的《续高僧传》，法藏的《华严经传记》，杜顺后裔杜殷于大中六年（852）撰的《大唐华严寺杜顺和尚行记碑》。③ 关于杜顺生平的早期文献，仅仅描述了杜顺的神异事迹，只是提及智俨少年时随杜顺出家，此外杜顺与华严宗思想和著作再无任何瓜葛，更没有提到《法界观门》。而智俨、法藏等早期华严宗人的著作中也没有提到杜顺的《法界观门》。杜顺卒于贞观十四年（640），如果《法界观门》确实是杜顺所作，《法界观门》在完成后一直默默无闻，而在一个半世纪后突然盛行于世，可能性不是很高。

崔致远在《法藏和尚传》第九科"垂训无碍心"中说："外训有言，医不三世，不服其药。矧于圣典，讵谬宪章。以梁陈间有慧文禅师学龙树法授衡岳思，思传智顗，顗付灌顶，三叶腾芳，宛若前朝佛澄、安、远。"④

---

① 裴休《妙觉塔记》记载澄观十一岁时学"终南《法界观》、天台止观、康藏《还源观》"，可作为澄观早修"此观"的旁证。
② 石峻等编《中国佛教思想资料选编》第3册，第380页。
③ 《大唐华严寺杜顺和尚行记碑》原碑在西安碑林，参见路远《杜顺、华严寺与〈杜顺和尚碑〉》，《文博》2008年第2期。
④ 石峻等编《中国佛教思想资料选编》第3册，第319页。

八九世纪是中国禅宗祖师谱系争议日趋激烈化的时期，此风也弥漫到其他宗派。崔致远引域外民谚"医不三世，不服其药"，说明宗派传承必须渊源有自，方得信服。天台从慧思，经智𫖮，到灌顶，正好三代师徒传授，如东晋时代佛图澄、道安、慧远三代相传。法藏之师为智俨，智俨随神僧杜顺出家，杜顺、智俨、法藏也恰好是三代。佛图澄是神异僧，道安、慧远都是义学沙门，杜顺与智俨、法藏的三代传承，恰好也"宛若前朝佛澄、安、远"。9世纪以来，法华学人逐渐将杜顺推崇为初祖，杜顺在华严思想史的地位逐渐"奠定"。恰安史之乱后，法藏不少著作散乱，一些法藏的著作便被认定为杜顺的华严学著述。特别是杜顺被公认为禅僧，法藏关于禅观修行的著作都被视为杜顺所作，例如法藏的《妄尽还源观》就曾被认定为杜顺的作品。北宋孤山智圆根据唐中书舍人高郢《序北塔铭记》也认为《妄尽还源观》的作者是杜顺。永明延寿《宗镜录》即认为《妄尽还源观》为杜顺所作。

据日本学者木村清孝教授的研究，"法藏述"《华严发菩提心章》一卷的最早文献著录是约在1094年成书的日本《东域传灯目录》（《永超录》）。与此同时发现日本《正仓院文书》"天平胜宝三年（751）五月二十五日"记录有"《华严发菩提心义》一卷，法藏师述，用纸十二张"（《大日本古文书》一一·五六七）。木村清孝教授还指出法藏弟子慧苑在《续华严经略疏刊定记》中可能提到了该章。① 慧苑于《续华严经略疏刊定记》卷四注释《华严经·贤首品》中说："一发菩提心，二发心因，三发心缘。菩提者，佛果大智所证法界也。发意求者，于彼法界创起，必定当得心故。因缘有多种，或云自性住为因，习所成为缘。或云二性为因，善友及见闻等种种境界为缘。今此不尔，如后当知。若广显因缘，如《菩提心章》。"② 但现存《华严发菩提心章》并无广显因缘的内容，反而是法藏《华严经探玄记》卷四在解释《华严

---

① 『初期中國華嚴思想の研究』、頁359。十二纸，约五六千字。
② 《卍续藏经》第3册，第652页中。

经·贤首品》时说："先一总标因缘释成发心广大……若依此经有十种发菩提心因缘"，① 又智俨《孔目章》区分章门时："《贤首品》初立《发菩提心章》"，② 因此慧苑说的"菩提心章"有可能是指《华严经·贤首品》中所立"发菩提心章"，但该部分篇幅太短，只有五百字左右，约一纸的篇幅。不过慧苑的引述提示我们，当时华严学人阐述"发菩提心"的经典依据除了法藏在《华严三昧观》中直接引用的《大乘起信论》外，还有《华严经·贤首品》。

当然，法藏《华严三昧观》在 8 世纪被人用开篇"发菩提心"部分来称呼全篇是有可能的。按《华严经》的说法，初发心时得阿耨菩提。华严三昧，依《妄尽还源观》中的说法，即是"以华（花）为喻"，"华有结实之用"。③ 举因喻果，用"发菩提心"来指称"华严三昧"，一方面是用开篇来指代整体；另一方面也是突出"发菩提心"在"华严三昧"中的地位。如果用《菩提心章》来指代《华严三昧观》，那么它也应该是十门的结构。前文已述《华严发菩提心》"显过"的内容很突兀，不应出自法藏的谋篇布局，"色空章"这样的标题亦有问题。因此我们很难说法藏会先后创作内容基本一致，但结构很不相同的十门《华严三昧观》和四门《华严发菩提心章》。所以说，如果有人用"菩提心章"指代《华严三昧观》是有可能的。当然，也不能完全排除 8 世纪在法藏《华严三昧观》散乱篇章的基础上已经出现了《华严发菩提心章》这个重编本。当然这两种假设彼此并不矛盾，"发菩提心"也可能是法藏《华严三昧观》的一个别称，最后篇章散乱的《华严三昧观》被重新编辑后用了这个别称作为标题。

日本学者镰田茂雄教授、木村清孝教授在裴休《妙觉塔记》中发现澄观十一岁学"长安《四绝论》，生公《十四科》、终南《法界观》、天台

① 《大正藏》第 35 卷，第 187 页中。
② 《大正藏》第 45 卷，第 548 页上。
③ 石峻等编《中国佛教思想资料选编》第 3 册，第 99 页。

《止观》、康藏《还源观》”的记载，① 按此说 750 年前后《法界观门》就已经存在，并已经署名为“终南山”的杜顺。宗密在给澄观的信中也提到他本人曾从遂州大云寺圆和尚学习“终南大师《华严法界观门》”。② 总之，从现有文献来看，《法界观门》的出现，始见于澄观、宗密所处的时代，很可能由于安史之乱等原因，法藏十门百义的《华严三昧观》在当时已经篇章散乱，其中真空观、理事无碍观、三周遍含容观独立成篇，署名为杜顺的《法界观门》，在编辑过程中还删去或遗失了“真空观”中关于色空关系的问答，即现存《华严三昧章》《华严发菩提心章》“显过”的内容。

另外，在《法界观门》的编辑过程中还在文末附录了署名杜顺的《漩澓偈》，现行宗密《注华严法界观门》中称为“漩澓颂”：“若人欲识真空理，身内真如还遍外。情与无情共一体，处处皆同真法界。只用一念观一境，一切诸境同时会。于一境中一切智，一切智中诸法界。一念照入于多劫，一一念劫收一切。时处帝网现重重，一切智通无挂碍。”③ 永明延寿《宗镜录》卷四引用过《漩澓偈》，高丽义天在 1090 年成书的《新编诸宗教藏总录》（《义天录》）中也称：“《法界观》一卷（《漩澓偈》附），法顺（俗姓杜氏，世称杜顺）述。”④《漩澓偈》在元代西夏一行慧觉辑《大方广佛华严经海印道场十重行愿常遍礼忏仪》卷一中被称为《华严初祖杜顺大师所造三观偈》。⑤ 杜顺所见的晋译六十卷《华严经》

---

① 镰田茂雄『中国華厳思想史の研究』、東京大学出版会、1965、頁 157；木村清孝『初期中國華厳思想の研究』、頁 346-348。此据结城令闻所藏唐裴休《妙觉塔记》拓本。

② 宗密《圆觉经略疏》卷下《圭峯定慧禅师遥禀清凉国师书》，《大正藏》第 39 卷，第 576 页下。

③ 石峻等编《中国佛教思想资料选编》第 3 册，第 422 页。

④《大正藏》第 55 卷，第 1166 页上。

⑤《卍续藏经》第 128 册，290 页。《大方广佛华严经海印道场十重行愿常遍礼忏仪》原题“唐兰山云岩慈恩寺护法国师一行沙门慧觉依经录”，明代钱谦益刊刻时误为唐代密宗僧人一行，实应为元代西夏一行慧觉。参见白滨《元代西夏一行慧觉法师辑汉文〈华严忏仪〉补释》，《西夏学》第 1 辑，2006。

中没有以"漩澓伏"来表现华严法界思想的用法，该词仅见于杜顺以后的翻译的八十卷《华严经》和四十卷《华严经》之中，故一般认为杜顺不可能是《漩澓偈》的作者。因为永超《东域传灯目录》记载慧苑撰写有十卷的《漩澓章》（现已亡佚），所以日本学者多将《漩澓偈》视为慧苑《漩澓章》的偈颂部分，但我国学者姚长寿先生于房山云居寺地下石经塔下二五五一号中，在《一乘法界图合诗一印》之后，发现续刻有五代梁僧、雪峰义存和玄沙师备的弟子"南岳般舟道场比丘惟劲"撰《释花严漩澓偈》一文，[①] 大约写于 10 世纪初。高丽义天《新编诸宗教藏总录》《宋史·艺文志》均载惟劲曾作《释花严漩澓偈》一卷。从房山石经来看，《释花严漩澓偈》是惟劲对杜顺《漩澓偈》的释文，其中收有杜顺撰《漩澓偈》。经姚长寿先生研究，认为《漩澓偈》的作者不是杜顺，应是唐末禅僧所作。[②] 总之，8 世纪后半叶到 9 世纪上半叶出现的《漩澓偈》，大概在宗密的时代以杜顺《漩澓偈》的名目成为《法界观门》的附录。

《俄藏黑水城文献》中有《注华严法界观门》上、下两卷（TK241、TK242），卷尾"注略法界观门""杭乌山沙门智藏注"以及对《漩澓偈》的注释文字[③]为《大正藏》等通行本宗密《注华严法界观门》所无，这些多出的文字是智藏（741—819）用颂形式诠释的《漩澓偈》。北宋本嵩《注略法界观门通玄记》是对宗密《注华严法界观门》的注释书，在卷末也对智藏《注略法界观门》对漩澓偈的颂释进行了再解释。本嵩《注略法界观门通玄记》在中土久已不传，保存在日本古写经和俄藏黑水城文献中。俄罗斯科学院东方文献研究所保存了北宋本嵩《注略法界观门通玄记》的西夏译文卷中和卷下，[④] 聂鸿音研究员对其卷末收录的智藏关于

---

① 《房山石经》第 28 册，华夏出版社，2001，第 627 页下。
② 参见姚长寿《房山石经华严典籍考》，载中国佛学院《法源》总第十六期，1998。
③ 参见《俄藏黑水城文献》第 4 册，上海古籍出版社，1997，第 293~295 页。
④ 涉及《漩澓偈》的部分，参见《俄藏黑水城文献》第 25 册，上海古籍出版社，2016，第 368 页。

《漩澓偈》颂释的西夏译文进行过研究翻译。[①] 智藏在《宋高僧传》中有传，与澄观、宗密同时，是禅僧，并撰写有《华严经妙义》。智藏《注略法界观门》关于《漩澓偈》注释的汉文原文还有保存，除了前述黑水城本《注华严法界观门》下卷所录，日本东大寺图书馆所藏自宋版翻刻的《注法界观门》卷尾附有"《略注法界观门》""好（杭）乌山沙门智藏注"，立正大学图书馆藏《注法界观门》版也与此相同，[②] 另外，近年来，中国和日本也相继拍卖了一些《注法界观门通玄记》明版残页。[③]

现行宗密《注华严法界观门》仅有《漩澓颂》原文，未有注解，故有人将智藏《注略法界观门》关于《漩澓颂》的部分附录于宗密《注华严法界观门》之后，作为补充；北宋本嵩撰写《注略法界观门通玄记》对宗密《注华严法界观门》作注时，也收录和注解了智藏《注略法界观门》对《漩澓颂》的颂解部分。由此可见，《漩澓颂》最早附录于《法界观门》之后，始见于智藏的《注略法界观门》，而后被附录在宗密《注华严法界观门》的末尾；略早前澄观在 807 年完成的《法界观门》的注释《华严法界玄镜》尚未提及《漩澓颂》。故在 9 世纪上半叶，《漩澓颂》在澄观《华严法界玄镜》成书之后、智藏《注略法界观门》成书之前，被附录入《法界观门》的可能性比较大。但值得注意的是智藏《注略法界观门》没有提到"漩澓"，可能最初并未有《漩澓颂》或《漩澓偈》

---

① 参见聂鸿音《华严"三偈"考》，《西夏学》第 8 辑，2011。此外贺兰山出土的西夏文残经中也有本嵩《华严法界观通玄记》西夏文注疏的写本残页。参见高山杉《〈通玄记〉西夏文注疏之发现》，《南方都市报·阅读周刊》，2016 年 5 月 22 日。

② 吉田刚『本崇（嵩）法界观门通玄记について』、『禅学研究』第 80 号、2001、頁 138；王颂：《华严法界观门校释研究》，宗教文化出版社，2016。立正大学藏明版本嵩《法界观门通玄记》卷上和卷中，由王颂教授点校，刊布于《华严法界观门校释研究》，然该版本缺下卷，无《漩澓偈》的相关内容。

③ 参见高山杉《新发现的〈华严法界观通玄记〉明版残页》，《南方都市报·阅读周刊》，2016 年 8 月 7 日；《首次刊布的〈通玄记〉卷下明版残页》，《东方早报·上海书评》，2016 年 12 月 4 日；《发现〈华严法界观通玄记〉：我的奇迹之年还在继续》，《东方早报·上海书评》，2017 年 4 月 6 日；《再续"奇迹之年"：三折明版《通玄记》卷下残页》，《东方早报·上海书评》，2017 年 7 月 15 日。

的名称，仅从"漩澓"判定该偈颂的年代可能也不全面。

澄观最早为署名杜顺的《法界观门》做注解，几乎同时署名杜顺的《法界观门》被传到了日本，空海大约在 830 年撰写完成的《秘藏宝钥》卷三便记录了杜顺撰写《法界观门》，弟子智俨相续，再传弟子法藏又撰写《华严旨归》等著作加以敷衍等说法。类似说法，又被记录在赞宁的《宋高僧传·法藏传》中。而法藏《华严三昧观》完成后不久便传入了朝鲜半岛并得以保存，故到 10 世纪初崔致远还能够在新罗见到《华严三昧观》全本，并用直心十义作为其撰写《法藏和尚传》的体例。

法藏《华严三昧观》撰写完成后，没有产生很大的影响，很快在中土散佚。而利用《华严三昧观》散乱的部分篇章重新编辑并独立成篇的《法界观门》却在诞生后不久即产生巨大反响，这并非仅仅因为杜顺华严初祖神异僧的宗教渲染力，也与当时华严思想发展历史有关。

澄观《华严法界选镜》卷一，对《法界观门》三种（"重"）观法的解释是："《修法界观门》略有三重者，略标网要纲要。修之一字，总贯一题，止观熏修，习学造诣也。言法界者，一经之玄宗，总以缘起法界不思议为宗故。然法界之相要唯有三，然总具四种：一事法界，二理法界，三理事无碍法界，四事事无碍法界。今是后三，其事法界历别难陈，一一事相皆可成观，故略不明，总为三观所依体。"① 澄观认为《法界观门》三种观法分别对应的是"四法界"中的后三种法界；"四法界"中第一种法界"事法界"，因为"一一事相皆可成观"，过于繁杂，故此略去。

宗密《注华严法界观门》继承了上述澄观的看法，并加以发挥："清凉（澄观）新经疏云：统唯一真法界，谓总该万有，即是一心。然心融万有，便成四种法界：一事法界。界是分义，一一差别，有分齐故。二理法界。界是性义，无尽事法，同一性故。三理事无碍法界，具性分义，性分无碍故。四事事无碍法界。一切分齐事法，一一如性融通，重重无尽

---

① 石峻等编《中国佛教思想资料选编》第 3 册，第 324~325 页。

故。"" 除事法界也。事不独立故，法界宗中无孤单法故。若独观之，即事情计之境，非观智之境故。若分析义门，即有其四。今以对能观之智，故唯三重。此三但是一道竖穷，展转玄妙，非初法界外别有第二第三。既不旁横，故云三重，不云三段。" ① 宗密认为 "事不独立"，故没有独立的事法界观，所以只有三重观法。

现今学界已经公认，四法界学说由澄观最先明确提出，由宗密最终完善。故三重观法一开始的创立不可能以四法界学说为依据。法藏《华严三昧观》撰写的体例是十门百义，是以智俨开始的十玄门，以及法藏加以改造的新十玄为指导思想构建框架。十门百义的体系过于繁复，而四法界学说则简单明了，在理论上更具说服力，故安史之乱后出现了以四法界思想重新组织诠释的《法界观门》，该文本对士大夫和中国思想家具有更大的吸引力，故盛传于世。

# 四　结论

7世纪，天台宗法华三昧已经广泛流行，法藏参考法华三昧，依据《华严经》《大乘起信论》等大乘典籍编写了《华严三昧观》《华藏世界观》《妄尽还源观》一组文献。《华严三昧观》一卷十门，每门又有十义，其中包括依据《大乘起信论》建立起来的发菩提心（直心、深心、大悲心），依据《华严经·普贤行愿品》建立的普贤观、行等内容。《华严三昧观》形成后，分别在日韩和中国本土传流演变。

《华严三昧观》编写完成后很快传到了朝鲜半岛，新罗崔致远在10世纪初可能还见过全本的《华严三昧观》。《华严三昧观》在中国本土没有得到广泛传播，8世纪中叶安史之乱前后，该文献应该就已经散乱，以《华严三昧观》原有文字为基础，形成了《华严发菩提心章》《法界观

---

① 石峻等编《中国佛教思想资料选编》第3册，第394~395页。

门》《华严经普贤观行法门》等文献。法藏《华严三昧观》的主体内容被重新编辑为发心、简教、显过、表德四门的《华严发菩提心章》，其中讲观法的部分内容（真空观，理事无碍观，周遍含容观），开始以杜顺《法界观门》的名义在中外流传。同时略晚，约在9世纪上半叶《漩澓颂》成为《法界观门》的附录。9世纪上半叶，澄观、宗密分别给《法界观门》作注释，开始从四法界学说的角度重新诠释了《法界观门》的内容，即除去"事法界"，按照"理法界""理事无碍法界""事事无碍法界"对《法界观门》的三种观法进行了对应解读。由此，中国华严宗人对华严三昧主要内容的理解即主要表现为上述三个方面，而法藏建立起来的华严三昧"十门"框架体系即湮没无闻。

法藏《华严三昧观》中普贤观行的内容，于17世纪在日本被单独刊印为《华严经普贤观行法门》。18世纪初，《华严发菩提心章》在日本被重新校勘并加以刊刻流通。同时，日本、朝鲜半岛还有题名为《华严三昧章》的文献写本存在，该文献的主要内容是《华严发菩提心章》中除去与署名杜顺《法界观门》重合文字之后所剩的部分。《华严三昧章》与《华严发菩提心章》是同一系统的文献。《华严三昧章》只不过是在抄写过程中省略了《华严发菩提心章》中与《法界观门》相重合的部分。晚清杨文会从日韩回传了《华严发菩提心章》《华严三昧章》，并将《华严三昧章》视为《华严三昧观》，从而在《华严三昧观》中完全排斥了《法界观门》的内容。

# 法藏《一乘教义分齐章》对唯识学思想的创造性诠释

姚彬彬

**内容提要**：法藏在其《一乘教义分齐章》中，把华严宗的义理总结为四门：一、三性同异；二、因门六义；三、十玄无碍；四、六相圆融。前两门分别为汲纳唯识学的"三性"说与"种子六义"说而进行的"创造性诠释"。通过分梳法藏对于唯识学三性说的论证，并比较唯识学的原义，可见唯识三性说本为一层次分明的认识论，而法藏通过立足于华严宗"圆融"立场的重新诠释，则泯除了三性差别而为一体。其第二门"因门六义"，所本者为唯识学之"种子六义"，该"六义"也同样被法藏诠释为融合无间的同一整体。由此可见法藏华严学之思维方法，其对待一切事理，皆理解为相反相成的关系，最终而视为同一，或可名之为"圆融的理路"。

**关键词**：华严，唯识，《一乘教义分齐章》，三性同异，因门六义

**作者简介**：姚彬彬，武汉大学文理学部中国传统文化研究中心副教授。

《一乘教义分齐章》是法藏总括华严宗完整义理体系的一部重要著作，全书四卷，略称"五教章"。此书把华严宗的义理总结为四门：一、三性同异；二、因门六义；三、十玄无碍；四、六相圆融。《一乘教义分齐章》论证了华严之"圆教"理论，以《法华经》为包含诸教之同教一乘。相对于此，主张《华严经》为超越诸教之别教一乘，亦即最胜经。

华严宗之成立，一度颇以唐初盛行的玄奘唯识学为假想敌，北宋赞宁在其《宋高僧传》中记载了一则有关法藏青年时参加玄奘译场，因见解不合而退出的事件：

> （法藏）薄游长安，弥露锋颖。寻应名僧义学之选。属奘师译经，始预其间。后因笔受、证义、润文、见识不同，而出译场。①

但这段记载，近世以来学界多以传说视之，不仅因早期文献未闻此说，且赞宁的时代已距法藏身后二三百年。从史实方面考察，疑窦亦多，诸如：（1）玄奘逝世于唐高宗麟德元年（664），当时法藏仅 22 岁。说玄奘组织译场，法藏"始预其间"，未言始予于何年，但至早应在玄奘死前几年，时法藏才十多岁，如何可能？（2）法藏是在玄奘逝世后六年出家受戒的，一个还没有出家受戒的居士，并非名僧，怎能应"名僧义学之选"？（3）法藏之师智俨晚于玄奘四年去世，据史载，法藏跟随智俨九年，专攻《华严》，其间法藏怎能离开智俨，后又返回智俨身边？（4）玄奘译场的层次很高，皆属精通大小乘经论，为时辈所推崇的名僧大德，而且又是经过朝廷批准的，成员名单保存在《大唐大慈恩寺三藏法师传》中，其中并无法藏的名字。（5）译场有一定的组织规制，分工十分明确，笔受、证义、润文各有专职，年轻的法藏岂能兼任数职，且和各项专职人员都发生"见识不同"的分歧？（6）参加玄奘的译

---

① 《大正藏》第 50 册，第 732 页。

事是经过朝廷批准的，岂能任意退出译场？法藏又系年轻的侨民，何以敢如此骄恣狂气？① ——根据上述理由，关于法藏参与玄奘的译事的记载，学界一般不予采信。

法藏退出玄奘译场之传说虽应非史实，然其中亦透露出一重要讯息——至少吾人可以得知，最迟在赞宁的时代，佛学界已广泛认识到法藏华严之学与玄奘所传唯识门户殊异，具有难以弥合的重大分歧。华严宗之论著中，也多引唯识宗人的论述作为批判靶子而成立己说，与之同时，在这一过程中又纳入唯识学的一些名相术语体系，《一乘教义分齐章》中，"三性同异"与"因门六义"二门，便是汲纳唯识学的"三性"说与"种子六义"说而进行的"创造性诠释"。

## 一　华严宗"三性同异"说与唯识宗之"三性"说

唯识之三性说在众多唯识典籍中皆有论述，如《瑜伽师地论》的《摄抉择分》谓："云何名为三种自性？一遍计所执自性，二依他起自性，三圆成实自性。云何遍计所执自性？谓随言说依假名言建立自性。云何依他起自性？谓从众缘所生自性。云何圆成实自性？谓诸法真如。"② 三性即遍计所执性、依他起性与圆成实性。所谓遍计所执性者，遍计为"周遍计度"义。所执是指对象。即于因缘性诸法，不能看到其本然的真相，而执着于妄境的认识阶段。所谓依他起性者，"他"指因缘而言，认识到一切有为法都是依因缘而现起的，非固定的实有，而是如幻假有的法。所谓圆成实性者，圆为圆满，成为成就，实为真实义。指遍满一切处而无缺减，其体不生不灭而无变异，且真实而不虚谬，为一切诸法实体的真如法性。《摄大乘论》以蛇绳为譬喻来说明此三性之含义：如暗中有人怀恐怖

---

① 参见方立天《法藏》，《方立天文集》（第二卷），中国人民大学出版社，2006，第13~14页。

② 《大正藏》第30册，第703页。

之念，见绳而误以为蛇，此蛇现于恐怖之迷情上，系体性皆无之法，此喻遍计所执性。绳是因缘假有的，此喻依他起性。绳之体为色、香、味、触等四尘，此喻圆成实性。由此可见，唯识学的三性说，实为修行者的三种认识层次，至悟入圆成实性而契于真实，而每一层认识都是对前一层的超越和否定，在修行阶段上，亦是循序渐进而次第升进的。

法藏在其《华严一乘教义分齐章·义理分齐》中则对唯识学之三性说做了大异于原意的诠释，他认为：

> 三性各有二义，真中二义者：一、不变义，一、随缘义；依他二义者：一、似有义，一、无性义；所执中二义者：一、情有义，二、理无义。由真中不变，依他无性，所执理无，由此三义故，三性一际同无异也。此则不坏末而常本也。……又约真如随缘，依他似有，所执情有，由此三义，亦无异也。此则不动本而常末也。……是故真该妄末，妄彻真源，性相通融，无障无碍。①

在此，法藏以三性的每一项，都由本末两重含义而构成，圆成实性有不变和随缘二义，依他起性有似有和无性二义，遍计所执有情有和理无二义，合而为"三性六义"。

关于圆成实性，法藏说：

> 且如圆成，虽复随缘成于染净，而恒不失自性清净，只由不失自性清净，故能随缘成染净也，……是故二义唯是一性，……真如道理亦尔，非直不动性净，成于染净，亦乃由成染净，方显性净；非直不坏染净，明于性净，亦乃由性净故，方成染净。是故二义，全体相收，一性无二，岂相违耶？②

---

① 《大正藏》第 45 册，第 499 页。
② 《大正藏》第 45 册，第 499 页。

　　所谓"随缘""不变"二义，出自华严宗人甚为推崇的《大乘起信论》，"不变"表示世界真实本体"真如"的常住性、永恒性，"随缘"则表示"真如"随着因缘条件而会变现大千万象。法藏借此二义来说明圆成实性具有真实本体之性质，而"随缘"与"不变"二义，本身亦相反相成，同一不异。

　　关于依他起性，法藏则说：

　　　　依他中虽复因缘似有显现，然此似有，必无自性，以诸缘生，皆无自性故。若非无性，即不藉缘，不藉缘故，故非似有。似有若成，必从众缘，从众缘故，必无自性。是故由无自性，得成似有；由成似有，是故无性。①

　　所谓"似有"，是指缘起诸法在世俗认识的角度上貌似实有。"无性"则是言缘起诸法在真实义谛的角度上，本质亦为空。也就是说，因缘万法是由无性的空以表示其依他而起的似有，又由依他而起的似有而表示其无性的空，空有之间相待而生，所以似有与无性二者也是相反相成而同一的。

　　关于遍计执性，法藏则谓：

　　　　所执性中虽复当情称执现有，然于道理毕竟是无，以于无处横计有故……今即横计，明知理无；由理无故，得成横计；成横计故，方知理无。是故无二，唯一性也。②

　　"情有"是指因迷情执取世间万象为实有，"理无"是说在世间万象道理上是无。依法藏的思维方式，情有就是理无，理无才成情有，因此，迷与悟，也就是情有与理无同样是相反相成，不一不异。

———————

①　《大正藏》第 45 册，第 499 页。
②　《大正藏》第 45 册，第 499 页。

进一步，利用同样的论证方式，法藏极其繁复地阐述三性六义彼此之间也是相反相成而同一不异的。对此，方立天先生有比较简要的说明：

> 法藏肯定三性的每一性都是相对的，因为其中包含相反相成的二义，也就是包含了既相互对立又相互依存的、缺一则另一也不复存在的两个方面，而不是单一的、纯粹的、绝对的。同时每一性中的两个方面又不是并列的、等量的，而是有本末之别的。六义中的不变、无性、理无称为"本三性"，随缘、似有、情有称为"末三性"。由此本三性和末三性又形成对立统一的关系。不变、无性和理无本三性的三性同一无差别，不坏世界末有而说真如之本，所以是三性一际，同而无异。又随缘、似有和情有末三性，也是不动真如之本而说世界末有，是真如随缘生出的现象，所以也是同一无异的。本三性是表示宇宙万有即真如，末三性是表示真如即宇宙万有，如此，本三性与末三性也是相即一体的。三性、六义都是相对的、统一的。①

最后，法藏通过对三性六义的分析阐述，做出如下结论：

> 真该妄末，无不称真；妄彻真源，体无不寂；真妄交彻，一分双融，无碍全摄。②

通过回顾法藏改造性地论证唯识学的三性说之过程可见，在唯识家的原意上，三性说本为一层次分明的认识论。通过法藏立足于华严宗义的重新诠释，则泯除了三性差别，使之最终圆融而为一体，成为论证华严宗根本义理"法界缘起"之一理论依据和组成要素。

---

① 方立天：《法藏》，《方立天文集》（第二卷），第 80~81 页。
② 《大正藏》第 45 册，第 499 页。

## 二　华严宗之"因门六义"说与唯识宗
## 之"种子六义"说

关于《一乘教义分齐章》所举之华严义理之第二门"因门六义"，因门六义之所据，为唯识学之"种子"说。"种子"说是用以解释阿赖耶识如何变现外境，以及众生业力如何流转而生死相续的问题而成立的，唯识学的经论中，《成唯识论》卷三的一段文字对该问题有集中论述：

> 阿赖耶识，为断为常，非断非常，以恒转故。恒谓此识，无始时来，一类相续，常无间断，是界趣生，施设本故。性坚持种，令不失故。转谓此识，无始时来，念念生灭，前后变异，因灭果生，非常一故；可为转识，熏成种故。恒言遮断，转表非常，犹如暴流，因果法尔。如暴流水，非断非常，相续长时，有所漂溺；此识亦尔，从无始来，生灭相续，非常非断，漂溺有情，令不出离。①

众生以无始以来积累的种种业果，加之以后天的熏习，以无数无量的"种子"形式积累在阿赖耶识之中，阿赖耶识本身便是种子的聚合体，相续不断，构成生命的迁流。

"种子六义"则在唯识学典籍《摄大乘论·所知依分》有集中论述："刹那灭、俱有，恒随转应知，决定、待众缘，唯能引自果。"② 所谓"种子"，即唯识学提出的一切生命的根本识，也就是阿赖耶识的构成分子，阿赖耶识即种种习气种子的一个聚合体，由这些种子的熏习作用，生成现行而变现外境，反过来，种种名言熏习复不断生成种子，如是种子与现行相互辗转，无尽相生，是唯识学所假定的一切大千万象的生成根源。

---

① 《大正藏》第 31 册，第 12 页。
② 《大正藏》第 31 册，第 135 页。

《摄论》认为种子的存在状态有六种特征：一是"刹那灭"，指种子刹那生刹那灭，才生即灭，处于迅速地不断变化中，唯识学以此概念来说明世界的无常义；二是"果俱有"，指种子为因，产生果以后，与果同时并存，且支持着果，这是唯识家在种子的观点下建立因果关系；三是"恒随转"，指种子永远和阿赖耶识共存，相随不离，这是唯识学为了解释现象界存在的连贯性而建立的；四是"性决定"，指种子的善、恶、无记三种性质永远不变，这是为了维持因果关系的一致性，若因果性质不同则不可能相生；五是"待众缘"，指种子产生结果，要依持、具备其他条件，也就是需要等无间缘、所缘缘，及增上缘的和合牵引，始能生起；六是"引自果"，指种子只能引生自类即同类的果，唯识学认为通过此义的阐释，可使现象界的因果内容不乱。

关于唯识种子六义的理论性质，诚如霍韬晦指出的，唯识宗对于世界的构造问题是采取一种功能原子论的进路，把世界分解为片片表相，然后收入种子，种子与表相成为一一对应的关系。[1] 可以说，在思维方法上，唯识学的"种子六义"显然是将世界整体分为各个部分和层次而进行理解，与西方科学的分析方法甚为相契。

华严宗对唯识学的"种子六义"进行了改造性诠释而成其"因门六义"，亦见于《华严一乘教义分齐章》：

> 谓一切因皆有六义。一空有力不待缘。二空有力待缘。三空无力待缘。四有有力不待缘。五有有力待缘。六有无力待缘。……初者是刹那灭义，何以故？由刹那灭故，即显无自性，是空也。由此灭故果法得生，是有力也。然此谢灭非由缘力故，云不待缘也。二者是俱有义，何以故？由俱有故方有，即显是不有，是空义也。俱故能成有，是有力也。俱故非孤，是待缘也。三者是待众缘义，何以故？由无自

---

① 参见霍韬晦《唯识五义》，《华岗佛学学报》1983 年第 6 期。

性故，是空也。因不生缘生故，是无力也。即由此义故，是待缘也。四者决定义，何以故？由自类不改故，是有义。能自不改而生果故，是有力义。然此不改非由缘力故，是不待缘义也。五者引自果义，何以故？由引现自果，是有力义。虽待缘方生，然不生缘果，是有力义。即由此故，是待缘义也。六者是恒随转义，何以故？由随他故不可无，不能违缘，故无力用，即由此故是待缘也。[①]

这里的几对范畴，"有—空"是就体性而言，"有力—无力"指作用的胜劣，"待缘—不待缘"指是否依赖于其他条件，具体如下述。

第一种情况：刹那灭——体空、有力、不待缘。由于是刹那灭，显现为无自性，是体空；由因灭而果得以产生，是有力；因的谢灭非由缘力，是不待缘。

第二种情况：果俱有——体空、有力、待缘，由于是果俱有才有，就表明是不有，不有就是体空；由于和果同时并存而能成就果，是有力；俱有就不是孤立无助，其中必定有其他条件的作用渗入，是待缘。

第三种情况：待众缘——体空、无力、有待。由于是待众缘，是无自性，为体空；决定果生的不是因而是缘，是无力；待缘而生，是有待。

第四种情况：性决定——体有、有力、不待。由于是性决定，自类不改，不是空而是有；能够自类不改而产生果，是有力；自类不改也不是由于缘的作用，是不待缘。

第五种情况：引自果——体有、有力、有待。由于引现自果，果体有，是体有；虽待缘才能生果，但缘对果的产生不起主要作用，是

---

① 《大正藏》第45册，第499页。

有力；根据同样的道理，也是待缘。

第六种情况：恒随转——体有、无力、有待。因是随他转，不可无，是体有；不能违背、排斥缘的作用趋势，是无力；根据同样的道理，也是待缘。[1]

应该说，"因门六义"即使在号称难治的华严义理中也是最为烦琐的一门，不烦赘述。总而言之，"因门六义"旨在说明，大千万象中，彼此的因果关系无穷无尽、纵横交错。其中事事物物互为原因，互为结果。一事物，对于因它而起的事物来说是原因；又对由它产生的事物来说是结果。在不同的因果关系中，原因和结果的界限是确定的、绝对的，同时，原因和结果的地位又是变化的、相对的。同一事物，既可作为原因，又可作为结果。按华严宗一贯的思维方式，无外仍是在说明无限因果之间，都是相互对待而又统一的，因就是果，果也就是因。因此，在华严宗究极的义谛上，也就消泯了传统意义上的"因果"。

对于"因门六义"的整体性融摄，法藏采用了本宗的"六相"说：

此六义以六相融摄取之。谓融六义为一因是总相，开一因为六义是别相；六义齐名因是同相，六义各不相知是异相；由此六义因等得成是成相，六义各住自位义是坏相。[2]

所谓"六相"，即总、别、同、异、成、坏之六种事物存在状态。《华严一乘教义分齐章》中，法藏以椽舍之喻来说明它们的关系，如果以舍为总相，椽为别相，离椽舍则不成，离舍椽则不名为椽，故椽即舍，舍即椽，也就是总相即别相，别相即总相；同、异、成、坏诸相间，亦复如是。按这个思维理路融摄"因门六义"后，唯识学因果关系明晰细密的

---

① 参见方立天《法藏》，《方立天文集》（第二卷），第85~86页。
② 《大正藏》第45册，第499页。

"种子六义",最终被华严宗诠释为融合无间的同一整体了。

# 三 结语

关于唯识学之思维方法,历来遵循印度古传之因明逻辑,因明之宗、因、喻三支比量,与西方自亚里士多德以来为理性主义共同遵循的方法,也就是形式逻辑,有很大的相通性。就上文介绍的"三性说"与"种子六义"便可清楚地看出,唯识学的方法注重分析,条理井然,这种特色,或可名之"分析的理路"。而华严学之思维方法将一切事理皆理解为相反相成的关系,最终而视为同一。

华严的一切义理体系,最终皆摄入其"法界缘起"之总体观念。所谓"法界缘起",是华严宗人基于《华严经》的义旨而建立的。唐代智俨在《华严一乘十玄门》中说:"《华严》一部经宗,通明法界缘起。"① 而后经法藏、澄观等华严祖师的推阐,成为华严宗的核心教义。法藏在《华严一乘教义分齐章》中用两种法门阐明一切诸法就是宇宙万有的真实相:一种是作为诸佛境界的性海果分,因为这是佛境界本身的呈现,所以不是世间的言语心思所能够解说的;另一种是作为普贤境界的缘起因分,是具有大乘根器的学佛者可以表达和掌握的,这里的缘起即指法界缘起。法藏并谓:"夫法界缘起,无碍容持,如帝网该罗,若天珠交涉,圆融自在,无尽难名。"② 可见法界缘起的相貌就是无尽圆融。诸法就是宇宙的森罗万象,具足一切法,叫作法界。法界的一切法相即相入,互为缘起,以一法成一切法,以一切法起一法,相资相待,互摄互容,如"因陀罗网",重重无际,微细相容,主伴无尽,故谓"一即一切,一切即一"。澄观于《大华严经略策》则说:"此经以法界缘起、理实因果不思议为宗也。法界者,是总相也,包事包理,及无障碍,皆可轨持,具于性分。缘

---

① 《大正藏》第45册,第514页。
② 《大正藏》第45册,第620页。

起者，称体之大用也；理实者，别语理也；因果者，别明事也。此经宗明，修六位之圆因，契十身之满果，一一皆同理实，皆是法界大缘起门。"① 由此可见，"法界"也就是宇宙万有的"总相"，"缘起"就是其能生起一切的"称体之大用"，依"一真法界"而有宇宙万有，举宇宙万有都是一真法界，故谓"法界大缘起门"。

就"法界缘起"这种思维方式而言，是华严宗义理建立的基本骨骼。任继愈先生早已指出，这种思维方式虽有别于西方正统的辩证法，但也"有些辩证法思想的因素"，② 显然，这种思维方式更契近于中国传统儒道哲学中的"阴、阳""道、器""体、用"等朴素的辩证逻辑成分，吾人或可名之为"圆融的理路"。唯识学与华严学泾渭分明的理论性格，正如双峰并峙，二水分流，在中国佛教史上各显胜长。

---

① 《大正藏》第36册，第702页。

② 任继愈：《汉唐佛教思想论集》，人民出版社，1973，第124页。

# 法藏法界观的构造

杨小平

**内容摘要：**本文在系统梳理古来以及《华严经》中法界含义的基础上，以法藏的《华严经探玄记》为中心，对法藏法界观的构造进行了考察，主要分析了法藏的五种法界说和十重唯识理论中所阐明的法界观。法藏的法界观中，除了没有事事无碍法界的词语用例，其余的事法界、理法界、理事无碍法界不论是在词语用例上还是在思想内涵上，都已经很接近于华严传统的四法界说。

**关键词：**法界，法藏，五种法界说，《华严经探玄记》

**作者简介：**杨小平，山东大学讲师。

# 一　古来之法界与《华严经》之法界

所谓"法"即为梵文 dharma 的汉译，谓之"能持自性"，即能保持自体的本性而不被改变的能力。《俱舍论记》卷一中有说："释法名有二：一能持自性，谓一切法各守自性，如色等性常不改变；二轨生胜解，如无常等生人无常等解。"①"界"即为梵文"dhātu"的汉译，首先有分齐、分界之义，表示各种分类范畴的称呼，比如欲界、色界、无色界；其次具有因、性、种子、种族之义，比如《成唯识论》卷二中说："界即种子差别名故，又契经说无始时来界，一切法等依，界是因义。"②《摄大乘论》中也引用《大乘阿毗达磨经》说，"无始时来界，一切法等依，由此有诸趣，及涅槃证得"，③ 且此"界"在瑜伽行派中直接被解释为作为一切法存在根据的"种子"——阿赖耶识。意思是说"界"就像种子一样，无始相续连绵不断，依不同的条件生起不同的现象，而有自性各异的万事万物，正所谓"此生故彼生，此灭故彼灭"，这就在某种程度上与缘起理论不谋而合，正好也可以说明"界"与缘起或者说十二缘起思想之间有联系。④

"法界"是佛教的常用名词，而不是华严宗学、华严经学乃至大乘佛教所独有的概念。关于"法界"的用法，最普通的当数"十八界"之中的法界（法境或法处），即指作为意根与意识对象的事物和事象，具有"法之领域"的意思，在《阿含经》和《般若经》等众多经典中多有记载。《俱舍论》卷一中有解释说："受想行蕴，及无表色，三种无为，如

---

① 《俱舍论记》卷一，T41，8c。
② 这里的"契经"即《大乘阿毗达磨经》，与后面的《摄大乘论》引用了同样的内容（《成唯识论》卷二，T31，8a）。
③ 《摄大乘论》本卷上，T31，133b。
④ 关于"缘起与界"之间的关系，平川彰早在『法と縁起』一书中有更详尽的分析，参见平川彰『法と縁起』、春秋社、1988。

是七法，于处门中立为法处，于界门中立为法界"①，这说明法界包含了一切有为法和无为法。那么这就引申出关于法界的另一个较普遍的含义，即"法之世界全体"，指法界同时包摄一切事物的"自相"与"共相"，涵盖了世界万有。另外，《阿含经》还对"十八界"之外的种种界进行了详尽说明。②

而在《俱舍论》卷一中又有如下说法：

> 而法种族义是界义，如一山中有多铜铁金银等族，说名多界。如是一身，或一相续，有十八类诸法种族名十八界。此中种族是生本义，如是眼等，谁之生本，谓自种类同类因故。若尔无为应不名界，心心所法生之本故。有说界声表种类义，谓十八法种类自性各别不同，名十八界。③

这说明"法"与"界"具有同等的意义，即具有种族、生本、因之义。所谓"法界"不是"法之界"而是"法即界"，"法界"既是法也是界。

另外，《杂阿含经》又说：

> 缘起法者，非我所作，亦非余人作，然彼如来出世及未出世，法界常住。④

上述经文说明了缘起与法界之间的紧密联系，或者更进一步说明了法界的另一层意思就是缘起。而在前文已经说明了至少在《摄大乘论》《大

---

① 《俱舍论》卷一，T29，4a。
② 先贤多有研究，本处不赘述。参见平川彰『平川彰著作集Ⅰ：法と縁起』、春秋社、1988、頁 566-570。
③ 《俱舍论》卷一，T29，5a。
④ 《杂阿含经》卷一，T2，85b。

乘阿毗达磨经》《成唯识论》等经论的记载中都显示了"界"与"缘起"之间有着等同的关系，那么我们将"界"与"法界"之间画等号就毋庸置疑。综上所述，在某种程度上我们可以得出这样的结论：在较早期的佛教中，"法界＝界＝法"这样的关系就已经基本成立。

那么，进一步对法界的含义进行剖析的话，可以发现在经论中也常把法界理解为"法之本性""法之根源"，认为法界本身就等同于法身、法性、真如、真谛。《佛地经论》卷三中说：

> 清净法界者，谓离一切烦恼所知客尘障垢，一切有为无为等法无倒实性，一切圣法生长依因，一切如来真实自体，无始时来自性清净，具足种种过十方界极微尘数性相功德，无生无灭犹如虚空，遍一切法一切有情，平等共有，与一切法不一不异，非有非无，离一切相一切分别一切名言，皆不能得，唯是清净圣智所证，二空无我所显真如，为其自性，诸圣分证诸佛圆证，如是名为清净法界。①

这一段对佛在最胜大宫殿中为妙生菩萨所详述大觉地之五种法（清净法界、大圆镜智、平等性智、妙观察智、成所作智）之一的清净法界进行了详尽说明。论中认为清净法界就是脱离了烦恼障和所知障，是离言绝相、平等遍满、随缘不变、无生无灭、自性清净的佛法之本源，是本性空的真如。清净法界就等同于真如。

《大般若经》中更是直接给出了真如的十二异名，如下文：

> 我当安住真如，法界，法性，不虚妄性，不变异性，平等性，离生性，法定，法住，实际，虚空界，不思议界。②

---

① 《佛地经论》卷三，T26，302a。
② 《大般若波罗蜜多经》卷四，T5，9b。

或者更确切地说是用法界等用语解释了真如所具有的特性。不管是后者还是前者，至少这点可以揭示真如与法界之间的紧密联系。

《华严经》中的"法界"首先是作为一个时空性的概念而存在的，既抽象又在某种意义上具有现实性。在《华严经》核心部分的《入法界品》中，作为善知识之一的守护诸城的夜神对前来参访的善财童子说：

> 佛子。我以如是智慧光明净诸众生，无量善法饶益一切。复次佛子。我以十行观察法界，随顺法界摄取法界。何等为十。所谓知法界无量，智慧无量故。知法界无量无边，悉见一切诸如来故。知佛法界无量无边，诣一切刹，恭敬供养一切佛故。知法界无分齐，于一切世界海，行菩萨行故。知法界不可坏，究竟如来不可沮坏圆满智故。知法界一，如来妙音一切众生无不闻故。知法界自然清净，教化一切众生满佛愿故。知法界遍至众生，深入普贤菩萨行故。知法界一切庄严，普贤菩萨行自在庄严故。知法界不可灭，一切智善根充满法界，令诸众生悉清净故。佛子。我以此十行观察法界，增长善根，知佛奇特境界不可思议。①

夜神对善财童子讲述了法界的十种特点，大体来说就是法界无量、无边、无限定、平等如一、不坏不灭、清净遍满。那么，从含义上来看，法界一方面代表一个无限定的真实的世界——"一切世界海"，同时又作为佛、菩萨教化众生和救度众生的活动空间而出现，如"一切刹"，即作为与"佛国土"的同义词而被使用。也就是说，在这里法界不仅仅是一个高度抽象的时空概念，而且是佛菩萨在其间活动的时空。"世界"或"虚空界"有佛菩萨或没有佛菩萨仍然可以称为"世界"或"虚空界"，而如果没有佛菩萨的住世，"法界"则不成为"法界"。所以说在《华严经》

---

① 《六十华严》卷五十三，T9，738b。

里，"佛所住"成为法界的一个核心内涵，法界也逐步演变为一个包含了真理、众生世间与环境世间（真实世界）等多范畴概念的教理用语。

另外，这里的"法界"还与如来的智慧、普贤的修行等联系在一起，它实际上具有了佛菩萨精神境界的内涵，即"法界一"（平等性）、"自然清净"（普度一切众生）、"庄严"（菩萨的修行）、"不可沮坏"（智慧和功德充安）等。可以说正是法界作为佛菩萨精神世界的这种引申义，成为后世佛教思想家对法界概念的内涵进行再扩充的重要基础。

以上粗略介绍了在佛教中，"法界"最原初的含义及其与"法"和"界"三者之间的相互关系。那么正是在这些基本含义的基础上，中国的佛教思想家结合自身的理解创立了各种各样的法界学说，比如地论系统的"法界缘集说"、天台宗的"十法界说"，以及比较自成体系的华严宗的法界理论。被称为华严宗第三祖的法藏（643—712）、在华严宗法界理论的建构中发挥了承前启后的作用，但一直以来传统的观点大都认为法藏的法界观只是对智俨（602—668）法界观的继承，并无独创性。下文将以法藏的《华严经探玄记》为中心，对法藏法界观的构造进行剖析。

## 二　法藏的五种法界说

五种法界说是法藏在其《华严经探玄记》中，对《华严经》的入法界品进行解释时提出的。

第一，法藏对品名的"入法界"进行了解释，如下文：

> 三品名者，入是能入，谓悟解证得故也，法界是所入。法有三义，一是持自性义，二是轨则义，三对意义。界亦有三义，一是因义，依生圣道故。《摄论》云："法界者谓是一切净法因故。"又《中边论》云："圣法因为义故，是故说法界，圣法依此境生，此中因义

是界义。"二是性义,谓是诸法所依性故。此经上文云:"法界法性辩亦然"故也。三是分齐义,谓诸缘起相不杂故。①

在这里,将"入法界"分为能入与所入,"法界"为所入,接着对"法界"的含义进行了解释,指出"法"有"持自性""轨则""对意(意识所知)"三种含义。又解释"界"的含义,引用真谛译《摄大乘论释》和《中边分别论》给出了"因"义,引用《六十华严》之"性起品"给出了"性"义,第三是"分齐"义。而智俨在《搜玄记》中对"法界"也进行了同样的语义解释,② 所以说,法藏并没有改变"法界"概念的传统含义,并且完全沿袭了智俨对法界的界定。

第二,法藏将所入法界分为了五种法界,即有为法界、无为法界、亦有为亦无为法界、非有为非无为法界、无障碍法界,并对各法界又进行了深入解释,如下文:

初中先明所入法界义有五门,一有为法界,二无为法界,三亦有为亦无为法界,四非有为非无为法界,五无障碍法界。

初有为法界有二门,一本识能持诸法种子名为法界,如《论》云:"无始时来界"等,此约因义。二三世诸法差别边际名为法界,《不思议品》云:"一切诸佛知过去一切法界悉无有余,知未来一切法界悉无有余,知现在一切法界悉无有余"等。

二无为法界亦有二门。一性净门,谓在凡位性恒净故,真空一味无差别故。二离垢门,谓由对治方显净故,随行浅深分十种故。③

---

① 《华严经探玄记》卷十八,T35,440b。
② 《搜玄记》卷五上:"何义故名入法界,答其法有三种,谓意所知法,自性及轨则也。此中通三也,界者是一切法通性,亦因,亦分齐也。"(T35,87c)法藏在《大乘法界无差别论疏》中,对"法界"也进行了同样的含义解释(T44,63b)。
③ 《华严经探玄记》卷十八,T35,440c。

法藏基于法界的"界"具有"因""性""分齐"三种含义，从两方面理解有为法界：一、有为法界是包含了诸法种子（能生起万事万物的精神功能和因素）的阿赖耶识的法界；二、是在三世诸法差别、分齐意义上的有为法界，即相互差别的、各个不同的万事万物。无为法界也要从两方面理解：一、性净门，虽在"凡位"但本性清净，如同真空，没有差别，意指众生所具有的佛性；二、离垢门，通过（无分别智）的对治，使被烦恼所蒙蔽的佛性显现清净本性的过程，根据修行的深浅分为十个阶段。

其实这种有为法界、无为法界的表述可以追溯到地论系统的思想。比如法藏曾在《华严经探玄记》中说，"光统云：'严空表无为缘起，严园表有为缘起，严阁显自体缘起'故也"[1]，说明慧光法师曾有"有为缘起"和"无为缘起"的用例。众所周知，有为缘集和无为缘集本身就是地论系统缘集说体系的重要组成部分。法藏的有为法界和无为法界的思想是否来源于地论系统的这一说法尚不能确定，因为二者在内容和含义上还是有区别的，毕竟"有为""无为"就像"法界"那样，本身就是佛教古来的一组传统概念。[2] 我们从这一部分可以看出的是，法藏将其法界说的重点放在了法界的真如、法性义上，并且在论证的过程中体现了其对"众生悉有佛性"、十地思想，以及"真如熏习"的如来藏思想的主张。

第三，法藏对亦有为亦无为法界进行了分析，如下文：

三亦有为亦无为者亦有二门。一随相门，谓受想行蕴及五种色并

---

① 《华严经探玄记》卷十八中，用来表述天空的庄严、园林的庄严、重阁讲堂的庄严，它们分别表示无为缘起、有为缘起和自体缘起，重阁讲堂被视作佛身、佛性的象征（T35，444b）。

② 关于这一点，中西俊英（2010、頁61）倾向于法藏的法界说只是地论系统缘集说体系的进一步发展。同时他还以《毗尼心》中关于通宗大乘五法印中的有为缘集法界和无为缘集法界（T85，672b）的说法来加以佐证。详见中西俊英『唐代仏教における「事」の思惟の変遷』、『インド哲学仏教学研究』17、2010。

八无为，此十六法唯意识所知，十八界中名为法界。二无碍门，谓一心法界具含二门，一心真如门，二心生灭门，虽此二门，皆各总摄一切诸法，然其二位恒不相杂，其犹摄水之波非静摄波之水非动，故回向品云："于无为界出有为界而亦不坏无为之性，于有为界出无为界而亦不坏有为之性。"①

亦有为亦无为法界也有二门。第一门系随相门，对应十八界中作为意识之对象的法界，包括了受想行蕴、唯识学派所立的五种色法（极略色、极迥色、受所引色、遍计所起色、自在所生色）以及八无为法（虚空、择灭、非择灭、不动、想受灭、善法真如、不善法真如、无记真如）的一切法的总称。第二门系无碍门即是"一心法界"，总摄了有为法界的心生灭门和无为法界的心真如门，这完全来源于《大乘起信论》"一心开二门"的思想，并用水波之喻说明二门以"一心法界"为根源，亦水亦波，却各守自性。这里的法界义应该取自"界"的"性"义。

第四，关于非有为非无为法界的分析如下：

四非有为非无为者亦二门。一形夺门，谓缘无不理之缘故非有为，理无不缘之理故非无为，法体平等形夺双泯，《大品经》三十九云："须菩提白佛言，是法平等，为是有为法，为是无为法？佛言非有为法非无为法。何以故？离有为法无为法不可得，离无为法有为法不可得。须菩提是有为性无为性。是二法不合不散。"此之谓也。二无寄门，谓此法界离相离性故非此二，由离相故非有为，离性故非无为。又由是真谛故非有为，由是安立谛故非无为。又非二名言所能至故，是故俱非。《解深密经》第一云："一切法者略有二种，所谓有为无为，是中有为非有为非无为，无为非无为非有为。"乃至广说。②

---

① 《华严经探玄记》卷十八，T35，440c。
② 《华严经探玄记》卷十八，T35，440c。

　　法藏将非有为非无为法界分为形夺门与无寄门两门。用事缘与理（真如）的关系来阐明有为与无为非一非异的关系，一切事缘皆为理（真如）的显现（缘无不理之缘），所以说事缘不是有为法，同时理必定显现为事缘（理无不缘之理），所以说理不是无为法。同时引用《大品般若经》进行了佐证。另外的无寄门法界，离性但属于出世间法（真谛），所以不能说是有为，离相但是又可以用语言和名相来解释所以不能说是无为，且以上二种解说又无法表达其全部，所以称其为非有为非无为法界。

　　根据新罗表员所撰述的《华严经文义要决问答》，元晓在解法界义时，给出了有为法界、无为法界、亦有为亦无为法界和非有为非无为法界这四种法界。① 因此，法藏的五种法界说被认为是在地论宗法界说的基础上，吸收了元晓的四种法界说而创立的。②

　　第五，法藏对于无障碍法界是进行如下论述的：

　　　　五无障碍法界者亦有二门。一普摄门，谓于上四门随一即摄余一切故，是故善财或睹山海，或见堂宇，皆名入法界。二圆融门，谓以理融事故，全事无分齐，谓微尘非小，能容十刹，刹海非大，潜入一尘也。以事融理故，全理非无分，谓一多无碍。或云一法界，云诸法界。性起品云："譬如诸法界分齐不可得，一切非一切，非见不可取"，此明诸则非诸也。舍那品云："于此莲花藏世界海之内，一一微尘中见一切法界"，此明一即非一也。③

　　无障碍法界分为普摄门与圆融门。所谓普摄门，指上文所述的四门法界（随相门、无碍门、形夺门、无寄门）中，任何一门都可以统摄剩余

---

① 《华严经文义要决问答》卷三中载："元晓师云。通论法界。不出四句。一有为法界。二者无为法界。三者有为无为法界。四者非有为非无为法界"（X8，p430a）。
② 中西俊英『唐代仏教における「事」的思惟の変遷』、『インド哲学仏教学研究』17、2010.
③ 《华严经探玄记》卷十八，T35，440c-441a。

的也就是指"一即一切"法界，普摄门揭示了事与事之间的一多相容关系。第二的圆融门，即以理融事，理可以融于一切事之中，但是理也不会有分齐，正所谓看似一粒微尘其实并不小，可以容纳十方世界，看似大海其实并不大，可以潜入一微尘中；而以事融于理，事是不可能没有分齐的。意在说明理事圆融无碍，则事事相即，没有大小分齐，即使事与理圆融无碍，事也不可能无有分齐，正所谓一多无碍、相即相容。

那么，从以上分析来看，无障碍法界所揭示的正是被认为是传统华严宗学最高理论的事事无碍法界。并且在法藏的五种法界说中，无障碍法界得到了相当的重视，在这里，法藏在充分把握隐藏于事物之中真理（法性）的前提下，用一与一切、一与多、事和理、事与事、理和事等多种交叉组合的关系，来阐明"事事无碍"的理论。①

之后，法藏又为能入法界立五门，分别为净信、正解、修行、证得、圆满，如下文：

> 二辨能入亦有五门，一净信，二正解，三修行，四证得，五圆满。……第二法界类别亦有五门。谓所入能入存亡无碍。初所入中亦五重，一法法界，二人法界，三人法俱融法界，四人法俱泯法界，五无障碍法界。初中有十，一事法界，谓十重居宅等。二理法界，谓一味湛然等。三境法界，谓所知分齐等。四行法界，谓悲智广深等。五体法界，谓寂灭无生等。六用法界，谓胜通自在等。七顺法界，谓六度正行等。八违法界，谓五热众鞭等。九教法界，谓所闻言说等。十义法界，谓所诠旨趣等。此十法界同一缘起无碍镕融，一具一切。②

---

① 关于法藏已经明确表达并十分强调了"事事无碍"的思想，但在法藏的任何著作中（已被判定为伪作的《妄尽还源观》除外）却找不到"事事无碍"一语的任何用例这一点，颇被质疑。木村清孝认为，"虽然法藏对事事无碍非常重视，但其主观意愿只是为了解明缘起全体以及支持缘起理论存在的真实和真理，所以不主张把法藏的真理观轻易用事事无碍来概括"。详见木村清孝『中国華厳思想史』、京都：平楽寺書店、1992。

② 《华严经探玄记》卷十八，T35，441a-b。

首先，在为能入法界立五门之后，又为第二法界类，别立五门，分别为所入、能入、存、亡、无碍；其次，又将所入划为法法界、人法界、人法俱融法界、人法俱泯法界、无障碍法界等五重；最后，将所入之法法界划为十种：事法界、理法界、境法界、行法界、体法界、用法界、顺法界、违法界、教法界、义法界。

在这一部分中"事法界"与"理法界"的用语明确出现，并且从对两者"谓十重居宅等""谓一味湛然等"的释义上来看，与传统华严宗学四法界说中意为"差别之现象界的事法界"与"同一理性之理法界"是一致的，这一点值得注意。可以说，在法藏的五种法界说里至少已经明确提出了具有与四法界说中的事理法界意义等同的"事法界"与"理法界"。而法藏在《华严经义海百门》中解释"法界义"时也提出"若性相不存，则为理法界。不碍事相宛然，是事法界。合理事无碍。二而无二，无二即二，是为法界"①的说法，事法界与理法界的解释同样符合传统四法界说的含义，还提出了"理事无碍法界"。由此看来，从用语上来说，除去"事事无碍法界"，事法界、理法界、理事无碍法界都在法藏著作中明确出现。从意义来看，除未对"理事无碍"进行阐明之外，法藏的五种法界说中已经具有了华严传统四法界说的雏形。

## 三　十重唯识所见法藏的法界观

首先，从词语用例上来说，上文在法藏的五种法界说中已经找到了华严宗学传统四法界说的事法界、理法界、理事无碍法界，但是没有事事无碍法界一语的用例。其次，从思想内涵来说，五种法界说中有对事法界和理法界明确而恰当的论述，且在无障碍法界中阐述并强调了事事无碍法界的思想内涵。下文将在十重唯识观中理出法藏对理事无碍法界

①　《华严经义海百门》，T45，627b。

观的论述。

法藏在《华严经探玄记》中所立十重唯识，在"理事即不即"之框架下论述"理事相即"与"事事相即"，虽意在解明"三界虚妄但是一心作"，但在客观上体现了法藏对理事无碍法界观的见解以及对于华严宗人所独创的"事事无碍"这一认识论的重视。为了论述的需要，本文对《华严经探玄记》中的十重唯识进行了如下节选：

> 七理事俱融故说唯识。谓如来藏举体随缘成辨诸事，而其自性本不生灭，即此理事混融无碍，是故一心二谛皆无障碍。《起信论》云："依一心法有二种门，一心真如门，二心生灭门。然此二门皆各总摄一切法。"《胜鬘经》云："自性清净心，不染而染，难可了知，染而不染，亦难可了知。"解云：不染而染，明性净随染举体成俗，即生灭门也。染而不染，门即染常净本来真谛，即真如门也。此明即净之染不碍真而恒俗。即染之净不破俗而恒真。是故不碍一心双存二谛。此中有味深思当见。经云："于谛常自二，于解常自一。"论云："智障极盲闇，谓真俗别执，皆此义也。"①

此唯识观阐明理事无碍。真理（如来藏）随缘而成就万事万物（诸事法），致使事显而理不显，犹如诸佛之法身流转五道成就众生，但是如来藏的清净自性并未产生生灭变化，所谓理事俱融无障碍，并引《大乘起信论》《胜鬘经》等所说。

> 八融事相入故说唯识。谓由理性圆融无碍，以理成事事亦镕融，互不相碍。或一入一切，一切入一，无所障碍。上文云：一中解无量，无量中解一等。舍那品云："于此莲华藏世界海之内一一微尘中

---

① 《华严经探玄记》卷十三，T35，347a-b。

见一切法界。"又此品下云:"于一微尘中现有三恶道天人阿修罗各各受业报。"如是等文广多无量,如上下经说。①

第八的融事相入讲一与一切之关系,在这里"一切"即指"一切法界""理"。随缘之事依理而成,故说一入一切,一切入一,诸如一一微尘中理性(一切法界)全遍,而非分遍,因为真理为一没有分遍,好比水遍于一切波,而水性无分。这里阐述的还是"理事无碍"的范畴。

> 九全事相即故说唯识。谓依理之事事无别事,理既无此彼之异,令事亦一即一切。上经云:"知一世界即是一切世界,知一切世界即是一世界。"又云:"知一即多多即一等。"广如经文说。十帝网无碍故说唯识。谓一中有一切,彼一切中复有一切,既一门中如是重重不可穷尽,余一一门皆各如是。思准可知。如因陀罗网重重影现,皆是心识如来藏法性圆融故,令彼事相如是无碍,广如上下文说。上来十门唯识道理,于中初三门约初教说,次四门约终教顿教说后三门约圆教中别教说。总具十门约同教说。②

第九的全事相即与第十的帝网无碍,都在讲事与事的相,即相入、重重无尽。犹如帝网之宝珠,一一宝珠皆映现于其他一切宝珠之中,又一一宝珠之影中亦皆映现自他一切宝珠之影,如是宝珠无限交错反映,重重影现,互显互隐,重重无尽。显示了事事无碍圆融之法门。

综观以上四法门,法藏在论述"事事无碍"的第九、第十两门时,仅以《华严经》一经之说来进行阐述,在阐明"理事无碍"的第七门时,诸论同引,尤其是引用了《大乘起信论》"一心开二门"的理论。另外,

---

① 《华严经探玄记》卷十三,T35,347b。
② 《华严经探玄记》卷十三,T35,347b-c。

法藏在这里将总共十门的唯识道理配属于始、终、顿、圆、别五教。第
一、二、三项是始教，第四、五、六项，以及上文的第七项，是终教与顿
教，第八、九、十项为圆教中别教所谈，而十项皆具的是圆教中的同教。
《探玄记》中法藏所强调的《华严经》一家之特色的"事事无碍"无疑
也是别教的一大特色。①《华严经探玄记》所立的十重唯识观中明确了法
藏的"理事无碍"和"事事无碍"的二法界观。且不难看出，法藏关于
真如（法界缘起）和教判的理论也是其法界思想的重要部分，法界观是
法藏华严思想体系中的重要组成部分。

# 四　总结与展望

本文在系统梳理古来以及《华严经》中法界概念意义的基础上，以
法藏的《华严经探玄记》为中心，对法藏法界思想的构造进行了考察，
主要分析了法藏的五种法界说和十重唯识理论中所阐明的法界观，可以总
结为以下三点。

第一，在法藏的法界观中，关于法界这一概念的界定，法藏与智俨一
样继承了法界的传统含义，并倾向于重视法界所具有的真如、真理、法性
等义。

第二，在法藏的法界观中，除了没有事事无碍法界的词语用例外，其
余的事法界、理法界、理事无碍法界不管是在词语用例上还是在思想内涵
的解明上都很明确、完整。关于法藏的法界观与后世澄观所立的华严宗学
传统四法界说之间的关系将作为笔者今后的研究课题。

第三，对于目前一般认为法藏的法界观只是处在地论系统思想和智俨
思想的延长线上，法藏法界观没有独创性这一点，尚未找到突破口。另
外，关于《法界观门》的著者问题虽然一直以来都处于争论中，但近年

---

①　石井公成『華厳思想の研究』、東京：春秋社、1996、頁329。

来学界已基本认定该文献为法藏所作，继木村清孝从思想史的角度论证《法界观门》为法藏《发菩提心章》的一部分外，[①] 王颂又通过文献比对的方法给出了《法界观门》为法藏所著的主张[②]。如果采用这种观点的话，《法界观门》将怎样影响法藏在华严思想史上的地位，接下来笔者将以这个为突破口继续深入研究。

**参考文献：**

織田顕祐『華厳教学成立論』、京都：法藏館、2017。

石井公成『華厳思想の研究』、東京：春秋社、1996。

平川彰『平川彰著作集Ⅰ：法と縁起』、東京：春秋社、1988。

木村清孝『中国初期華厳思想の研究』、東京：春秋社、1977。

木村清孝『中国華厳思想史』、京都：平楽寺書店、1992。

中西俊英『唐代仏教における「事」的思惟の変遷』、『インド哲学仏教学研究』17〔2010〕、2010。

王颂：《法界观门校释研究》，北京：宗教文化出版社、2016。

吉津宜英『華厳一乗思想の研究』、東京：大東出版社、1991。

张文良『澄観 華厳思想の研究』、東京：山喜房佛書林、2006。

---

① 木村清孝『中国初期華厳思想の研究』、東京：春秋社、1977.

② 王颂：《法界观门校释研究》，宗教文化出版社，2016。

# 法藏《梵网经菩萨戒本疏》
# 菩萨戒思想的圆融特质

周湘雁翔

**内容摘要：**《梵网经菩萨戒本疏》，映射出法藏作为华严宗实际创建者，对菩萨戒思想和实践的探索与建构。在传承系谱上，法藏对梵网菩萨戒的受取，属于"天授"。在戒律思想上则是综合前人成果创造而成，圆融性是其显著特质，体现在三个方面。（1）融合《瑜伽师地论》与《梵网经》二系，以瑜伽行派"三聚净戒"思想梳理、解读《梵网经》；运用《瑜伽师地论·戒品》对《梵网经》戒相进行再诠释，注重戒律的践行性，凸显现实主义倾向。（2）广引经论，以权实二教调和性相二宗种姓说，论证一切众生悉有佛性，均能堪受菩萨戒。（3）诠释、实践"忠""孝"观念，向传统儒家伦理融合。通过多方面努力，法藏奠定了华严宗菩萨戒学的思想基础，使菩萨戒真正融入菩萨行中。

**关键词：**梵网经，三聚净戒，种姓，伦理

**作者简介：**周湘雁翔，宜春学院讲师。

汉传佛教戒律，从经典传译到体系确立，经历了漫长的发展过程。不同时期、不同地域，僧团对大小乘律典的遵奉体现出不同倾向，呈现为丰富的样态。伴随隋唐佛教的兴盛，在菩萨戒方面，以《梵网经》为依据，以十重四十八轻为戒法，汉传佛教特有的大乘戒律体系得以定型。贤首法藏以探索华严学和菩萨戒为毕生两大目标，[①] 结集菩萨毗尼藏二十卷，并注疏《梵网经菩萨戒本》。这反映出法藏作为华严宗实际创建者，基于《梵网经》对菩萨戒思想的探索和独特建构。

# 一 戒律传承系谱

佛教戒律的传承，如同禅门以心传心，强调自身的承续关系。从现存史料考察，有关法藏的戒律传承，僧传、碑记等均有一定记载，但不甚明了。

正统僧传中，《宋高僧传》关于贤首法藏的生平事迹存有五百余字的概述，主要记载了法藏的基本信息、重要译经讲经活动，以及华严宗的师承关系，对于受戒、戒学渊源等只字未提。往前追溯，与法藏差不多同时期，时任秘书少监的阎朝隐[②]为法藏撰写《大唐大荐福寺故大德康藏法师之碑》，提到法藏在出家前，即已以戒持身，"终年以励坚贞，竭日而修戒行"。[③] 法藏出家后，曾应皇帝旨意而为菩萨戒师，亲自为皇帝、太上皇等人授菩萨戒，并注疏《菩萨戒经》，阐释思想源流。

现存时间较早，且较为详细的传记，当数新罗崔志远的《唐大荐福寺故寺主翻经大德法藏和尚传》。崔氏曾在唐求学、及第、为官，广泛结识官宦、文人等，对唐时期的佛教状况较为熟悉。此传成于大复四年

---

① 石井公成、法藏の『梵網経菩薩戒本疏』について、『印度学仏教学研究』32 卷 2 号.
② 法藏卒于先天元年（712），阎朝隐于先天中，除职秘书少监，被为贬通州别驾。先天年号，始于712年8月，终于713年11月。阎朝隐碑记应当接近史实。
③ 《大唐大荐福寺故大德康藏法师之碑》，《大正藏》第 50 册，第 280 页中。

（904），依据流传于韩国的文献，以法藏《华严三昧观》直心之十义配譬行文，讲述法藏事迹。

"修身因缘"一科记载，总章初年（668），法藏作为居士，曾向一婆罗门请授菩萨戒。

> 总章初，藏犹为居士。就婆罗门长年请授菩萨戒。或谓西僧曰，是行者诵华严兼善讲梵网。叟愕且嗟曰，但持华严功用难测矧解义耶，若有人诵百四十愿已，为得大士具足戒者，无烦别授，号天授师。①

传记所述，法藏尚未出家便已熟识《华严经》《梵网经》，西来僧认为《华严经》功用广大，只需颂得一百四十愿，便已具足大乘菩萨戒，无须再依僧受戒，即所谓"天授师"。

婆罗门长者，亦即西来僧到底是谁，《唐大荐福寺故寺主翻经大德法藏和尚传》没有详说名字，明清之际的钱塘慈云沙门续法在《法界宗五祖略记》说为"释迦弥多罗尊者"。

> 总章元年，二十六岁时，往释迦弥多罗尊者所，请受菩萨戒。众告曰，是居士能诵华严，兼讲梵网。尊者惊叹曰，但持净行一品，已得菩萨大戒，况义解耶。②

从内容看，两份传记所述基本一致，只是后者将西天僧记为释迦弥多罗。据法藏《华严经传记》，释迦弥多罗是狮子国沙门，证得阿那含果，麟德初年（664）来到汉地，受到唐高宗敬重、供养，曾遍访名山，于京师西太原寺赞叹诸僧受持读诵《华严经》。③

① 《唐大荐福寺故寺主翻经大德法藏和尚传》，《大正藏》第 50 册，第 283 页中。
② 《法界宗五祖略记》，《续藏经》第 77 册，第 621 页上。
③ 《华严经传记》，《大正藏》第 51 册，第 169 页下。

据阎朝隐所撰碑记和崔致远所撰传记，咸亨元年（670），荣国夫人去世，武则天舍宅为太原寺，法藏奉敕出家，诏为住持。《大乘起信论疏笔削记》提到，全国共有东南西北中五座太原寺，西太原寺即长安崇福寺。①《开元释教录》也提到"西太原寺即今西崇福寺是也，东太原寺即今大福先寺是也"。②法藏曾在西太原寺述成《十二门论宗致义记》，天竺三藏法师地婆诃罗于京西太原寺翻译经论时，法藏亦曾亲自请教"权实"问题。因此，法藏与释迦弥多罗于西太原寺有相遇的可能。但在此之前，释迦弥多罗游历名山过程中，法藏是否曾拜访，并求受菩萨戒，较早的僧传、碑记完全没有提到。③由此推测，释迦弥多罗之名可能为后人追加。

当然，倘若如崔致远所撰传记所言，法藏求受菩萨戒被拒。但因为《华严经》《梵网经》两经的"亲缘关系"，法藏持诵、义解的功用，加之《梵网经》作为"顿立戒"的大乘圆顿性格，如同自誓受的效力，法藏依然可以如法纳得梵网菩萨戒法，婆罗门长者所行或即是给予一番印证。④

另外，据宋志磐《佛祖统纪》和《释氏稽古略》记载，万岁通天元年（696），法藏应诏于太原寺宣讲《华严》宗旨，武则天下旨命京城十大德为其授满分戒（具足戒），并赐号贤首戒师。⑤《法界宗五祖略记》中受戒时间记为上元元年（674）。⑥依据法藏贞观十七年（643）出生，咸亨元年（670）出家的时间推算，如果万岁通天元年方才受具足戒，此时已经53岁，且出家26年，甚是异常，因而上元元年受戒的可能性更大。"十大德"制度始置于唐高祖武德二年（619），主要目的是纲维法

---

① 《起信论疏笔削记》，《大正藏》第 44 册，第 298 页上。
② 《开元释教录》，《大正藏》第 55 册，第 564 页上。
③ 较早时期的阎朝隐《碑记》和崔致远所撰传记没有明确记录，后期《宋高僧传》《佛祖统纪》《释氏稽古略》同样没有提到，直到明清之际的《法界宗五祖略记》，以及以此为蓝本的诸文献，才有详述。
④ 值得注意的是，从现存史料看，法藏生平仅有一次受大乘戒的经历，削染之后，并未再受。从侧面反映出，法藏仅有受持梵网菩萨戒，而非强调先小后大、渐次受戒的瑜伽菩萨戒。
⑤ 《佛祖统纪》，《大正藏》第 49 册，第 293 页上。
⑥ 《法界宗五祖略记》，《续藏经》第 77 册，第 621 页上。

务、统摄僧尼。但具体为法藏受戒的十位大德，缺乏史料记载。

综上所述，法藏作为居士时，通过持诵、义解《华严》《梵网》二经，获得"天授"菩萨戒，并得到西来僧印证；出家四年后，从京城"十大德"受具足戒。依据法藏生平受戒、修学等考察，其戒律思想没有十分严格的师承渊源，唯是参酌前人成果，[①] 通过自身的理解、思考，创造而成，具有独特性。

## 二  融合《瑜伽师地论》 与《梵网经》 二系

法藏"能诵华严""善讲梵网"，出家后屡为帝王、官宦授戒，并倾力注疏《梵网经》，展现出对菩萨戒的极度关注。对于这种情感的由来，《梵网经菩萨戒本疏》中曾有透露，讲述法藏早年颇为曲折的心路历程。

> 又闻西国诸小乘寺以宾头卢为上座，诸大乘寺以文殊师利为上座，令众同持菩萨戒。羯磨说戒，皆作菩萨法事。律藏常诵不绝。然声闻五律四部，东传此土，流行其来久矣。其于菩萨律藏，迥不东流，曾无谶言于斯已验。致使古来诸德，或有发心受戒，于持犯暗尔无所闻。悲叹良深，不能已已。藏虽有微心，冀兹胜行。每慨其斥阙，志愿西求，既不果遂，情莫能已。后备寻藏经，掘撫遗躅，集菩萨毗尼藏二十卷，遂见有菩萨戒本。自古诸贤未广解释。今敢竭愚诚，聊为述赞。庶同业者，粗识持犯耳。[②]

依上所言，法藏求学时代十分仰慕印度大小乘寺院奉持、读诵菩萨戒

---

① 《法藏疏》，文本内容上引述了道宣、法励等人的观点。参见寺井良宣、天台円頓戒思想の成立と展開、龍谷大学博士論文，1988；Jeffrey Kotyk、法藏の『梵網経菩薩戒本疏』に於ける価値観とその背景、駒澤大學修士論文，2011。

② 《梵网经菩萨戒本疏》，《大正藏》第 40 册，第 605 页中。

的盛况，感慨佛法虽然东流汉地，声闻五律四部业已流传，唯独大乘菩萨律藏流传甚微，致使大乘学人发心持戒而无入道之门。为弥补缺失，生发西行求法的念头，后因诸般因缘，未能遂愿。只得备寻汉地藏经，集成二十卷《菩萨毗尼藏》，终于觅得菩萨戒本，竭心注疏，以为示范。

二十卷《菩萨毗尼藏》，现已不存，通过梳理《梵网经菩萨戒本疏》尚能发觉一些线索，如《戒本疏》对轻戒进行分类时，提到《瑜伽师地论》《地持经》《善戒经》《菩萨内戒经》《善生经》《方等经》《梵网经》等。综观法藏对《梵网经》的注疏，同样大量糅合各种经典，引用经律论多达 80 余种，其中融合《梵网经》和《瑜伽师地论》两系，是其最显著的特征之一。

首先，爬梳"三聚净戒"一例，可以窥见法藏对戒律诠释的融合特性。

思想渊源上，三聚净戒之意涵可能发轫自华严思想体系，但成熟与最终定型，归功于瑜伽行派。《解深密经》出现的"三戒"，名为"转舍不善戒""转生善戒""转生饶益有情戒"，并强调"又诸菩萨，能善了知制立律仪一切学处……受学一切所有学处，是名七种戒清净相"。① 继而，作为瑜伽行派根本论典的《瑜伽师地论·菩萨地·戒品》认为大乘佛教奉持的戒波罗蜜多可以分为在家和出家两类，此两类又可略说为三种，即"摄律仪戒""摄善法戒""饶益有情戒"。"摄律仪戒"指菩萨所受的七众别解脱律仪：比丘戒、比丘尼戒、沙弥戒、沙弥尼戒、正学戒、优婆塞戒和优婆夷戒，包含在家和出家两种。"摄善法戒"指菩萨受律仪戒后，为获得大菩提，集诸善法于身口意。"饶益有情戒"指菩萨以八万四千法门，随机示现，方便度化众生，令入正道正行。华严思想体系中，阐释十善道的三聚净戒，被瑜伽行派发挥，融通大小乘戒法，给予全新的内容。至此，"三聚净戒"思想发展完善，成为大乘戒律的纲领。

---

① 《解深密经》，《大正藏》第 16 册，第 706 页中。

汉地流传最早的大乘菩萨戒经，是昙无谶于玄始（412—428）年间翻译的《菩萨地持经》，此经一度统领南北朝时期的菩萨戒坛。[1] 5世纪汉地成书的《梵网经》在文本上并没有三聚净戒思想。为凸显大乘菩萨戒思想，熟知瑜伽系戒经的法藏，则将"三聚净戒"运用于解读《梵网经》。[2]

其一，以"三聚净戒"指称菩萨戒，示为修道成佛之因。《涅槃经》中佛陀告诫诸人以戒为师。《梵网经菩萨戒本疏》提出："菩萨三聚净戒既为道场直路、种觉圆因。是故一切诸佛出兴于世，利乐众生，皆依古法。"[3] 三世诸佛成就正觉、利乐有情皆依菩萨戒；菩萨欲得成佛道，同应修学菩萨戒法。凡夫众生因具足菩萨戒，信行得成，由此得入十住等位，成就觉悟。于此，有学人就此疑惑，十信、十住等菩萨位是智慧成就，为何这里强调戒行？法藏答道，"戒具三聚，摄善戒中既具大智，理亦无违"，[4] 三聚净戒中摄善法一项，涵盖闻思修三慧、戒定慧三学、六度等一切善行，"具防三业，破见入理"，[5] 防止身口意三业，破除见障，具足大智慧。

其二，以"三聚"思想诠解《梵网经》宗趣。《梵网经》上卷主要讲述卢舍那佛开示众生得成菩萨十地的因缘，以及菩萨修道的四十法门；下卷主要讲述菩萨持守的十重四十八轻戒。法藏着眼于下卷五十八戒，以十门构架全疏，宗趣一科尤以三聚为纲。宗即言教所表，趣即宗旨指归。"宗中亦二，先总后别。总者，以菩萨三聚净戒为宗，以是文中正所诠

---

① 昙无谶所译的《地持经菩萨戒》，以凉州为据点，通过道进、僧遵最西至高昌；通过玄畅、慧览，沿长江流域上游抵达蜀地，中部于荆州，东部止建康，昙景大约在此时也将戒经带至建康。凭借慧光地论师的努力，在中原、齐地和魏地等广泛传播。

② 最早以三聚思想诠释《梵网经》的当数智顗，但据部分学者考证，《菩萨戒义疏》可能于9世纪才出现，且法藏在《梵网经菩萨戒本疏》中完全没有提及、引用、批判。对于智顗疏的真实性，仍需进一步考证。

③ 《梵网经菩萨戒本疏》，《大正藏》第40册，第602页中。

④ 《梵网经菩萨戒本疏》，《大正藏》第40册，第603页上。

⑤ 《梵网经菩萨戒本疏》，《大正藏》第40册，第604页下。

显，所尊所崇唯此行故。" 别中，"缘收者。谓诸菩萨波罗蜜行莫不具足三聚。所谓发三聚心、修三种行、成三回向。菩萨万行莫过于此故以为宗"。① 菩萨万行，无非上求佛道、下化众生，概不出摄律仪、摄善法、摄众生三戒范围，以止恶、行善、化度众生为宗要。所谓趣，即是以三戒增长三学，成就三贤、十圣等位，证得三德、三身和无碍佛果。"谓一律仪，离过显断德法身。二摄善，修万行善以成智德报身。三以摄众生戒，成恩德化身故也。宗趣竟也。"②

其三，以"三聚"明晰十重戒。对十重戒的诠释，法藏以十门料简，其中第十门即"明摄三聚"，阐明十重戒的"三聚"属性。从胜而论，十重戒以防止恶行为重心，属于摄律仪戒所摄。从通而辨，一一戒中皆具三聚，止恶行善化众三位一体，本质是一。"谓于此十中一一不犯，律仪戒摄。修彼对治十罪之行，摄善法摄。谓一慈悲行、二少欲行、三净梵行、四谛语行、五施明慧行、六护法行、七息恶推善行、八财法俱施行、九忍辱行、十赞三宝行，以此二戒，教他众生令如自所作，即为摄众生戒。"③

其次，藏疏通过《瑜伽师地论》中菩萨戒相关部分的引述，对《梵网经》戒相的具体持受内容进行了再诠释。

以杀戒为例，《梵网经》认为"若自杀、教人杀、方便赞叹杀、见作随喜，乃至咒杀。杀因杀缘杀法杀业，乃至一切有命者不得故杀"，④ 菩萨应当常住悲心，方便救护众生，不得自恣心快意杀生。但是，关于戒律的持守是否允许例外存在，亦即所谓"开缘"，《梵网经》没有默许。法藏依《瑜伽师地论》，以"通局"为体例，承认根据实际情况，菩萨戒应当具备一定的灵活性，方便持戒。

---

① 《梵网经菩萨戒本疏》，《大正藏》第 40 册，第 604 页中。
② 《梵网经菩萨戒本疏》，《大正藏》第 40 册，第 604 页中。
③ 《梵网经菩萨戒本疏》，《大正藏》第 40 册，第 609 页下。
④ 《梵网经》，《大正藏》第 24 册，第 1004 页中。

　　第八通局者，于中有二，先通后局。通者。或有杀生而不犯戒，生多功德。如瑜伽戒品云，谓如菩萨见劫盗贼，为贪财故欲杀多生；或复欲害大德、声闻、独觉、菩萨；或复欲造多无间业。见是事已起心思惟，我若断彼恶众生命，当堕地狱，如其不断彼命，无间业成，当受大苦。我宁杀彼堕于那落迦，终不令其人受无间苦。如是菩萨意乐思惟，于彼众生，或以善心，或无记心知此事已。为当来故，深生惭愧，以怜愍心而断彼命。由是因缘，于菩萨戒无所违犯，生多功德故也。[①]

　　《瑜伽师地论·戒品》以为，菩萨遇见恶人欲杀害众生、圣人，或犯下无间罪业时，为救护众生、防止恶业形成，可以断结恶人性命。这种情况下，杀生行为不仅不犯戒，还能生起功德。相应的，法藏对淫戒、妄语戒、轻慢师长戒、法化违宗戒等轻重戒的诠释，同样以瑜伽菩萨戒予以开缘。

　　从实而言，菩萨以化度众生为己任，在度众的过程中完成自度，理论上为救度众生而犯戒的情况必然存在。《梵网经》不允许开缘，或许是因一时顿制，专为大根器之人，不存在两难困境。法藏深谙大乘佛教戒律的根本精神和开遮持犯，从一切众生（非仅为大根器之人）的日常实践出发，以《瑜伽师地论·戒品》诠解《梵网经》菩萨戒，凸显大乘佛教的菩提心和方便智，展现了大乘佛教的圆融特质，具有强烈的现实主义倾向。

## 三　边地、根机与种姓说

　　在 5 世纪中后期成书于中国的佛教经典中，《梵网经》的出现迟于昙无谶译《菩萨地持经》，早期弘传事迹罕见纸端，从流传范围看，其影响力也远不及《菩萨地持经》。

---

① 《梵网经菩萨戒本疏》，《大正藏》第 40 册，第 612 页上。

对于菩萨戒经在汉地为何甚晚才流传开来，法藏通过真谛、昙无谶初传戒法的事例，总结以往的看法，从而导入对受戒者根机、佛性等问题的认知和理解，表达了一切众生悉有佛性的观点。

> 上代诸德相传云。真谛三藏将菩萨律藏拟来此土，于南海上船，船便欲没，省去余物，仍犹不起，唯去律本，船方得进。真谛叹曰，菩萨戒律汉土无缘，深可悲矣。①

据传，真谛想要将菩萨律藏带来中国，却因受阻而失败，只得感叹菩萨戒与汉地佛教无缘。相似的情况，在昙无谶给道进等人授戒时同样出现。

> 又昙无谶三藏于西凉洲，有沙门法进等求谶受菩萨戒，并请翻戒本。谶曰，此国人等性多狡猾又无刚节，岂有堪为菩萨道器，遂不与授。②

就道进等人求受菩萨戒的行为，昙无谶认为汉地诸人生性狡猾，不堪成为菩萨道器，不具备受菩萨戒的根机，于是断然拒绝。直到道进等人在佛像前忏悔，梦中弥勒授戒，才译出《菩萨地持经》。昙无谶因道进等人翻译斯经的史实，《高僧传》中有相似记载，但没有上述不堪为菩萨道器的说法。③

法藏特意讲述真谛、昙无谶等人的故事，反映出早期佛教东传时，部

---

① 《梵网经菩萨戒本疏》，《大正藏》第40册，第605页上。
② 《梵网经菩萨戒本疏》，《大正藏》第40册，第605页上。
③ 《高僧传》中载："初谶在姑藏。有张掖沙门道进。欲从谶受菩萨戒。谶云。且悔过乃竭诚七日七夜。至第八日诣谶求受。谶忽大怒。进更思惟。但是我业障未消耳。乃戮力三年。且禅且忏。进即于定中见释迦文佛与诸大士授己戒法。其夕同止十余人。皆感梦如进所见。进欲诣谶说之。未及至数十步谶惊起唱言。善哉善哉。已感戒矣。吾当更为汝作证。次第于佛像前为说戒相。时沙门道朗振誉关西。当进感戒之夕。朗亦通梦。乃自卑戒腊求为法弟。于是从进受者千有余人。传授此法迄至于今。"《大正藏》第50册，第336页下～第337页上。

分人心存"佛法边地"的意识，对于汉地诸人是否具备接受佛法的根机产生怀疑。如刘宋时期的求那跋陀罗所说："此土，地居东边，修道无法。以无法故，或坠小乘二乘法，或堕九十五种外道法，或堕鬼神禅。"①为破除汉地信众的心理障碍，法藏于戒疏中首要证明一切众生悉有佛性，堪能承受菩萨戒法。这一论证，明显受到《佛性论》了义、不了义思维的启示，冠之以"权教、实教"的策略，对瑜伽行派种姓说进行调和与诠释。

戒疏将种姓说，区分为"权教"和"实教"两种。就权教而言，"五种姓中定姓二乘及无种姓非此所为，以彼于此非其器故。菩萨种姓正是所为。其不定性亦兼摄"。② 在五种姓中，声闻、独觉二乘和无种姓因为根机已定，不堪任大乘菩萨戒；菩萨种姓正是教法所摄，不定种姓遇缘熏习，近菩萨则为大乘道器。关于权教的观点，法藏引述自《瑜伽师地论》。本论认为"住无种姓补特伽罗，无种姓故，虽有发心及行加行为所依止，定不堪任圆满无上正等菩提"。③ 在《本地分·声闻地》中，将种姓的本质解说为种子，种子是"从无始世展转传承法尔所得"，④ 遇到因缘熏习生起现行。声闻独觉无种姓即使发心修行，因为缺乏菩提种子，不能堪受大乘佛法。卷六十七《摄抉择分·声闻地》更以五番问答，确立无种姓的主张。

就实教而言，法藏主张五种姓皆有佛性，都能受菩萨戒。

二约实教。五种种姓俱此所为，以许佛性皆悉有。以于此身定入寂，故名定性二乘，非谓寂后而不趣向于大菩提。如法华楞伽宝性论等说。又为谤大乘人是一阐提因，依无量时，故说无性，非谓究竟无清净性。如宝性及佛性论说。又依佛性论，自断说无佛性为不了教，

---

① 《楞伽师资记》，《大正藏》第 85 册，第 1284 页上。
② 《梵网经菩萨戒本疏》，《大正藏》第 40 册，第 603 页中。
③ 《瑜伽师地论》，《大正藏》第 30 册，第 478 页下。
④ 《瑜伽师地论》，《大正藏》第 30 册，第 395 页下。

余如前说。是故一切众生皆是所为耳。①

依照疏文的解释，声闻、缘觉所谓定性二乘，只是于现世定然入寂，并不意味着寂灭后不能再趋向大乘。一阐提因诽谤大乘佛法，需要历经无量时，才能趋向大乘，所以说成无性，并不是究竟无清净性。

对于一阐提是否有佛性，即能否堪受菩萨戒，法藏是以《佛性论》为圣教典据，反驳瑜伽行派的种姓说。

> 问曰：若尔云何佛说众生不住于性，永无般涅槃耶。答曰：若憎背大乘者，此法是一阐提因。为令众生舍此法故。若随一阐提因，于长时中，轮转不灭，以是义故，经作是说。若依道理，一切众生，皆悉本有清净佛性，若永不得般涅槃者，无有是处。是故佛性决定本有，离有离无故。②

《瑜伽师地论》中以五番问答确立无种姓的存在，《佛性论》记为"不信皆有佛性"的萨婆多等部对"不信有无性众生"的分别说部的批驳，天亲在此基础上，又增加了对萨婆多部的反驳。依《佛性论·缘起分》观点，佛性即是人法二空所显真如。③天亲的论证，基本照此推演，有情众生皆依缘起，故均有佛性。

> 汝立犯重一阐提人无有佛性，永不得涅槃，亦有二失。一者泰过过失。众生本以我见无明为凡夫法。寻此无明，由违人空故起。既起无明，故有业报。若不违人空，则无无明业报。既无无明业报等三轮，若尔应是圣人作于凡夫。若谓众生无佛性者，但圣为凡，无凡得

---

① 《梵网经菩萨戒本疏》，《大正藏》第40册，第603页中。
② 《佛性论》，《大正藏》第31册，第788页下。
③ 《佛性论》，《大正藏》第31册，第787页中。

圣，此成泰过。二者不及过失。若汝谓有众生无佛性者，既无空性，则无无明。若无无明，则无业报。既无业报，众生岂有，故成不及。而汝谓有众生无佛性者，是义不然。何以故，汝既不信有无根众生，那忽信有无性众生，以二失同故。①

如果确立一阐提没有佛性，存在两点过失。其一，凡夫因违背人法二空之无明，生起业报而存在，倘若不违人空，则没有众生而仅有圣人，也就仅有圣人化作凡夫，而没有凡夫成圣，凡圣两隔。其二，假如有众生而无佛性，则没有空性，也就没有无明、业报等，既然业报不存，因而不可能有众生存在。

从上可知，天亲的基本逻辑是将佛性与空性等同，否认佛性也就否认空性、缘起，一旦空性被否定，基于空性之上存在的一切（无明、业报等）就会被否定，亦即也就不会有众生的存在。无种姓论者坚守的观点——有众生而无佛性，支撑依据从内部被瓦解，从而确证"一切众生悉有佛性"。《佛性论》对于有性无性问题，坚守悉有佛性的底线，采取了义、不了义的调和策略。《瑜伽师地论》为令众生舍离一阐提心，故说作一阐提时永无解脱，是不了义说、方便说；众生悉有佛性，必然证得清净法身，是了义说。

对于定性二乘是否有佛性，法藏以声闻、独觉二乘，现世寂灭后再趋向大乘菩提，做出悉有佛性的诠解，并以《法华经》《楞伽经》《宝性论》等为圣教量依据。《法华经》以"开权显实、会三归一"为核心宗旨，《方便品》提到"如来但以一佛乘故，为众生说法，无有余乘，若二若三"。② 众生利钝根机不同，因而只能以方便善巧之权宜度化，故有所谓三乘之别（假），实际是方便之法，唯有一佛乘才是究竟妙法（实）。基于一佛乘思想，佛陀为摩诃迦叶、须菩提等声闻乘授记成佛，认为一切

---

① 《佛性论》，《大正藏》第 31 册，第 788 页上。
② 《法华经》，《大正藏》第 9 册，第 7 页中。

众生皆当作佛。法藏点评道，二乘"根未熟"但并非无根，授记是方便令发菩提心，将来定当得佛。①

又如《楞伽经》说，声闻、缘觉二乘无实涅槃，而是着于三昧乐，误以为入于涅槃。② 亦如《法华经》佛陀以化城导二乘趋向究竟一乘。法藏认为这是"离分段故假说涅槃，而实有彼变易身，故于净土中行菩萨道"，③ 二乘所谓涅槃，只是断除分段生死，尚有变易身，需修菩萨行，以期证入无上菩提。

综上，法藏认为一切众生悉有佛性。一阐提通常被认为善根已断，无有佛性，其实质是佛陀为令一阐提舍离恶业，行方便说、不了义说。声闻、独觉二乘，所谓涅槃只是断除分段生死，尚有变易身，必然回小向大，重修菩萨行。

有趣的是，法藏站在法性宗立场，将瑜伽行派的观点视为权教、不了义，将《法华经》《楞伽经》《佛性论》等观点视为了义、实教。得出如此结论，显然和教判思想体系休戚相关。

依据《华严经探玄记》之"五教十宗"的教判说，以义理为标准，分为小乘教、大乘始教、终教、大乘顿教、圆教。④ 小乘教：一切众生，完全没有大菩提性；大乘始教：以《解深密经》为代表，第二、三时教中，声闻独觉定性二乘不能成佛；大乘终教：定性二乘、一阐提悉皆成佛；大乘顿教，一念不生，即可成佛；大乘圆教：一即一切一切即一，性海圆融，相即相入。在戒疏中，定性二乘和一阐提无佛性的经教依据《瑜伽师地论》，在教判体系中归属于大乘始教，是为小乘始入大乘的根机未熟者所说。宣扬一切众生悉有佛性的《宝性论》《佛性论》《楞伽经》《涅槃经》等，判之以终教，为大乘终极教门。

① 《华严经探玄记》：既但云未熟不言无根。故知定当得佛菩提。又复云方便令发心。即是发菩提心也。
② 《楞伽经》：声闻辟支佛堕三昧乐门法，是故声闻辟支佛生涅槃想。
③ 《华严经探玄记》，《大正藏》第35册，第113页中。
④ 《华严经探玄记》，《大正藏》第35册，第115页下。

法藏五教十宗的教判体系，受到法相宗判教思想的影响，其目的是针对法相唯识学来表达华严学的优越性——最高、最究竟的法门。因而，带着强烈的预设立场和目的，将不允许声闻、独觉、一阐提纳受大乘菩萨戒的做法判定为权教。只是，通过判教，以权实二教方式，将大乘佛教做一番优劣评断，显然不具有说服力。瑜伽行派断然不会同意自宗理论是所谓权教、不了义（窥基的"三时""八宗"即将自宗定为最高）。因而，法藏教判思想支撑的根机论，与其说是给予理论上的论证，毋宁说是个人见解，以及顺从内心的信仰和汉地佛教徒的普遍期望。

值得注意的是，法藏许诺一切众生均可受菩萨戒，可谓孤明先发。智颛在《菩萨戒义疏》提出，梵网戒法仅针对"大士"，不为二乘；元晓的《梵网经菩萨戒本私记》、义寂的《菩萨戒本疏》同样基于彻底的大乘菩萨种姓立场。对比而言，法藏以性宗调和相宗，构建大乘菩萨戒之受戒普遍可能，具有广泛的价值论意义。

# 四　与传统儒家忠孝伦理融合

佛教戒定慧三学，蕴含丰富的伦理思想，尤其是戒学，以伦理道德修持为中心，形成独特的宗教伦理思想体系。[①] 佛教在汉地的发展过程中，其生活方式和伦理思想不断遭受以儒家为代表的传统伦理的批判与冲击，不得不主动调整自身，迎合儒家等本土文明，以期适应汉地的生活方式和伦理道德诉求。

儒家伦理将"孝"和"忠"置于核心，并不断强化二者，以助于封建统治者维护伦理纲常，实现长治久安。佛教伦理的本土化，也就是在冲突过程中实现与儒家伦理的融合，配合其进行社会教化。

在传统观念中，"孝"往往被视为最基本、最重要的品德，"具有某

---

① 方立天：《中国佛教伦理思想论纲》，中国社会科学出版社，1996。

种本体性的意义"。① 儒家对佛教伦理的批判，最为集中的就是佛教出家制度有违传统孝道。佛教为回应此诘难，一方面，强调自身具备比儒家更为深刻和完备的孝道思想；另一方面，译经中有意删改经典，抬高某些经典，创造诸如《佛说父母恩重难报经》等伪经，畅谈孝道。5 世纪本土创造的菩萨戒典，《梵网经》不可避免地触及孝道问题。通过戒疏，法藏进一步诠释佛教孝道思想，将佛教伦理融入儒家伦理范畴。

《梵网经》说："尔时释迦牟尼佛。初坐菩提树下成无上觉，初结菩萨波罗提木叉，孝顺父母师僧三宝，孝顺至道之法，孝名为戒，亦名制止。"② 将"孝"规定为大乘菩萨戒的一部分，提出孝顺父母的伦理主张。但对"孝"的具体意涵，缺乏解释。法藏对"孝顺"二字的训释基本沿袭传统，"孝者，谓于上位起厚至心，念恩崇敬乐慕供养。顺者，舍离己见，顺尊教命"。③ "孝"，是对上位者感恩、敬待、供养；"顺"，是舍弃执见，顺从教导、诫命。然而，法藏在戒经的注解中，孝顺的对象被扩充，涉及父母、师僧和三宝，将世俗伦理对象延及宗教伦理对象，规避可能的指责。

其二，将孝行与宗教修行结合。以轮回果报为基石，将父母分为现世和往生。通过持戒供养现世父母，劝发菩提心，免堕轮回，是为真孝。通过持戒修菩萨行，救护一切有情众生，即是孝顺往生父母，是为大孝。法藏潜在独白，意指儒家孝道局限在有限范围内，佛教孝道可以通过宗教修行广济有情众生。

其三，将孝顺心本体化。"依佛性起二心，谓生佛性之孝顺，佛性之慈悲。以此二心虽缘上下二类众生，而常随顺本性平等故云佛性。"④ 法藏认为持戒、修菩萨行，常应生起两种心——对上的孝顺心与对下的慈悲

① 董群：《略论禅宗对儒家伦理的会通》，《东南大学学报》（哲学社会科学版）2000 年第 3 期。
② 《梵网经》，《大正藏》第 24 册，第 1004 页上。
③ 《梵网经菩萨戒本疏》，《大正藏》第 40 册，第 607 页中。
④ 《梵网经菩萨戒本疏》，《大正藏》第 40 册，第 620 页上。

心。二心源于本性，故可言为佛性。

通过对象的扩充、方式的多元化、本体化，法藏将持戒、供养、孝顺三者建构成一个有序循环，把《梵网经》中隐而未显的孝戒关系彰显开来，从而实现了宗教修持、宗教伦理与世俗孝道伦理的融合。

与"孝"共同支撑传统社会发展，构建稳定社会秩序的另一个重要人伦思想是"忠"。前者以亲缘关系为纽带，维系家族、家庭关系，后者以地缘关系为纽带，维系王权统治。儒家传统观念往往家国不分，强调家天下，因而忠孝之间紧密相连，对父母之孝衍生为对王权之忠。佛教进入汉地，意欲维继印度模式，置身于王权之外，遭到猛烈抨击。慧远掷地有声的"沙门不敬王者论"对整体佛教而言，并没有达成预期效果，中国佛教始终处于王权管制下，辅助儒家共同协助王权进行教化。

法藏，借荣国夫人去世因缘，奉敕出家，诏为住持，其讲经、译经、授戒等活动，受到历代皇帝供奉，与王权关系亲密。维护王权教化、统治成为法藏必不可缺的任务之一，《唐大荐福寺故寺主翻经大德法藏和尚传》记载，神功元年（697），法藏以秘法协助军队荡除寇虐。

> 神功元年契丹拒命，出师讨之，特诏藏依经教遏寇虐。乃奏曰，若令摧伏怨敌，请约左道诸法。诏从之。法师盥浴更衣，建立十一面道场，置光音像行道。始数日羯虏睹王师无数神王之众，或瞩观音之像浮空而至，犬羊之群相次逗挠。月捷以闻。天后优诏劳之曰，蓟城之外兵士闻天鼓之声，良乡县中贼众睹观音之像，醴酒流甘于陈塞，仙驾引蠡于军前，此神兵之扫除。①

如前所论，法藏设立"通局"纲目，以《瑜伽师地论》诠释《梵网经》，认为以遏制更大的罪业为目的，菩萨可以断人性命，不仅不犯戒，

---

① 《唐大荐福寺故寺主翻经大德法藏和尚传》，《大正藏》第50册，第283页下。

而且功德广大。

与"杀生"重戒相关的"畜诸杀具"轻戒,《梵网经》规定,佛教徒即使有杀父之仇,亦不能报;也就更不允许蓄存一切与战斗、杀生相关的刀具、武器。① 《梵网经菩萨戒本疏》诠解认为,"义准为护佛法,及调伏众生,畜应不犯。及从恶人乞得,拟坏亦未坏,无犯"。② 如果持有武器,是为维护佛法,或者调伏众生,则不犯戒。至于何谓"调伏众生",理解为个人行为,抑或国家行为,应该都在范围之内。

6世纪中叶北周武帝以富国强兵为目的,发动毁佛运动,统治者认为佛教在经济、政治、思想、人口等方面都阻碍了国家的发展,是为一大国害。百年后的法藏,或许还能感受到这种蔓延在佛教界的情绪。他从教理上考量,通过融合《梵网经》《瑜伽师地论》两系,为杀戒等开缘,某种程度是在主动迎合统治者既不愿意放弃杀伐等高压手段维护统治,又想在信仰上避免"瑕疵"、堕落地狱等心理意愿。

从实际行为考量,法藏一生也始终与王权纠葛在一起,表达对王权的忠诚。垂拱三年(687),应诏于西明寺立坛斋戒祈雨。神龙元年(705),张易之叛逆,法藏"内弘法力,外赞皇猷",③ 协助铲除凶徒。景龙二年(708),应唐中宗命,集结百法师于荐福寺祈雨。景云二年(711),协助唐睿宗冬季祈雪。对于法藏一生所为,时人评价法藏"进度协忠贞之节,慈光融孝友之规",④ 堪称真实写照。

# 结 语

法藏从"天"而受菩萨戒,对《梵网经》的注疏极具圆融特性。虽

---

① 《梵网经》,《大正藏》第24册,第1005页下。
② 《梵网经菩萨戒本疏》,《大正藏》第40册,第639页中。
③ 《法界宗五祖略记》,《续藏经》第77册,第622页上。
④ 《唐大荐福寺故寺主翻经大德法藏和尚传》,《大正藏》第50册,第283页上。

推《华严经》为最高之圆教，贬瑜伽行派为大乘始教，但却将《瑜伽师地论》大量融入《梵网经》菩萨戒思想中，使得后者脉络凸显，极具现实主义特性。通过权实二教调和性相二宗种姓说，论证一切众生悉有佛性，均能堪受菩萨戒，破除了汉地信众的心理障碍，具有广泛的价值论意义。诠释、实践"忠""孝"观念，以佛法"方便"向传统儒家伦理和王权政治调和，消解社会大众对佛教的歧解，为佛教进入大众社会夯实基础。通过一系列努力，法藏的《梵网经》戒学开创了华严宗戒律学的先河，对中日菩萨戒思想的发展产生了重要影响。

# 《大乘起信论义记》中"觉"义思想

喻春勇

**内容摘要**：法藏是中国华严义学的集大成者，也是华严宗的第三代祖师。从法藏的思想体系来看，有关《大乘起信论》的思想也是其中的重要组成部分。本文以《大乘起信论义记》为中心，从"觉"的释义和分类、"一心二门"与"觉"，以及"三细六粗"之相和"觉"之间的关联出发，以本觉、不觉、始觉为研究内容，厘清并阐述法藏《大乘起信论义记》中"觉"的思想内涵。

**关键词**：《大乘起信论》，法藏，本觉，始觉

**作者简介**：喻春勇，中央民族大学博士研究生。

　　法藏，唐初以前华严经义学阐述的集大成者，被后人推尊为华严宗的第三代祖师。由于其"完整地组织了华严宗的教观新说，对于判教、义理、观行都做了系统而独特的阐扬，为华严宗的创立做出了最重要的理论贡献"，① 法藏又被认作为华严宗的实际创始人，在中国佛教史上有着非常重要的地位。法藏一生勤于著述，著作极为丰富。依据汤用彤先生的考证，法藏所撰现存文献有 23 部，② 知名且已佚者约有 20 部①。可以看出，法藏著述主要集中在华严学方面，也正因如此，现代学者在谈及或研究法藏时，几乎是以他的华严思想为主，很少涉及其他方面。在法藏的著述中，除了以《华严探玄记》《五教章》《金狮子章》为代表的华严类注疏外，还有《大乘起信论义记》。

　　法藏虽然以《华严经》作为其讲学弘法和研究的重点，同时也非常重视《大乘起信论》《宝性论》《楞伽经》等经典。他在阐述华严教义时，经常引用《大乘起信论》和《宝性论》等如来藏系论典，并依《起信论》中"如来藏随缘成阿赖耶识"而提出"如来藏缘起宗"，② 足见法藏对《大乘起信论》的重视程度。依据吉津宜英的考证，《大乘起信论义记》是在《华

① 方立天：《法藏与〈金狮子章〉》，中国人民大学出版社，2012，第 16 页。
② 依据汤用彤先生的考证，法藏所撰现存者有：《华严经探玄记》（20 卷）、《华严经旨归》（1 卷）、《华严经文义纲目》（1 卷）、《华严策林》（1 卷）、《华严一乘教义分齐章》（4 卷）、《华严问答》（2 卷）、《华严经义海百门》（1 卷）、《华严游心法界记》（1卷）、《华严发菩提心章》（1 卷）、《华严关脉义记》（1 卷）、《华严金狮子章》（1 卷）、《修华严奥旨妄尽还源观》（1 卷）、《华严经明法品内立三宝章》（2 卷）、《华严经普贤观行法门》（1 卷）、《密严经疏》（4 卷）、《般若心经略疏》（1 卷）、《入楞伽心玄义》（1 卷）、《梵网经疏》（6 卷）、《大乘起信论义记》（7 卷）、《大乘起信论别记》（5卷）、《法界无差别论疏》（1 卷）、《十二门论宗致义记》（2 卷）、《华严经传记》（5卷）。参见汤用彤《隋唐佛教史稿》，武汉大学出版社，2008，第 159 页。
① 法藏撰且已佚者有：《华严经略疏》（12 卷）、《华严经翻梵语》（1 卷）、《华严梵语及音义》（1 卷）、《华严三昧观》（1 卷）、《华藏世界观》（1 卷）、《华严经玄义章》（1卷）、《华严唯识章》（1 卷）、《华严佛名》（2 卷）、《华严菩萨名》（1 卷）、《华严三宝礼》（1 卷）、《华严赞礼》（1 卷）、《华严三角对辨悬谈》（1 卷）、《华严色空观》（1卷）、《华严七处九会颂》（1 卷）、《华严一乘法界图》（1 卷）、《菩萨戒经疏》、《因明入正理论疏》（3 卷）、《无常经疏》（1 卷）、《法华经疏》。
② 详参法藏《大乘起信论义记》卷 1："宗途有四：一、随相法执宗……二、真空无相宗……三、唯识法相宗……四、如来藏缘起宗。"（参见《大正藏》卷 44，第 243 页中。）

严探玄记》之后，约在 695 年或 696 年参照新罗元晓《大乘起信论疏》的基础上撰写而成。① 另外还撰有《大乘起信论别记》（1 卷）及《大乘起信论略疏》（4 卷）。其中，《大乘起信论义记》原为七卷，《大正藏》第 44 册所收录《大乘起信论义记》为五卷本，是经圭峰宗密删削而成。然而，对于五卷本的评价诚如杨文会在《会刊古本起信论义记缘起》中所讲：

> 藏内贤首《疏》五卷，人皆病其割裂太碎，语意不贯，盖圭峰科会之本也。……《起信论义记》，以十门开释，始知圭峰删削颇多，致失原本规模。②

七卷本《大乘起信论义记》在《大日本续藏经》第一辑第七十一套第五册中有收入。现存《大乘起信论略疏》为两卷本，为明代憨山德清对法藏的四卷本所做的纂要。《大乘起信论别记》在《大正藏》及《大日本续藏经》中均有收入。

因《大乘起信论》的结构与行文简洁而精要，义理极其广泛而深奥，几乎涵盖了中观、唯识、如来藏等在南北朝时期已经形成的大乘佛教的主要佛学思潮，在隋唐时期备受诸家关注。关于《大乘起信论》的注疏主要有：隋代真谛的《大乘起信论疏》，昙延的《大乘起信论义疏》，净影慧远的《大乘起信论义疏》，智俨的《大乘起信论疏》，唐代新罗元晓的《大乘起信论疏》《大乘起信论疏记会本》，新罗见登的《大乘起信论同异同略集》，宗密的《大乘起信论疏注》等。其中，法藏的《大乘起信论义记》与隋净影慧远的《大乘起信论义疏》，以及新罗元晓的《大乘起信论疏》被称为"《大乘起信论》三疏"。可以看出，《大乘起信论义记》不仅对法藏的佛学思想产生了很大的影响，在所有《大乘起信论》的注疏

---

① 吉津宜英『法蔵「大乗起信論義記」の研究：それ以前の諸注釈書との比較を通して』、『駒澤大学佛教学部論集』、1980、頁 148.

② 《大乘起信论义记》，《卍续藏》第 71 册，第 771 页。

之中，也占据很重要的地位。本文即以《大乘起信论义记》为中心，同时结合《大乘起信论别记》等法藏的其他著述，来分析法藏对"觉"的思想内涵，以敬陈管见。

# 一　觉的释义与分类

1.《大乘起信论》中的"觉"

《大乘起信论》通过设立"一心二门"，阐述本具清净自性的"众生心"随真如与无明两种不同因缘而起，从而有流转生死和回归清净自体两种过程，建立起对大乘佛法的信心，最终获得究竟清净的如来智慧，即达到觉悟。因而，"觉"的思想是《大乘起信论》的重要思想。《大乘起信论》在讲述真如依如来藏而有生灭心，从而提出了"觉"和"不觉"，如文中所讲：

> 心生灭者，依如来藏故有生灭心，所谓不生不灭与生灭和合，非一非异，名为阿梨耶识。此识有二种义，能摄一切法，生一切法。云何为二？一者，觉义；二者，不觉义。[1]

进而阐述"觉"是"心体离念"，是"等虚空界无所不遍，法界一相即是如来平等法身"。[2] 由于如来平等法身本自具足，所以以依法身说，"觉"又可以称为"本觉"。"不觉"即是"不如实知真如法一"，[3] "不觉"与"觉"相对应。从"不觉"到"觉"是一个觉悟的过程，觉心初起始有觉者，所以又立"始觉"。"始觉"是破除无明而认识到真如，回归到本自清净的自体，"本觉"和"始觉"在觉性层面并没有差别，只是本有和

---

① 《大乘起信论》卷一，《大正藏》卷32，第576页中。
② 《大乘起信论》卷一，《大正藏》卷32，第576页中。
③ 《大乘起信论》卷一，《大正藏》卷32，第577页上。

始有的差异而已，所以"本觉"是相对"始觉"而说。"本觉""不觉"与"始觉"的关系，如《大乘起信论》中所讲：

> 本觉义者，对始觉义说，以始觉者即同本觉。始觉义者，依本觉故而有不觉，依不觉故说有始觉。①

此外，在《大乘起信论》还根据觉的程度不同又分为"究竟觉""非究竟觉""相似觉""随分觉"。其中，"究竟觉"和"非究竟觉"是根据觉知的内容是否能觉至心源，如《起信论》中所说："以觉心源故，名究竟觉；不觉心源故，非究竟觉。"② 并进一步解释，"觉心初起，心无初相，以远离微细念故，得见心性，心性即常住，名究竟觉"。③ 关于"非究竟觉"则无更详细的解说。"相似觉"和"随分觉"是依据所离系相的不同而做出的不同划分。其中，"相似觉"是"觉于念异，念无异相，以舍粗分别执着相"；"随分觉"是"觉于念住，念无住相，以离分别粗念相"。

2. 法藏对"觉"的释义

法藏对于觉的理解主要是依据《大乘起信论》，其关于觉的分类，有"觉"与"不觉"两类。在《大乘起信论别记》中，法藏对"觉"所具备的内涵进行了阐释，如文中所讲：

> 凡言觉有二义：一、觉察义，谓染所不能染故，即是断障义；二、觉照义，谓自体显照一切诸法，即鉴达义。④

法藏认为，"觉"一方面是要能觉察到烦恼的染污性而不被烦恼所染，要

---

① 《大乘起信论》卷一，《大正藏》卷32，第576页中。
② 《大乘起信论》卷一，《大正藏》卷32，第576页中。
③ 《大乘起信论》卷一，《大正藏》卷32，第576页中。
④ 法藏：《大乘起信论别记》卷一，《大正藏》卷44，第288页下。

能断除二障；另一方面要觉照到诸法本自清净的自体，回归自性。"觉"具有"除二障，显二果"的作用。"不觉"与"觉"相对应，依据《大乘起信论义记》而言："真乐本有，失而不知；妄苦本空，得而不觉，于彼得失，都无觉知故。"① 可以看出，"不觉"即是"诸惑烧心"，被烦恼妄相所染而失四德，不能认识到一切现象都是虚妄不实和空无自性的本质属性。

（1）本觉

在《大乘起信论》中，"觉"又可以分为"本觉"和"始觉"。从《大乘起信论义记》和《大乘起信论别记》来看，法藏对此有更为详细的分析。关于"本觉"，法藏认为"本觉"是真如，是诸法的自体，"其义本自有之，故云本觉"。② 如《大乘起信论义记》中讲：

> 本觉约性功德说，谓大智慧光明义等，名本觉。故本者是性义，觉者是智慧义。③

在此，法藏从觉所具有的体性和功德两个方面进行分析，认为"本"表明了是从体性上的特征，是本自具足的；"觉"则是智慧的意思，能够觉察到光明，所以"本觉"从其体性中来说是具有能觉察到大智慧、大光明的功德。说明"觉性"即是众生本来所具足的能够觉察到与佛一样的大智慧、大光明的觉悟能力。因此，法藏认为"本觉"是"佛性"，是众生本来所具有的觉性和成佛的依据。如《大乘起信论义记》中讲："佛者是觉，性者是本，故名佛性为本觉也。"④ 从上可以看出，"本觉"中既含有"体"的含义，又有"用"的功能。从体的角度分析，法藏又认为

---

① 法藏：《大乘起信论义记》卷一，《大正藏》卷44，第248页中。
② 法藏：《大乘起信论别记》卷一，《大正藏》卷44，第288页下。
③ 法藏：《大乘起信论义记》卷一，《大正藏》卷44，第256页上。
④ 法藏：《大乘起信论义记》卷三，《大正藏》卷44，第279页中。

"本觉"即是"法身",如《起信论义记》中说:

> 欲明觉义,出缠相显,故云即是如来平等法身,既是法身之觉。
> 理非新成,故云:依此法身,说名本觉。①

法身即是佛之真身,是以所证之真如与能照之真觉为内容,是清净法界之真如、佛之自性,具有真常之功德,为一切有为、无为功德法之所依。"觉"即是要觉照到法界一相的如来平等之法身,所以法藏认为"法身"就是"本觉"。

(2)本觉与不觉

"本觉"作为"觉"的本体属性,其在《大乘起信论》中的"相大"的体现之一就是"不觉"。如法藏所分析:"此心体相无碍,染净同依,随流返流,唯转此心,是故若随染成于不觉。"② 可以看出,"不觉"是"觉"的心体在随无明烦恼染心的作用下所起而呈现的一种相状。

"不觉"又可以分为"根本不觉"和"枝末不觉",如法藏所分析:

> 由无明中覆真义,真如中隐体义,从此二义得有根本不觉。又由
> 无明中成妄义,及真如中现妄义,从此二义得有枝末不觉。③

"根本不觉"是由于无明染法对真如的所覆,使得清净的真如自体不能显现,从而处于不觉的状况。"枝末不觉"则是由于无明染法对真如的熏习而产生妄念和妄相,从而得有不觉。

"不觉"是依"本觉"而起,从能所关系上来讲,"不觉"是"本觉"能依,"本觉"是"不觉"的所依,离开"本觉"则无"不觉"。如

---

① 法藏:《大乘起信论义记》卷二,《大正藏》卷44,第256页中。
② 法藏:《大乘起信论义记》卷一,《大正藏》卷44,第250页中。
③ 法藏:《大乘起信论义记》卷二,《大正藏》卷44,第256页上。

《大乘起信论义记》中说：

> 今乃觉知离本觉无不觉，即动心本来寂。犹如迷方谓东为西，悟
> 时即西是东，更无西相，故云：心无初相也。①

"不觉"就像是在迷失方向时不辨东西，以东为西的颠倒状态，而当其觉
察了知佛法真理之时，也就是觉察到本自清净的真如自体，即回归到
"本觉"，也就没有东与西的差别，"不觉"和"本觉"即归为一体。在
《大乘起信论别记》中，法藏认为"本觉"和"不觉"分别含有三个方
面的意义，如文中所载：

> 本觉有三义：一、无不觉义；二、有本觉义；三、无本觉义。不
> 觉亦三义：一、无本觉义；二、有不觉义；三、灭不觉义。……由无
> 不觉故，得有本觉。由有本觉故，得成不觉。成不觉故，名无本觉
> 也。由无本觉故，得有不觉。由有不觉故，得有性灭，故名灭不觉
> 也。又由不觉中有无本觉义故，得有本觉义。又由本觉中有无不觉义
> 故，得有灭不觉义。又由本觉中有本觉义故，不觉中得有无本觉
> 义也。②

从上可以看出，"本觉"有无不觉、有本觉、无本觉三种含义；"不觉"
的内涵则有无本觉、有不觉、灭不觉三种。其中，"本觉"即是"觉"的
真如体性，特性即是"无不觉"。因为"无不觉"，所以可以说"本觉"
中有"有本觉"（即图1-①所示）。由于"有本觉"的成立需以"不
觉"为基础，故而有"不觉"（即图1-②所示）。"不觉"即是由无明
烦恼所障而使"本觉"无法彰显，可以名为"无本觉"（即图1-③所

---

① 法藏：《大乘起信论义记》卷二，《大正藏》卷44，第258页下。
② 法藏：《大乘起信论别记》卷一，《大正藏》卷44，第288页中。

示），所以"无本觉"中有"有不觉"（即图1-④所示）。由于"有不觉"在真如的熏习下转染成净，具有可灭性，所以"有不觉"可以成为"灭不觉"（即图1-⑤所示）。此外，依据法藏的分析，在"本觉"的三义和"不觉"的三义中还存有三种对应关系，即"不觉"中的"无本觉"与"本觉"是一种对应的关系，"本觉"中的"无不觉"和"不觉"中的"灭不觉"是一种对应关系，以及"本觉"和"不觉"中的"无不觉"是对应关系。

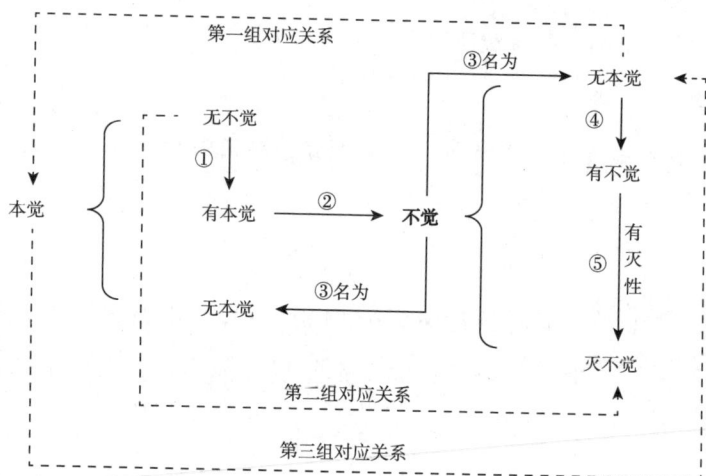

**图1　本觉与不觉的对应关系**

"本觉"与"不觉"的关系，有如《大乘起信论义记》中所讲：

依本觉，有不觉者，明起始觉之所由，谓即此心体随无明缘动作妄念，而以本觉内熏习力故，渐有微觉厌求，乃至究竟，还同本觉。故云：依本觉有不觉，依不觉有始觉也。①

---

① 法藏：《大乘起信论义记》卷二，《大正藏》卷44，第256页下。

从上得知，"不觉"是依"本觉"而起，"不觉"的无明在"本觉"的真如熏习下逐渐有所觉悟而离染还净，最终可以回归到"本觉"。这就是"以本觉熏不觉故，生诸净法，返流出缠，成于始觉"。[①] "始觉"就是从"不觉"到"本觉"过程中转换的关键点，所以法藏讲："依不觉，有始觉也。"

（3）本觉与始觉

"始觉"虽然依"不觉"而有，但"始觉"是依"本觉"所成，其所觉的对象与"本觉"是同为一体。所以，从觉性上来讲，"始觉"与"本觉"并无差别，如法藏所讲：

> 然此始觉是本觉所成，还契心源，融同一体，方名始觉，故云：以始觉即同本也。[②]

此外，法藏在《大乘起信论义记》中还讲到，"以始觉同本，唯是真如"，[③] 明确了"始觉"和"本觉"都是以真如为体，强调了二者的一致性。

如上文所述，"本觉"和"不觉"具有《大乘起信论》中所讲的"体"和"相"的关系，而"本觉"和"始觉"则具有"体"和"用"的关系，即"本觉"是"始觉"之体，"始觉"是"本觉"之用。如《大乘起信论义记》中所分析：

> 本觉名如，始觉名来，始本不二，名曰如来。故《转法轮论》云：真谛名如，正觉名来，正觉真谛故，名为如来。[④]

---

① 法藏：《大乘起信论义记》卷二，《大正藏》卷 44，第 256 页中。
② 法藏：《大乘起信论义记》卷二，《大正藏》卷 44，第 256 页下。
③ 法藏：《大乘起信论义记》卷一，《大正藏》卷 44，第 250 页中。
④ 法藏：《大乘起信论义记》卷一，《大正藏》卷 44，第 249 页上。

在此，法藏以"如"为如来所本具的本体，是真谛，"来"是如来的正觉之用，以真谛为"本觉"，以正觉为"始觉"，并将"本觉"和"始觉"合二为一解释为如来，以说明二者的不一不异和体用关系，即"始觉之智是能乘，本觉之理为所乘"。[①]

此外，法藏依《大乘起信论》根据觉知的程度不同将"始觉"分为"相似觉""随分觉""究竟觉"，其中的具体内容在"四相"与"觉"的部分再进行讨论。所以，法藏关于"觉"的分类，可总结如图2所示。

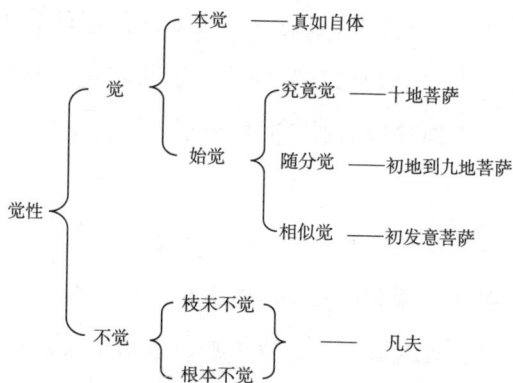

**图 2  觉的分类**

## 二  "一心二门" 与觉

"一心二门"是《大乘起信论》中的核心思想之一，依据《大乘起信论义记》可知，法藏主张其中的"一心"即是指"一如来藏心"，并且认为一如来藏心具有两个方面的含义，即：（1）一如来藏心是非染非净、非生非灭、平等一味、性无差别的真如自体，属于二门中的真如门；（2）一如来藏心能随熏转动而有染净，从而就有了生灭，即二门中的生灭门。一

---

① 法藏：《大乘起信论义记》卷一，《大正藏》卷44，第251页中。

如来藏心虽然有染净，但其性则是不动。所以，法藏认为真如门中即是众生具有如来藏性的自性清净心的体，在生灭门中，同时具有体、相、用的三大。如《大乘起信论义记》中所讲："真如门中，唯示大乘体，不显于相用；生灭门中，具显三耶。"① 所以，真如门中为本觉所摄，而生灭门中则应具体分析。

由于《大乘起信论》中讲："不生不灭与生灭和合，非一非异，名为阿梨耶识。"② 不生不灭即指真如，生灭则是由无明烦恼所生。在真如和无明的作用下，众生才有觉和不觉之分。所以，在《大乘起信论义记》和《大乘起信论别记》中，法藏通过对真如和无明的分析，从真如和无明的"违自顺他"和"违他顺自"两个方面来辨析其与本觉和不觉之间的对应关系，如《大乘起信论别记》中所讲：

> 真如有二义：一、不变义；二、随缘义。无明亦二义：一、即空义；二、成事义。各由初义故，即真如门也；各由后义故，即生灭门也。生灭门中，随缘真如，成事无明，各有二义：一、违自顺他义；二、违他顺自义。无明中初义内亦有二义：一、能知名义顺真觉；二、返自体妄示真德。无明后二义内亦有二义：一、覆真理；二、成妄心。真如中初义内亦二义：一、隐自真体；二、显现妄法。后义内亦二义：一、翻对妄染，显自真德；二、内熏无明，令起净用。由无明中初二义及真如中后二义故，得有生灭门中始本二觉义也。由无明中后二义及真如中初二义故，得有本末二不觉也。若约诸识分相门，本觉及不本觉在本识中，始觉及末不觉在生起识中。③

从上述分析可以看出，真如同时具有真如门和生灭门两种功用。真如在真

---

① 法藏：《大乘起信论义记》卷二，《大正藏》卷44，第251页下。
② 《大乘起信论》卷一，《大正藏》卷32，第576页中。
③ 法藏：《大乘起信论别记》卷一，《大正藏》卷44，第292页上。

如门中作为诸法之体，是清净无染的无为法，因此具有不变之义。如前文所讲，本觉具有诸法自体之意，又可称为法身、佛性和真如。因此，作为具有不变义的真如也就是本觉。真如在生灭门中有两种功用，即违自顺他和违他顺自。真如的违自顺他即是指真如在无明染法的熏习下，随顺染法使得清净的真如自体被覆盖不得彰显而起种种妄法。所以法藏认为真如在违自顺他时能"隐自真体"和"显现妄法"。从觉的角度来分析，真如在生灭门中其自体被无明所覆盖不显时，则无法认识到诸法之实相，所以是属于根本不觉的状态。真如在生灭门中与无明相结合而生妄法时，由于妄法空无自性，所以属于枝末不觉。当真如在违他顺自时，即是真如对于无明染法的熏习，让众生认识到本具的清净真如，从而厌离无明染法，让真如得以彰显，回归到本具的自性。从觉的角度来分析，无明在真如的熏习下转染成净的过程即是始觉；当无明染法全部被去除时，又恢复到清净的真如自体，所以真如在生灭门中对妄染法而显自德即是回归本觉的过程。

同样，无明中也同时具备真如门和生灭门。由于无明是对真如的不了知而生成的虚妄之法，本质上是真如的一种相状，因此没有自体可言，是空性的。能够认识到无明的空性，了知其没有自体，即是本觉的状态。在生灭门中，无明中也有违自顺他和违他顺自的两种功用。真如在生灭门中的违他顺自的功用，在无明的生灭门中对应于无明在违自顺他。无明在真如的熏习下能转染成净，其中的无明能起净用即是始觉。染法去除，净法生起，即能回归本觉，显示真如性功德的本觉。真如在生灭门中的违自顺他的功用，与无明在生灭门中的违他顺自是一致的。在这一过程中，无明熏习真如，让本自清净的真如自体被虚妄之染法所覆盖，从而让众生得有根本不觉。同时，真如在无明的熏习下，产生妄心，生起妄相，所以有枝末不觉。

综上可知，在真如门中，对于真如清净不变的自体义及无明的空无自性的觉知即是本觉。在生灭门中，真如的违自顺他而隐自真体义及无明的违他顺自而覆盖真理属于根本不觉；真如在违自顺他而显妄法及无明在违他顺自成妄心时属于枝末不觉；真如的违他顺自能对妄染法而显自德及无明的违自顺他能反对诠而示性功德属于本觉；真如的违他顺自熏习无明而转染成净及无明在违自顺他时能知名义而成净用属于始觉。

此外，由于真如和无明均为阿赖耶识所含摄的内容，且阿赖耶识具有两种含义，即"不守自性随缘义，及不变自性绝相义"①。其中，不守自性，随缘而起即为生起识，本识是根本清净识心，是一切诸相之体，所以是不变自性，是绝相的。真如和无明从二门中来分析，其中，真如门是"约体绝相说"，是从本体上对真如和无明的认识，因此属于本识所摄。从生灭门中来看，真如的"隐自真体"和"对妄染显自德"以及无明的"能反对诠示性功德"和"翻覆真理"分别是真如和无明所具的性功德，属于本识所摄。而真如的"显现妄法"和"内熏无明起净"，以及无明的"能知名义成净用"和"成妄心"则分别是本识随缘而产生的不守自性之用，属于生起识的范围。因此可以看出，本觉和根本不觉属于本识所摄，始觉和枝末不觉属于生起识所摄。

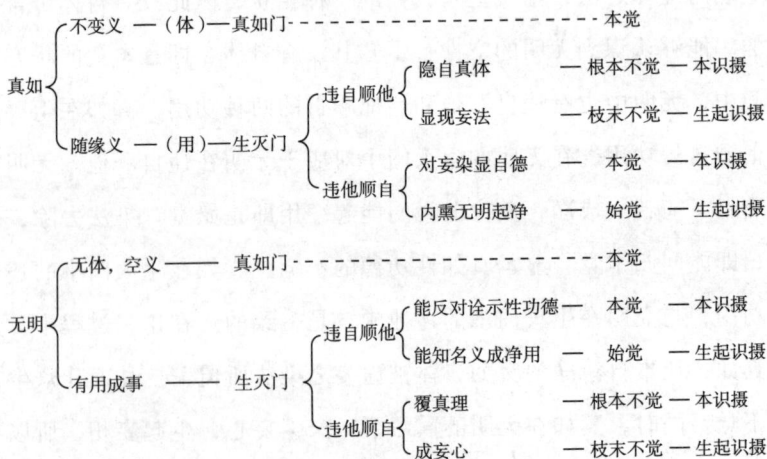

图 3　真如、无明与觉

---

① 法藏：《大乘起信论义记》卷二，《大正藏》卷44，第256页上。

# 三 "三细六粗"与"觉"

在《大乘起信论》中，依据"觉"的程度不同将对于外境的认识分为9个不同层次，其中无明不觉能生三种粗相，以心识境缘而生六中细相，即所谓的"三细六粗"。如《大乘起信论》所说：

> 依不觉故生三种相，与彼不觉相应不离。云何为三？一者，无明业相……二者，能见相……三者，境界相。……以有境界缘故，复生六种相。云何为六？一者，智相……二者，相续相……三者，执取相……四者，计名字相……五者，起业相……六者，业系苦相。①

从上可知，"三细相"即是由于根本无明而产生的三种微细相，即无明业相、能见相、境界相，因此三种相微细难知，所以被称为三细。"六粗相"即是现相之境界为缘，所生起之六种迷相，即智相、相续相、执取相、计名字相、起业相、业系苦相，此六相较三细相更为可知，较粗显，所以又称为"六粗"。

三细六粗之九相，依不能了知真如真面目之根本无明而起，总摄一切染法，因此，对于三细六粗之相的认识程度的不同，也就决定了"觉"的程度的不同。法藏在《大乘起信论义记》中以四相、四位来阐述"三细六粗"与"觉"之间的对应关系。所谓"四相"，即是佛教用来解释一切现象由生到灭的四个不同阶段，即生相、住相、异相和灭相。依据法藏的理解，四相和三细六粗的对应关系，如《大乘起信论义记》中所分析：

> 生相有一，住相有四，异相有二，灭相还一。生相一者，名为业

① 《大乘起信论》卷一，《大正藏》卷32，第577页上。

相。……住相四者：一名转相……二名现相……三名智相……四名相续相。……言异相二者：一、执取相，二、计名字相。……言灭相一者，名起业相。……不论第六相也。①

法藏认为，业相即是无明不觉之心的一种起动，虽然未见于相分，但有起灭，所以是生相；转相、现相、智相、相续相则是无明与前面生相相结合而有的行相，所以属于住相；执取相和计名字相是由于无明而对前面的诸相产生贪瞋等分别，从而执相计名产生执着并能产生身口意的造作，所以属于异相；业相即是由于身口意的造作而能招致善恶果报，是依业受果，所以属于灭相。六粗之相的第六相，业系苦相则并不在四相的所摄范围。

法藏在《大乘起信论义记》中是以四相为桥梁，将不觉、相似觉、随分觉和究竟觉与三细六粗之相建立起对应关系。同时，也说明了从不觉到究竟觉，不仅是"觉"的程度的差异，也是从不觉回归到本觉的认识过程。依据"觉"的过程和觉知的程度的不同，其所证得的果位也是有差异的。

凡夫与觉者之间的差别就在于觉与不觉。"觉"与"不觉"的根本差异在于是否认识到烦恼的根源，是否能了知无明。如《大乘起信论义记》中所分析：

> 今入信位，能知恶业定招苦报，故言觉知。此明觉于灭相义也，能止后念。……前由不觉，常起身口恶业，今既觉故，能不造恶，止灭相也，虽复名觉，即是不觉者。……能知灭相实是不善，故不造恶，名为虽觉，而犹未知灭相是梦，故云不觉。此但能止恶业，故云虽觉，未觉烦恼，故云不觉也。……若得觉业，不觉惑，正名为不觉。……以觉与惑正酬对故，非于业也。②

---

① 法藏：《大乘起信论义记》卷二，《大正藏》卷44，第257页中。
② 法藏：《大乘起信论义记》卷二，《大正藏》卷44，第258页上。

依据法藏的分析，在十信位之前的凡夫，对于恶业并无觉知，因此广造身口恶业，这种属于根本不觉的状态。入十信位之后，虽然有对于恶业定能招致苦的果报的觉知，由此而能够让自己不再造恶业，使得恶的业相得到止灭，恶业也随之而止。此中关于"知恶业""止灭相""止恶业"的觉知对于入信位的凡夫而言虽然可以称为"觉"，其所"觉"的内容是觉于四相之中的"灭相"，即对于"六粗相"中的"起业相"的觉知，但从其本质上来说，依然属于"不觉"。法藏依据《大乘起信论》认为，"觉"和"不觉"的根本差别在于是否能够觉知到烦恼之惑，只有觉知到了无明烦恼的惑业才称之为"觉"，所以法藏讲"未觉烦恼，故云不觉也"，"不觉惑，正名为不觉"。所以，对于四相之中的"灭相"以及"六粗相"中的"起业相"的觉知依然属于"不觉"。

关于四相中的其他三相，以及"三细相"和"六粗相"的其他四相的觉知，依据觉知的对象不同可分为"相似觉""随分觉""究竟觉"。"相似觉"是十解以上三圣菩萨，即二乘及初发意菩萨所能觉知的，其所觉知的对象和具体内容如《大乘起信论义记》所讲：

> 明本净心为无明所眠，梦于异相起诸烦恼，而今渐与智慧相应，从异相梦而得微觉。……能觉异相之梦，故彼所梦异相永无所有。……起贪瞋等名粗分别，着违顺境名执着相，以于异相梦觉故能舍之，而犹眠在住相梦中，故名相似觉。[①]

可知，二乘及初发意菩萨能够觉知到原本清净的真如之心被无明所染而起的种种念想和异相犹如梦中之相，能够认识到其虚假不实，从而破除因无明而起的贪瞋等粗的分别相的执着。简而言之，相似觉就是二乘及初发意菩萨所能觉知的内容属于四相中的"异相"，对应于"六粗相"中的执取

---

① 法藏：《大乘起信论义记》卷二，《大正藏》卷44，第258页上。

相和计名字相，能破除无明所引起的粗分别执着相。

"随分觉"是初地菩萨，乃至九地菩萨所能获得的觉知，如《大乘起信论》所讲，"如法身菩萨等，觉于念住，念无住相，以离分别粗念相故，名随分觉"。① 法藏在《大乘起信论义记》中也有阐述：

> 觉念住者，觉前四种住相，虽知一切法唯是识故，不起心外，妄系粗执分别。然出观后，于自心所现法上，犹起染净法执分别。以彼净心为无明所眠，梦于住相。今与无分别智相应，从住相梦而得觉悟，返照住相，竟无所有。……此四种住相中，于初地、七地、八地、九地，各离一相也。②

由上可知，随分觉即是要觉于念住，要离念相。念住者就是四相之中的住相，即"六粗相"中的"相续相"和"智相"，以及"三细相"中的"境界相"和"能见相"。从初地菩萨至九地菩萨，对于四种住相的离系也是有差异的，其中初地菩萨能觉知到"相续相"而离"相续相"，至七地菩萨可离"智相"，八地菩萨离"境界相"，九地菩萨离"能见相"。

"究竟觉"是十地菩萨所能达到的觉知，在"觉"的程度上是要觉至心源。法藏认为，"觉了心源，本不流转，今无始静，常自一心，平等平等，始不异本"，③ 也就是觉知到了真如本净的自体，回归到本觉。"究竟觉"在相上的觉知和离系，就四相而言是对生相的觉知和离系，在"三细六粗"之相上则是要觉知到业相，如《起信论义记》中所讲：

> 业识动念，念中最细，名微细念，谓生相也。此相都尽永无所余，故言远离。远离虚相故，真性即显现，故云见心性也。前三位

---

① 《大乘起信论》卷一，《大正藏》卷32，第576页中。
② 法藏：《大乘起信论义记》卷二，《大正藏》卷44，第258页中。
③ 法藏：《大乘起信论义记》卷二，《大正藏》卷44，第258页下。

中，相不尽故，不云见性也。前诸位中觉未至源，犹梦生相动彼静心，成业识等，起灭不住。今此生相梦尽，无明风止，性海浪歇，湛然常住，故云得见心性，心即常住也。①

业相是本自清净的真如在根本无明的作用下而产生的妄相，是由于业识的起心动念所致，在"三细六粗"之相中属于最微细的，是一切妄法产生的源头，也是最难被觉察和离系的。对于无明业相的觉知就是对于心性真性的认识，就是对于心源的觉知，如梦尽时一切梦相都不复存在，也如风止浪歇一般。因此，对于业相的觉知和对于生相的觉知，即是究竟觉。

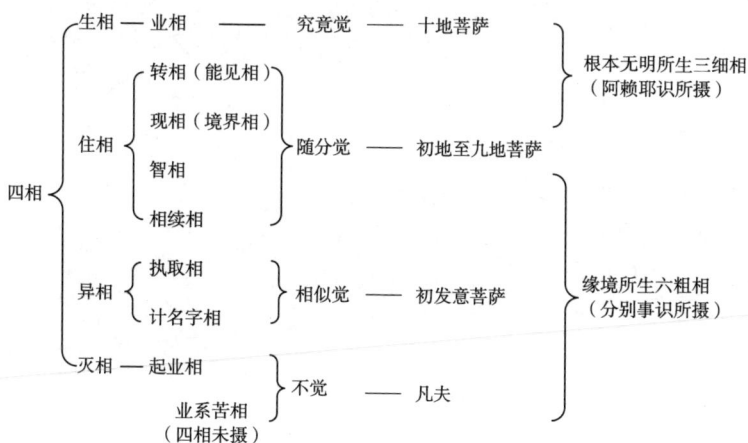

**图4 四相、四位及"三细六粗"与觉的对应关系**

# 结　论

综上可以看出，法藏对于"觉"的认识是以《大乘起信论》为依据，从"本觉""不觉""始觉"等不同的角度进行阐述。法藏认为"本觉"

---

① 法藏：《大乘起信论义记》卷二，《大正藏》卷44，第258页下。

是众生本具的清净真如自体，是佛性，是如来法身，是众生能够成佛的理论依据；"不觉"即是由于无明染法对真如自体的覆盖而产生的妄相；"始觉"是从"不觉"到"本觉"的觉知过程，因此可以依据"觉"的程度不同而有"相似觉""随分觉""究竟觉"。法藏还从"一心二门"的角度，分析了真如和无明在真如中为本觉，在生灭门中分别依据真如和无明在违自顺他和违他顺自时与根本不觉、枝末不觉、本觉和始觉的对应关系。此外，法藏还依四相、四位分析了"三细六粗"之相的觉性，认为业系苦相虽然不被四相所摄，但与灭相所摄的起业相一样为不觉；异相所摄的计名字相和执取相为相似觉；住相所摄的相续相、智相、境界相、能见相为随分觉，生相所摄的业相为究竟觉。

华严宗研究

# 伯亭续法对法藏华严判教思想的发展

张爱萍

**内容摘要：** 贤首法藏的判教说有多种，如五教十宗判、同别二教判、本末二教判、四宗判、约时判等，其中以以义分教、以理开宗的五教十宗判最具代表性，广为流传。到了清初伯亭续法之时，其参照《天台四教仪》的体例，在《贤首五教仪》一书中对华严宗的判教思想进行了一大总结，将此前华严宗最具代表性的五教十宗判改造为五教六宗判。对比研究可见，续法不仅在五教判中补充了空宗的有关内容，其六宗判更是对法藏十宗判、四宗判两种不同判教体系的重新整合与改造，使得法藏大乘始教之相宗无对应之宗判、终顿圆三教与如来藏缘起宗的对应问题看似得到了解决。在续法那里，五教与六宗可以一一对应，形式更加规整，但这样的大糅合和改造也使得法藏不同判教说原本的意图和特点被掩盖了起来，失去了本来面貌。

**关键词：** 法藏，续法，五教，十宗，六宗

**作者简介：** 张爱萍，西安电子科技大学讲师。

中国佛教的判教说以天台宗智者大师之五时八教判和华严宗法藏大师之五教十宗判谓为大成，但这二宗之判教说却又不是一成不变，在不同的历史时期亦经历了不同程度的阐发。以华严宗为例，其五教之名目，在二祖智俨那里就有出现，但到法藏之时才确定下来；法藏作为华严宗的实际创始人不仅确定了五教名目，立五教判，还在吸收窥基八宗判的基础上成华严之十宗判；到了澄观之时，又进一步对法藏的十宗判进行了重新调整和阐发；及至宗密，还在法藏四宗判的基础上提出了五宗说。及至清初，被称为"东南义虎"① 的续法为了回应自宋以来，天台宗对华严宗有教无观、无断证分齐的质疑和诘难，作《贤首五教仪》一书，试将"法界心印重光于昔日"，② 参照谛观《天台四教仪》的体例，以三时、十仪、五教、六宗来总结华严宗的判教思想。从中可见，华严宗最具代表性的五教十宗判，到了续法这里已被改造为五教六宗判。本文即试从教判和宗判两方面考察续法对法藏五教十宗判的改造与发展。

## 一　五教判

法藏在总结南北朝以来判教学说的基础上，将智俨有关五教的名目进一步确定，立华严五教；又在吸收窥基八宗判的基础上，成华严十宗。法藏《一乘教义分齐章》和《华严探玄记》中都有关于五教十宗的介绍。此处先略举五教。

法藏确立的华严五教分别为：小乘教，即愚法二乘教，谓声闻、缘觉二乘人愚于法空，包括小乘佛教诸部派经论；大乘始教，指依《解深密经》中第二、三时，谓定性二乘不可成佛，未尽大乘法理，只是大乘的初始，故称，包括《般若》等中观类经论和《深密》等瑜伽类经论；终

---

① 戴京曾：《贤首五教仪引》，《卍新纂续藏》第 58 册，第 625 页中。
② 续法：《贤首五教仪序》，《卍新纂续藏》第 58 册，第 627 页上。

教，一切众生悉当成佛，方尽大乘法理，是大乘终极法门，故称。始终二教皆依地位渐次修习，亦名渐教，包括《楞伽经》《宝性论》等如来藏类经典；顿教，一念不生即名为佛，不依地位渐次修习，包括《维摩经》《思益经》等；圆教，一多相即，主伴具足，圆融无尽，包括《华严经》等。① 五教在细节上的内容和区别，在《一乘教义分齐章》的第九"明诸教所诠差别"十门（所依心识、明佛种性、行位分齐、修行时分、修行依身、断惑分齐、二乘回心、佛果义相、摄佛境界、佛身开合）中有更为详细的介绍，此处不便赘述。

续法在《贤首五教仪》一书中对五教的相关记载，与法藏大同，但在具体内容上仍然呈现出一些特点。这里有三点需要言明。

第一，法藏谓大乘始教实包括印度佛教大乘空有二宗，但在具体解说时，却偏重于有宗，以有宗概括始教法相。《一乘教义分齐章》记载："谓于渐中开出始终二教，即如上说《深密经》等三法轮中后二是也。"② 《华严探玄记》记载："始教者，以《深密经》中第二、第三时教同许定性二乘俱不成佛故，今合之总为一教，此既未尽大乘法理，是故立为大乘始教。"③ 因而，大乘始教中涵盖空宗与有宗，又称空始教与相始教。而在接下来的叙始教所诠法相时，却记为"始教中广说法相，小说真性，所立百法，决择分明，故无违诤。所说八识，唯是生灭法相，名数多同小乘，固非究竟玄妙之说。如《瑜伽》、《杂集》等说"。④ 似以有宗所诠概括始教法相。在《教义章》中释"诸教所诠差别"十义中，其对于始教十义的分析，亦多偏重于有宗，少言甚至不言空宗。这大约与法藏创宗的时代，天台、三论、唯识宗已经形成，其中又以唯识宗最为显赫，因而，法藏创宗的一大挑战即是如何安置唯识类

① 据《华严探玄记》整理。参见法藏《华严探玄记》，《大正藏》第35册，第115页下～116页上。
② 法藏：《华严一乘教义分齐章》，《大正藏》第45册，第481页中。
③ 法藏：《华严探玄记》，《大正藏》第35册，第115页下。
④ 法藏：《华严探玄记》，《大正藏》第35册，第115页下。

经典于判教体系之中，并凸显《华严经》的殊胜，因此法藏对唯识类经典尤其关注，多有解说，这一做法后来被澄观所继承。澄观在《华严经疏》和《随疏演义钞》中释始教名义、法相时继承了法藏《华严探玄记》中的说法，即名义中可见涵盖空有二宗，"二始教者，亦名分教，以《深密》第二第三时教，同许定性二乘俱不成佛，故今合之总为一教。此既未尽大乘法理，故立为初。有不成佛，故名为分"。① 然释法相之时却不见空宗，仅见相宗十义辨。

而续法在《五教仪》中为了避免法藏、澄观二人多辨相宗，少言甚至不言空宗的做法，在释始教名义、法相之时，均加入了空宗。如释始教名义为："大乘始教者，亦名分教，但明诸法皆空，未尽大乘法理，故名为始。但明一切法相，有成佛不成佛，故名为分"②，其"但明诸法皆空"即为释空宗之语。又如释始教所诠法相之总相时为："始教中广谈法相，少及法性，其所云性，亦是相数。说有百法，决择分明，故少诤论。又说诸法，一切皆空，不说不空中道妙理"③，其中"广谈法相""抉择分明"等为释相宗之语，大同法藏、澄观所言；而诸法皆空，不说中道妙理则为释空宗之语。再如，续法释始教所诠法相之别相中，对他教辨异中，不仅沿袭了澄观性相十义辨④中关于相宗的辨析，还加入了宗密《圆觉经大疏》中空性五义辨⑤中关于空宗的辨析。这些都是续法力求更为全面地阐释大乘始教所做的调整。

第二，法藏与续法对性相二宗的态度不同。法藏是站在会通的角度言西域所传之性相二宗的，认为二宗"无会无不会"，"二说各据别门，互

---

① 澄观：《华严经疏》，《大正藏》第35册，第512页中。
② 续法：《贤首五教仪》卷2，《卍新纂续藏》第58册，第646页上。
③ 续法：《贤首五教仪》卷2，《卍新纂续藏》第58册，第646页下。
④ 澄观在《华严经疏》中记载了性相十义差别：一乘三乘别、一性五性别、唯心真妄别、真如随缘凝然别、三性空有即离别、生佛不增不减别、二谛空有即离别、四相一时前后别、能所断证即离别、佛身无为有为别。
⑤ 宗密在《圆觉经大疏》中记载了空性二宗五义差别：无性本性别、真智真知别、二谛三谛别、三性空有别、佛德空有别。

不相至，岂有相违？"① "由根不定有此二门，是故二师各述一门，故不相违。"② 更加强调二宗本身之各对一类机，互不相违。而续法则更侧重从性相判决的角度明其二宗之融会，如上所述，在释始教、终教所诠法相之别相对他教辨异时，续法沿袭了澄观的性相十义辨和宗密的空性五义辨。当然，这一方面是对澄观、宗密做法的沿袭；另一方面当也是受到续法所在法脉一贯思路的影响。续法为云栖祩宏五世法孙，其间传承为云栖祩宏—绍觉明理—新伊大真—德水明源—伯亭续法。据《华严宗佛祖传》记载，新伊大真付嘱其弟子德水明源时曾言："余语之曰：'汝研清凉，当审清凉与天台之所以异，而毋滥扭其所同。审其所由异，自辩其所由同，而并获其非异非同者，然后从此而证悟焉……'德水深契余说。"③ 考之徐自洙《灌顶伯亭大师塔志铭》可见，以上关于审异辩同的一段文字论述实则为祩宏所讲，新伊弟子德水明源又转而说于伯亭续法。因此，强调审异当是该系的一贯思路。尤其是续法在六宗判部分，"若恐混滥，逐为对拣，略开八重"，④ 分性相五义别、空相五义别、空相两宗与性宗五义别、空性两宗与相宗五义别、性相空三宗五义别、空宗始教与性宗顿教五义别、性宗实教与一乘同教之五义别、性宗一乘同教与一乘别教五义别八重料拣各宗。其中既有对澄观性相十义别和宗密空性五义别的吸收，又补充选取了其中最具代表性的几个问题进行审异，尤其是续法对同教一乘与别教一乘进行了对比，分开显直显异、会归流出异、废立普融异、性具性起异五门明二者之差异。五异的具体内容并非续法独创，法藏等人的相关著述亦有记载，但以如此规整的辨异形式进行对比，实是续法的一大总结。

第三，续法在释五教后还特意别出五教之断证分齐，当是为了回应天

---

① 法藏：《华严探玄记》，《大正藏》第 35 册，第 112 页中。
② 法藏：《华严探玄记》，《大正藏》第 35 册，第 112 页下。
③ 续法：《华严宗佛祖传》卷 4，第 35 页。
④ 续法：《贤首五教仪》，《贤首五教仪》，《卍新纂续藏》第 58 册，第 660 页上。

台宗无断证分齐的诘难。前文已述，法藏曾在《一乘教义分齐章》中分十门明"诸教所诠差别"，其第六门即为断惑分齐，主要明五教所断惑，所证理。续法别出断证分齐这一部分的内容，当是对法藏"断惑分齐"的进一步详细解说。然而，对比法藏《一乘教义分齐章》与续法《五教仪》的内容可见，二者差异很大，如关于小乘教断惑的介绍。法藏在《一乘教义分齐章》中并未明辨小乘教之断惑，而续法在《五教仪》中则依据谛观《四教仪》的内容，对小乘教的断惑进行了详细介绍，这当是受澄观"初即天台藏教"① 的影响。

关于后四教断惑的介绍。法藏在《一乘教义分齐章》中以小乘教之声闻四果明大乘始教之断惑行位，分声闻、缘觉、菩萨三乘人之断二障明终教人之断惑行位，谓顿教无所谓断或不断，圆教一断一切断。而续法在《五教仪》中却以二种执障、八重地位② 总论后四教之断证，即便是顿教就真实之理而言无有断证，本无阶次差别，但约妄言则有惑位，且为了对前后教以显高下，故亦有历八重地位断二种执障之说；而圆教本为因果圆融，一断一切断，行为无碍，但为了对前终、顿教而显胜，故亦可明其历八重地位断二种执障之行布相。

# 二　宗判

## 1. 法藏十宗判

法藏的十宗判是在吸收借鉴法相唯识宗窥基八宗判的基础上提出的。十宗为：我法俱有宗，人天和小乘犊子等部，认为我、法都真实存在；法

---

① 澄观：《华严经疏》，《大正藏》第 35 册，第 512 页中。
② 其中二种执为我执、法执，二种障为烦恼障、所知障，二执二障中又复有分别、俱生二种执障，分别、俱生又可分为现行、种子、习气三种。前之小乘教人惟断烦恼障，离分段死，故为小乘，若能兼断所知障，离变易死，即为大乘。八重地位是指凡夫修行证果所需经历的八个阶位，即十信、十住、十行、十回向、四加行、十地、等觉、妙觉，共五十六位。

有我无宗，说一切有部等，认为法实我空；法无去来宗，大众部等，认为现在的事物和无为法是有的，过去和未来的事物是空的；现通假实宗，说假部等，认为现在的一切事物，不都是实有的，视情况有假有实；俗妄真实宗，说出世部等，认为世俗法因颠倒虚妄为假，出世法非颠倒虚妄故为实；诸法但名宗，一说部等，认为一切诸法只有假名，无有实体；一切皆空宗，谓一切法悉皆空性，无有分别；真德不空宗，谓真如具足无量不空功德，摄一切法；相想俱绝宗，谓相想俱绝，理事俱泯；圆明具德宗，谓别教一乘所说，主伴圆满具足。① 此十宗与五教互相匹配，前六宗对应小乘教，第七一切皆空宗对应大乘始教，第八真德不空宗对应终教，第九相想俱绝宗对应顿教，第十圆明具德宗对应圆教。考查法藏五教中之大乘始教，既包括印度佛教大乘空宗的《般若》中观类典籍，又包括有宗的《深密》瑜伽类典籍，而十宗中第七一切皆空宗却只涉及空宗中观类典籍所说，不包括有宗瑜伽类典籍所说。

2. 法藏四宗判

法藏另有四宗判独立于五教十宗判。法藏在《大乘起信论义记》中记载："现今东流一切经论，通大小乘，宗途有四：一随相法执宗，即小乘诸部是也。二真空无相宗，即《般若》等经、中观等论所说是也。三唯识法相宗，即《解深密》等经、《瑜伽》等论所说是也。四如来藏缘起宗，即《楞伽》《密严》等经、《起信》《宝性》等论所说是也。此四之中，初则随事执相说，二则会事显理说，三则依理起事差别说，四则理事融通无碍说，以此宗中许如来藏随缘成阿赖耶识。此则理彻于事也；亦许依他缘起无性同如，此则事彻于理也。又此四宗，初则小乘诸师所立，二则龙树提婆所立，三是无着世亲所立，四是马鸣坚慧所

---

① 据《华严一乘教义分齐章》整理。参见法藏《华严一乘教义分齐章》，《大正藏》第45册，第481页下~482页上。

立。"① 另外,《大乘法界无差别论疏》中亦有此四宗记载。② 随相法执宗为小乘诸部派,真空无相宗即中观学,唯识法相宗即唯识学,如来藏缘起宗即如来藏系。四宗判是独立于法藏其他判教理论的,就目前的学术成果来看,③ 法藏四宗判的意义主要有以下三点:第一,明确了法相唯识宗的位置,在这一点上,可以说是对十宗判中未涵盖唯识宗的一个补充,并以如来藏系摄受法相唯识;第二,将如来藏系佛教独立于中观、唯识两大派系之外,并认为如来藏系佛教较之小乘佛教、大乘中观、唯识两大学派更为殊胜,充分体现了对如来藏系佛教(经典)之独立地位的重视;第三,通过理事关系解说四宗,"此四之中,初则随事执相说,二则会事显理说,三则依理起事差别说,四则理事融通无碍说"。④ 突出理事融通无碍,对后世影响很大,澄观更在其基础上开出事事无碍以成四法界说。

3. 续法六宗判

续法提出了有别于法藏十宗的六宗判,分别为:随相法执宗、唯识法相宗、真空无相宗、藏心缘起宗、真性寂灭宗、法界圆融宗。从宗名上看,续法六宗说是在法藏四宗说的基础上演变而来的,改法藏四宗说之如来藏缘起宗为藏心缘起宗,差异不大,当是为了六宗名称在字数上的统一。又在法藏四宗说的基础上增加了真性寂灭宗、法界圆融宗二宗,表面上看似与法藏十宗判并无关系,但细究其内容即可见,续法六宗判是将法藏的十宗判、四宗判两种宗判重新进行了整合。或亦可言续

---

① 法藏:《大乘起信论义记》,《大正藏》第 44 册,第 243 页中~243 页下。

② 另有《入楞伽心玄义》中则记为有相宗、无相宗、法相宗、实相宗。

③ 此三点内容,主要根据以下几位学者的研究整理,吉津宜英『法藏の四宗判の形成と展开』、『宗教研究』(日本)第 240 号、1979;高峰了州『华严思想史』、『现代佛学大系 37』、弥勒出版社、1983;木村清孝:《中国华严思想史》,李惠英译,台北东大图书股份有限公司,2011。其中关于法藏四宗说的内容,主要参考了吉津宜英的论述;陈永革:《法藏评传》,南京大学出版社,2006;王颂:《宋代华严思想研究》,宗教文化出版社,2008。

④ 法藏:《大乘起信论义记》卷 1,《大正藏》第 44 册,第 243 页中~243 页下。

法是在宗密五宗说①的基础上，改其圆融具德宗为法界圆融宗，另加一真性寂灭宗而成。

第一，随相法执宗，此宗是指小乘诸部所说，于一切我、法中起有无之执着，所依经论主要有《阿含经》《缘生经》《婆沙论》《俱舍论》等。此宗又可细分为我法俱有宗、法有我无宗、法无去来宗、现通假实宗、俗妄真实宗、诸法但名宗等六宗。此六宗即为法藏十宗判之前六宗。

第二，唯识法相宗，此宗谓一切诸法（五位百法）皆唯识所现，离心识外无有别法，以拣前小乘随相法执宗执心外有法。无着、天亲依《方广经》《解深密经》等经，造《瑜伽师地论》《唯识》等论即属此宗。此宗在法藏十宗判中并未包含。

第三，真空无相宗，此宗谓一切诸法（八十一科）性相俱空，以拣前小乘执实有法相。前小乘第六诸法但名宗分析诸法从缘而有，俱是假名，均无实体，是析有明空；此真空无相宗之性相俱空，是即有俱空，当体明空，此体空较之前第六宗之析空更为彻底。提婆、清辩依《般若》《妙智》等经，造《百论》《掌珍论》等论即属此宗。此宗即法藏十宗判之第七一切皆空宗。

第四，藏心缘起宗，此宗谓一切诸法皆因真如具恒沙性德，随缘而现，性相无碍，事理融通。拣前真空无相宗之但空，唯识法相宗之实有，

① 实际上，续法在《贤首五教仪科注》中并未引用宗密五宗说之内容，而多次引用长水子璿《笔削记》之相关内容。关于长水子璿《笔削记》、宗密《起信论疏注》，以及法藏《起信论疏》之关系为：法藏著有《起信论义记》《别记》，提出了有别于五教十宗判的四宗判，四宗为：随相法执宗、真空无相宗、唯识法相宗、如来藏缘起宗，其中并不包括该宗所尊之《华严经》。根据现有材料可见，法藏除《义记》《别记》外，当还有《起信论疏》一部。宗密在此《疏》的基础上著有《起信论疏注》（《乾隆藏》第141册），改四宗判为五宗说，即在四宗的基础上加一圆融具德宗，将《华严经》亦纳入，对宋以后的华严判教有重要影响。长水子璿在《起信论笔削记》中指出该书之写作"本乎石壁"，石壁即玄珪真奥，据续法在《佛祖传》宗密传记及玄珪真奥传记记载，玄珪真奥为宗密之嗣法弟子，华严宗第六世传人，亦即奥、朗、现三师之奥法师。石壁传奥既为宗密之嗣法弟子，其思想当与宗密较为接近。故《笔削记》一书当主要是在宗密《大乘起信论疏》基础上修订而成的，因而继承了宗密之五宗说。因五宗说始自宗密，故此处使用宗密五宗说之名。

此宗真如随缘不变，不变随缘，空有无碍。坚慧、马鸣依《胜鬘经》《涅槃经》等经，造《宝性论》《大乘起信论》等论即属此宗。亦即法藏十宗判之第八真德不空宗。

第五，真性寂灭宗，此宗谓真如法性，常自寂灭，相想（所缘能缘）俱绝，心境两忘，不说法相，直显真如性体，拣前藏心缘起宗之心境双存，依相以显性；此宗以缘中真性寂灭，拣前唯识法相宗之缘外真如凝然不变；以宗真性寂灭，直显性体，拣前真空无相宗之破相以显空。马鸣、龙树依《楞伽经》《般若经》等经，造《真如三昧智度论》等即属此宗。亦即法藏十宗判之第九相想俱绝宗。

第六，法界圆融宗，此宗谓"无尽法界，如因陀罗网，主伴重重，圆融无碍故"。① 一摄一切，一切入一，圆融无碍。特指《华严经》之别教一乘之圆。龙树、天亲依《华严经》等经，造《十地论》等。亦即法藏十宗判之第十圆明具德宗。

值得注意的是，续法融合法藏十宗判与四宗判而成的六宗判，在唯识法相宗和真空无相宗二宗的顺序安排上已不同于法藏的四宗判。在法藏那里，空宗与相宗本不分上下，只是分别代表中观与唯识两大佛教派别，即便在其四宗判中判真空无相宗为第二，唯识法相宗为第三，但其意图却是通过安置法相唯识以凸显如来藏系经典的殊胜，其第三位置的设立，大概是为了与第四如来藏缘起宗在诸多对比上的方便，而并非有意要与真空无相宗分出高下。因为，法藏对待印度空有二宗的立场是和会，即认为二家各对根机，各有所长，可以会通，而续法则言："然此六宗，后后深于前前。"② 从其对唯识法相宗、真空无相宗、藏心缘起宗的顺序安排来看，当是受澄观的影响。澄观继承了法藏的五教十宗说，并对其进行了发挥。最重要的一点即是澄观十宗位置的安置，对应相宗的三性空有宗为第七，对应顿教的真空绝相宗为第八，若按照澄观十宗的顺序来对应五教的话，

① 续法：《贤首五教仪》卷4，《卍新纂续藏》第58册，第659页下。
② 续法：《贤首五教仪》卷4，《卍新纂续藏》第58册，第659页下。

五教的顺序则为"小→始→顿→终→圆"。这当是因为澄观一方面出于其"事法界→理法界→理事无碍法界→事事无碍法界"的四法界思想体系的统一；另一方面也由于其所处时代唯识宗势力的消退，禅宗势力的旺盛，而持性（空）优相劣的观点。续法六宗说在顺序的安排上，继承了澄观的这一倾向，以唯识法相宗为第二，真空无相宗为第三。但在对应终教的藏心缘起宗与对应顿教的真性寂灭宗的顺序安排上，续法却依然按照法藏五教"小→始→终→顿→圆"的顺序（而非澄观按照四法界说的顺序），将对应顿教的"真空绝相宗"置于对应终教的"空有无碍宗"之前。

## 三　教判与宗判之对应

1. 法藏五教与十宗的对应关系

如前文所述，法藏五教与其十宗的对应关系为：小乘教对应十宗之前六宗，大乘始教对应第七一切皆空宗，终教对应第八真德不空宗，顿教对应第九相想俱绝宗，圆教对应第十圆明具德宗（见《一乘教义分齐章》）。其中大乘始教既包括空宗的典籍，又包括有宗的典籍，而十宗中第七一切皆空宗却只涉及空宗，不涉有宗。

2. 法藏五教与四宗的对应关系

学界一般认为四宗判虽然是独立于五教十宗判体系之外的一个完整的判教体系，但与五教判亦有联系。关于四宗与五教的关系，随相法执宗对应小乘教，真空无相宗对应空始教，唯识法相宗对应相始教，当没有问题。置于如来藏缘起宗与五教中终、顿、圆三教的对应关系，学界的解释不一，尚无定论。① 这里暂不讨论如来藏缘起宗与终、顿、圆三教的对

---

① 如龚隽认为，法藏在《教义章》《华严探玄记》中曾引《大乘起信论》之"依言真如"配终教，"离言真如"配顿教，则《大乘起信论》在法藏那里是既对应终教，又兼通顿教的。而长水子璿早在《大乘起信论笔削记》中就记有，"谓此论中说如来藏缘起，是终教；说真如门，是顿教。又真如门是理法界，生灭门是事法界，二门不二 （转下页注）

应关系，但笔者较倾向于吉津宜英及木村清孝等人的观点，即四宗判与五教判的关注点是不一样的。五教判的主要目的是凸显《华严经》的尊崇，而四宗判的主要目的则是通过明确法相唯识宗的地位，来凸显如来藏系经典较之中观、唯识经典的优胜。虽然《华严经》的殊胜在四宗判中并未显示，但正如木村清孝所言："将第四宗名为实相宗的话，将其实相彻底研究，则究竟的缘起，例如《华严经旨归》所言的'率网无碍'[①]的现象也应可包含于此才对。"[②] 事实上，不仅现代学者对如来藏缘起宗与终、顿、圆三教的对应关系解释不一，就在华严宗自宗内部亦出现了不同的声音，如宗密五宗说、续法六宗说的出现。宗密在《大乘起信论疏注》及《圆觉经大疏》中均有五宗说，即在法藏《大乘起信论义记》四宗的基础上又加一圆融具德宗，"五圆融具德宗，谓事事无碍，主伴具足，重重无尽，即《华严经》"。[③] 宗密在法藏的基础上加一圆融具德宗成五宗说的原因可能有以下两点：第一，宗密很可能认为四宗判中不涵盖《华严经》，未凸显华严之优胜；第二，宗密认为法藏如来藏缘起宗已可涵盖终、顿、圆三教，但是凸显自宗优胜的意趣并不明显，故特意加一圆融具德宗以示华严之优胜。而此圆融具德宗之名当取自澄观十宗说之第十宗，为改法藏圆明具德宗而来。后来宗密的五宗说对后世影响亦大，如宋代长水子璿的《大乘起信论笔削记》就是

---

（接上页注①）理事无碍法界，一心是一真法界，此即圆教故……正唯终教，兼于顿圆"。（参见长水子璿《大乘起信论笔削记》，《大正藏》第 44 册，第 308 页上～308 页中。）但这也只能说明，如来藏缘起宗的代表性经典之一《大乘起信论》是兼通终、顿二教或言兼通终、顿、圆三教的。木村清孝参照吉津宜英的观点，认为《入楞伽心玄义》中四宗名称的变化反映了法藏晚年对"相"的关心，然"此事是四宗教判的基本特征，因此究明究竟缘起事态的《华严经》，则不能列于四宗教判。在这一点上，四宗教判必须说是将究竟的真理，亦即由华严宗立场多界定的《华严经》摆在一边，而来加以判定、解释的教判"。（木村清孝：《中国华严思想史》，李惠英译，第 120 页。）而若四宗判并不能涵盖《华严经》，则与法藏在介绍四宗判时"现今东流一切经论，通大小乘"（法藏：《大乘起信论义记》卷 1，《大正藏》第 44 册，第 243 页中）的记载矛盾。

① 应为"帝网无碍"。
② 木村清孝：《中国华严思想史》，李惠英译，第 119～120 页。
③ 法藏述，宗密注《起信论疏》卷 1，《乾隆藏》第 141 册，第 88 页上。

在宗密《大乘起信论疏注》的基础上写作而成，子璿自称《大乘起信论笔削记》的写作本于石壁传奥，而石壁传奥正是宗密的嗣法弟子，且《大乘起信论笔削记》中有对宗密五宗之解说。晋水净源在《妄尽还源观疏钞补解》中记有："圆宗者，《起信疏》明大小乘宗途有五：一，随相法执宗；二，真空无相宗；三，唯识法相宗；四，如来藏缘起宗；五，圆融具德宗。故贤首云，圆宗主伴具足，重重无尽，即大经也。"①此中之《起信疏》当指宗密改造后的版本。元普瑞的《会玄记》中也有对此五宗之引用。

3. 续法五教与六宗的对应关系

如表1所示，"小乘教"对应续法六宗之"随相法执宗"；"大乘始教"对应"唯识法相宗""真空无相宗"；"终教"对应"藏心缘起宗"；"顿教"对应"真性寂灭宗"；"圆教"对应"法界圆融宗"。至此，五教与六宗已可完全对应，无有遗漏。

从法藏五教十宗判到续法的五教六宗判可见，随着续法在《贤首五教仪》中对法藏五教、十宗、四宗大糅合的完成，已经将法藏五教十宗判与四宗判两个相互独立的不同判教体系合二为一。法藏五教判中言始教时多谈相宗，少谈甚至不谈空宗，五教判中顿、圆二教的地位在四宗判中尚不明确，十宗判未涵盖唯识法相宗等问题，在续法五教六宗说中都可以找到答案。但不得不说的是，续法做这样的糅合带有强烈的主观性色彩，虽然糅合可以解决某一种判教说中的个别问题，但是却已失去了祖师不同标准判教说的本来面貌。如前文所述，法藏四宗判的主要意图是安置法相唯识宗，进而通过对比来显示如来藏系经典的殊胜，但这在经过续法改造后的六宗说中却不能得到体现。当然，这也与法藏和续法所面临的时代背景和历史使命不同有关。

---

① 净源：《妄尽还源观疏钞补解》卷1，《卍新纂续藏》第58册，第171页上。

表 1

| 法藏·五教 | 法藏·十宗 | 四宗 | 澄观·十宗 | 澄观·五教 | 宗密·五宗 | 续法·六宗 | 续法·五教 |
|---|---|---|---|---|---|---|---|
| 小乘教 | 我法俱有宗 | 随相法执宗 | 我法俱有宗 | 小乘教 | 我法俱有宗 | 我法俱有宗 | 小乘教 |
|  | 法有我无宗 |  | 法有我无宗 |  | 无我因缘宗 | 法有我无宗 |  |
|  | 法无去来宗 |  | 法无去来宗 |  |  | 法无去来宗 |  |
|  | 现通假实宗 |  | 现通假实宗 |  | 因缘但名宗 | 现通假实宗 |  |
|  | 俗妄真实宗 |  | 俗妄真实宗 |  |  | 俗妄真实宗 |  |
|  | 诸法但名宗 |  | 诸法但名宗 |  |  | 诸法但名宗 |  |
| 大乘始教 | 一切皆空宗 | 真空无相宗 | 三性空有宗 | 大乘始教 | 真空无相宗 | 唯识法相宗 | 大乘始教 |
|  |  | 唯识法相宗 | 真空绝相宗 | 顿教 | 唯识法相宗 | 真空无相宗 |  |
| 终教 | 真德不空宗 | 如来藏缘起宗 | 空有无碍宗 | 终教 | 如来藏缘起宗 | 藏心缘起宗 | 终教 |
| 顿教 | 相想俱绝宗 |  |  |  |  | 真性寂灭宗 | 顿教 |
| 圆教 | 圆明具德宗 |  | 圆融具德宗 | 圆教 | 圆融具德宗 | 法界圆融宗 | 圆教 |

# 中国华严宗的观音诠释

张文良

**内容提要**：基于《华严经》的观音信仰是中国观音信仰的重要组成部分，而中国华严宗思想家对观音菩萨的诠释是中国观音信仰展开的重要理论契机。法藏、澄观、李通玄除了对观世音、观自在、光世音等观音的译名做出诠释之外，还结合佛教的三业思想和华严学的诸圣圆融思想对观音的思想内涵进行了创造性诠释。从语言学的视角看，他们对观音译名诠释的准确性值得商榷，而从观音信仰嬗变的视角看，这种诠释对我们理解观音信仰中国化的途径和规律不无启发。

**关键词**：华严宗，观音，法藏，澄观，李通玄

**作者简介**：张文良，中国人民大学佛教与宗教学理论研究所教授。

提起观音信仰，我们首先想起的是《法华经》。因为观音信仰的经典依据一般认为就是《法华经》中的《观世音菩萨普门品》（简称《普门品》）。据《观音玄义》记载，由于昙无谶（385—433）念诵观世音的名号而治愈了河西王沮渠蒙逊（386—433）的疾病，《普门品》被单独编为一部经并广泛流行。① 这一传说的真伪待考，不过，现存最古的经录《出三藏记集》已经记载《观音经》别行本的存在。② 随着大量关于《观音经》的注释书③问世，以及宣扬观音信仰功德的灵验记的制作、流传，观音信仰成为中国民间最为流行的菩萨信仰形态。④

实际上，观音菩萨不仅出现于《法华经》中，也出现于众多大乘佛教经典。如在《华严经》的"入法界品"的善财童子五十三参的故事中，观音菩萨（《六十华严》中称"观世音"，而在《八十华严》中称"观自在"）是第二十七位出场的善知识。善财童子到补怛洛迦山，参诣观音菩萨，菩萨为其解说"大悲行法门"，特别提到修行此法门可以得到二十四种现实利益，这种说法与《观音经》中的说法（信仰观音菩萨可以获得十二种功德，如免除七难、远离三毒、得男得女等）有类似之处。《华

---

① 《观音玄义》卷下中载"今所传者，即是一千五百三十言《法华》之一品。而别传者，乃是昙摩罗谶法师，亦号伊波勒菩萨，游化葱岭，来至河西。河西王沮渠蒙逊，归命正法。兼有疾患，以告法师。师云，观世音与此土有缘。乃令诵念，患苦即除。因是别传一品，流通部外也"（《大正藏》第34册，第891页下）。《出三藏记集》卷第四中载"《光世音经》一卷（出《正法华经》或云"光世音普门品"）"（《大正藏》第55册，第22页中），由此可知，曾存在由竺法护译《正法华经》别行的《光世音经》，此别行本是否早于《观音经》的别行待考。

② 参见《出三藏记集》卷第四"《观世音经》一卷（出新《法华》）"，《大正藏》第55册，第22页中。

③ 道生（355—434）的《妙法莲花经疏》、法云（467—529）的《法华义记》、吉藏（549—623）的《法华玄论》《法华义疏》《法华统略》、智𫖮（538—597）和灌顶（561—632）的《法华文句》，窥基（632—682）的《法华玄赞》等都包含"观音品"的注释。

④ 关于观音菩萨最早的应验记之一是陆杲（459—532）的《系观世音应验记》。此书在中国散逸已久，后来在日本的青莲院吉水藏被发现，牧田谛亮曾有相关研究成果发表（牧田谛亮『六朝古逸観世音応験記の研究』、平楽寺书店，1970）。此外还有王琰撰《冥祥记》（只有片段，鲁迅《古小说钩沉》收录）、唐临撰《冥报记》三卷［永徽年间（650~655）成立］等著作中虽然书名里没有出现"观音"的名字，但也包含观音菩萨灵验记的内容。惠祥《弘赞法华传》十卷、僧详《法华传记》十卷也包含观音菩萨灵验的内容。

严经》的观音菩萨信仰在后世影响深远。如在明代小说《西游记》中，《华严经》中的善财童子被描写为观音菩萨的侍者。在观音类的绘画中，源自《华严经》的观音菩萨教导善财童子的形象也屡屡出现。① 正因为如此，《华严经》的《普贤行愿品观自在菩萨章》与《法华经》的《观世音菩萨普门品》和《楞严经》第六卷《观世音菩萨耳根圆通章》一起被称为"观音三经"。

《华严经》是中国华严宗的根本经典，与以《法华经》为根本经典的天台宗一样，两个宗派被视为中国佛教八大宗派中最富有理论独创性的宗派。在这两大宗派中，菩萨信仰在其理论体系中占有重要地位。如上所述，天台宗中有诸多《观音经》的注释书，如智顗所讲、其弟子灌顶所记录的《观音玄义》《观音义疏》，以及《法华文句》的"观音品"注，此外还有宋代四明知礼所著《观音义疏记》四卷等。中国华严思想家虽然没有留下专门的《观音经》注疏，但在对《华严经》的注疏中皆关注观音菩萨，并从华严宗的立场对观音的内涵和思想做了独特解说。下文以法藏（643—712）、澄观（738—839）、李通玄（635—730）的相关注疏为中心，结合当代学术界关于观音菩萨研究的最新成果，对中国华严宗观音诠释的内涵及特征略做考察。

## 一　观世音、观自在、光世音

关于观音菩萨，《观音经》的注释者早就注意到一个现象，即其名字的多样性。最早的观音译名是《阿弥陀三耶三佛萨楼佛檀过度人道经》

① 与《华严经》的观音信仰最有名的灵验故事，是《高僧传》所载《四十华严》的译者求那拔陀罗被观音菩萨换头的故事："谯王欲请讲《华严》等经，而跋陀自忖未善宋言，有怀愧叹。即旦夕礼忏请观世音，乞求冥应。遂梦有人，白服持剑，擎一人首，来至其前曰'何故忧耶？'跋陀具以事对。答曰'无所多忧'。即以剑易首更安新头。语令回转曰'得无痛耶？'答曰'不痛'，豁然便觉心神悦怿。且起，道义皆备，领宋言。"参见《大正藏》第50册，第344页中。

（东汉支娄迦谶或吴支谦译）中的"卢楼亘"，<sup>①</sup> 后来的竺法护在《正法华经》中将其译为"光世音"，<sup>②</sup> 但这两个译名都流传未广。之后的译名主要分为两类：一是稍早时期的含有"音"字的译名，如"阒音""现音声""光世音""观世音""观音"；另一类是含有"自在"字的译名，如"观世自在""观自在""观世音自在"。

根据现代学术界的研究成果，含有"音"字的译名，其梵文原语是Avalokitasvara，而含有"自在"字译名的梵文原语应该是Avalokiteśvara。两者之间，还应该还有Avalokitaśvara的过渡词汇。即首先是"s"变为"ś"，这种变化在印度、尼泊尔、中亚地区的梵文写本或碑文中经常看到。或许Avalokitasvara在传承的某个阶段被误写成"Avalokitaśvara"，而受到邻接的"s"被口盖音化为"ś"，母音"a"也被口盖音化为"e"，结果，Avalokitasvara就被误发音为Avalokiteśvara<sup>③</sup>。也有研究提到《法华经》中观音化身为"自在天"或"大自在天"说法，或者湿婆信仰的流行对Avalokiteśvara出现的影响，但都没有决定性的证据。<sup>④</sup> 无论这一梵文词在历史上实际的演变情景如何，在梵文文本中曾有两个梵文词的存在是确定无疑的。如果认可现代学术界的研究成果，那么，原初的、正确的写法应该是Avalokitasvara，即观音，而晚出的Avalokiteśvara，即观自在，则是一种误读或误写。

---

① 《大正藏》第9册，第308页中15行，其梵文原文应该是"Avalo……svra"。

② 《大正藏》第9册，第129页上20行。

③ 关于观音菩萨译名的来历和演变，日本学术界有诸多研究成果。早期的研究有：荻原雲来『世自在王と観世音』、『荻原雲来文集』、1938年，1972年再版，山喜房仏書林、頁244-254；本田義英「観音訳語考」、『佛典の内相と外相』、弘文堂書房、1934、頁211-246；『観音古名論』（同上247-269）；「観音神話の問題」、『法華経論：印度学方法論より観たる一試論』、弘文堂書房、1944、頁195-216。最新的研究成果则有：辛嶋静志『法華経の文献学的研究（2）観音avalokitasvaraの語義解釈』、『創価大学国際仏教学高等研究所年報（2）』、1998、頁49-49。关于观音译名的演变，本文主要参考了辛岛静志的研究成果。

④ 岩本裕『佛教説話の伝承と信仰』、『佛教説話研究』第3卷、開明書院、1978、頁209. 斎藤明、『観音（観自在）と梵天勧請』、『東方学』1~12、2011、頁122.

中国历史上的佛经翻译家和佛教学者的认知则有种种差异，如玄应在著于 620 年的《一切经音义》卷五中云：

> 观世音，梵言"阿婆卢吉低舍婆罗（Avalokiteśvara）"。此译云"观世自在"，旧译云"观世音"，或言"光世音"，并讹也。又寻天竺多罗叶本，皆云"舍婆罗（〈ī〉śvara）"，则译为"自在"。雪山以来经本皆云"娑婆罗（svara）"，则译为"音"，当以"舍（ś）""婆（s）"两声相近，遂致讹失也。①

由此可见，在玄应所见到的印度贝叶本经典中，梵文是写为 Avalokiteśvara，而"雪山以来经本"（或许是玄应时代在中国所保存的中亚地区的写本）则写作 Avalokitasvara。比玄应的解释更有权威的是佛经翻译家玄奘（602—664）的翻译。玄奘不仅在自己所译的经典中排除了"观世音"的译名而采用"观自在"的译名，而且在《大唐西域记》卷三关于"阿缚卢枳低湿伐罗（Avalokiteśvara）菩萨"的自注中云：

> 唐言"观自在"。合字连声，梵语如上；分文散音，即"阿缚卢枳多（Avalo-kita）"，译曰"观"；"伊湿伐罗（īśvara）"，译曰"自在"。旧译为"光世音"，或云"观世音"，或"观世自在"，皆讹谬也。②

玄应曾参加玄奘译场的翻译工作，接触到大量的梵文文本，两人关于观音菩萨译名的解释，在基本立场上完全一致。不过值得注意的是，尽管玄奘等明确指出"观音"或"观世音"的译名是误译，但在唐代，"观世音"的译名还是广泛流行。究其原因，一是"观音"或"观世音"的名

---

① 《一切经音义》，新文丰出版社，1973，第 180 页。
② 《大正藏》第 51 册，第 883 页中。

称由来已久，在民间已经得到信众的广泛认可。民众的观音信仰并不是基于对观音菩萨名字来源的正确解读而成立的，所以也不可能由于玄奘等知识精英的纠误就发生改变。二是这一译名并不是完全误译，而是如玄应所说的那样，也有梵文本的依据，只是两个译名所依据的梵文原本不同而已。所以，从根本上说，不能说何者为"正"何者为"误"。三是在唐代，不同宗派之间对这一名称的解释并不统一。玄奘等法相唯识宗坚持"观自在"的译名，但天台宗和华严宗等宗派则对此词的译名持开放态度，如华严宗二祖法藏在《华严探玄记》中云：

> 观世音者，有名"光世音"，有名"观自在"。梵名"逋卢羯底摄伐罗"（valokiteśvara）。"逋卢羯底"（valokite），此云"观"；"毗卢"（vairo），此云"光"。以声字相近，是以有翻为"光"。"摄伐罗"（śvara），此云"自在"。"摄多"（śvuta），此云"音"。勘梵本诸经中，有作"摄多"（śvuta），有"摄伐罗"（śvara），是以翻译不同也。①

法藏力图从语言学的角度对观音菩萨译名的来历做出说明，但比较玄奘的做法就可以清楚看到，法藏对这些译名的梵文还原是不准确的，如"逋卢羯底"（valokite）就缺少了"阿（A）"音，而"摄伐罗"（śvara）则缺少了"伊（ī）"音。更离谱的是将"光世音"的"光"还原为"毗卢"（vairo），下文将提到，其正确的还原形态应该是"ābhā"。法藏之所以还原为"毗卢"（vairo），很可能是受到《华严经》中的"毗卢遮那佛"（vairocana，光明遍照）梵文拼法的启发，把这里的"光明"（vairo）与"光世音"的"光"连接起来。这显然是想当然的做法。

关于"观世音""光世音""观自在"等译名，与玄奘、玄应等人的

---

① 《大正藏》第 35 册，第 471 页下。

立场不同，法藏并没有肯定其中一个而排除其他，而是持一种中立和开放的态度。这种态度的理论依据则是梵本诸经原本就有不同写法，翻译者译成不同的名字并没有谁对谁错的问题。

澄观在《华严经疏》中也有与法藏类似的说法，[1] 但与法藏略有不同的是，澄观在《行愿品疏》中明确认定"光世音"的译名为误译：

> 然观自在，或云"观世音"。梵云"婆卢枳底"（valokite），此云"观世"。护公误作"毗卢"（vairo），译为"光"也。"湿伐罗"（śvara），此云"自在"。若云"摄伐多"（svara），此云"音"也。梵本有二故，令译者二名不同。[2]

"光世音"的译名出自竺法护，但据现代学者考证，这是竺法护的一种误译。《正法华经》是用西北地区的方言犍陀罗（Gandhari）语传承下来，之后用佉卢文（Kharosthi）的书体传写下来的。在犍陀罗语中，"bh"与"v"之间没有严格区分，而在佉卢文中，母音的长短音没有明确的区分，如"a"与"ā"不分。故竺法护 Avalokitasvara 的接头语"ava"误解为"ābhā"，译成"光"，"lokita"（见）与"loka"（世）联系起来，译成"世"，"svara"（音）译成"音"，从而有了"光世音"译名的诞生。[3]

法藏指出了"逋卢"与"毗卢"音字相近，故译为"光"，但没有指出这是一种误译，而澄观则明确指出"光世音"是竺法护的一种误译。"光世音"的译名主要出现于竺法护的翻译经典中，其后，"光世音"很

---

① "又观自在者，或云'观世音'，梵云'婆卢枳底'，'观'也；'湿伐罗'，此云'自在'；若云'摄伐多'，此云'音'。然梵本之中，自有二种不同，故译者随异"（《大正藏》第35册，第940页上）。从观音菩萨译名的释义看，与法藏一样，澄观对观音译名的梵文还原并不准确。

② 《卍新续藏》第5册，第136页上。

③ 辛嶋静志『法華経の文献学的研究（2）観音 avalokitasvara の語義解釈』、『創価大学国際仏教学高等研究所年報（2）』、1998，頁43。

快被"观世音"所取代的事实，似乎也证明后来的翻译家意识到竺法护的译名有问题。法藏曾参与唐代的佛经翻译，但其梵文水平如何不得而知，不过，从他没有发现"光世音"译名存在问题来看，其水平值得怀疑。澄观虽然没有像现代学者一样从犍陀罗语、佉卢文的语法演变的角度来分析这一问题，但能够发现竺法护所译"光世音"是误译，仍然显示出其学术的洞察力。

中国唐代另一位著名的华严思想家是《新华严经论》的作者李通玄。李通玄的《华严经论》结合《周易》和五行思想解释《华严经》，其立论大胆、新奇，与法藏、澄观的注释风格迥然不同。或许是因为这一原因，在宋代确立的中国华严宗的祖师谱系中，李通玄被排除在华严祖师之外。李通玄的这种独特注释风格也表现在对"观世音菩萨"的解释中。李通玄通过比较发现，在早期的《六十华严》（旧译）中，"观音菩萨"被译为"观世音菩萨"，而在后出的《八十华严》（新译）中则被译为"观自在菩萨"。关于这两个译名之间的异同和取舍，李通玄说明如下：

> 今言"观世音"者，取正念心成，依心应现而立名也，不可以为"观自在"所表法也。"观自在"者，约名表法。义中是表第六般若波罗蜜位也，非是方便波罗蜜。入生死，同众生行，以四摄、四无量，不断烦恼之名。此由翻译者误也。①

李通玄在比较旧译《华严经》中的"观世音"和新译《华严经》中的"观自在"之后，明确指出自己"依旧不依新翻"，即肯定旧译中的"观世音"而否定新译中的"观自在"，这一立场颇让人费解。因为李通玄的《新华严经论》是对新译《华严经》即《八十华严》的注释，而李通玄竟然否定注释对象的译名，这与法藏和澄观对两个译名兼容并蓄的态

---

① 《大正藏》第36册，第863页中。

度形成鲜明对照。李通玄否定"观自在",并非以梵文原本为依据,而是从教理教义的角度做出判断。即在李通玄看来,"观自在"代表的是大乘六波罗蜜中的"般若波罗蜜",而非"方便波罗蜜"。这种说法,或许受到玄奘所译《心经》开头部分"观自在菩萨在行深般若波罗蜜多时"的影响。与此相对照,"观世音"依众生之心而化现,在现实世界以"四摄""四无量"救度众生,代表的是"方便波罗蜜",似乎更能反映观音菩萨"大悲行门"的宗教内涵。这是李通玄舍"观自在"而取"观世音"的思想根据,它实际上反映了李通玄对观音菩萨内涵的独特理解。与李通玄这种思路相关联的是他对"光世音"译名的解释:

> 又依梵云"光世音"菩萨,明以教光、行光、大慈悲之光,等众生而利物。即一切处文殊,一切处普贤,亦得名一切处光世音。①

如上所述,"光世音"是竺法护的一种误译,在中国翻译史上存续时间也不长。但或许与"光"这一词在佛教("光明""无量光"等)和中国古典中("光曜"等)的词性有关,除了竺法护在所译经典中,从"光"的角度对观音的内涵进行敷衍之外,三论宗的吉藏(549—623)同样从"光"的角度进行发挥,如他在《法华义疏》中提到"光世音"译名的来历时云:"复有经云'光世音菩萨',或可是翻之不正。《华严经》云'此菩萨住大慈法门光明之行,从此立名云光世音'也。又此菩萨住普门光明三昧,从所住法门为名。"② 可见,吉藏虽然意识到"光世音"译名可能是误译,但由于《华严经》中有此菩萨住"大慈法门光明之行"和"住普门光明三昧"的说法,所以又认为观音菩萨是从所住法门而得"光世音"之名。与吉藏相比,李通玄甚至脱离了《法华经》和《华严经》的文脉,直接用独创的"教光""行光""大慈悲之光"来表达观音

---

① 《大正藏》第 36 册,第 863 页上中。
② 《大正藏》第 34 册,第 624 页下。

菩萨平等救度众生的特征。可见，"光世音"一词作为一种误译，本来应该被淘汰，但由于"光"这一词在佛教经典和汉语语境下的独特意蕴，"光世音"的译名在三论宗和华严宗中重新获得了生命力，可以说，这一译语已经完全脱离了梵文文本的限制，在汉语文本的脉络中获得了新的意蕴。

## 二　三业与观音信仰

将人的身、口、意三业与观音信仰结合起来的做法，初见于法云的《法华经义记》。法云在注释《法华经》的"观音品"时，有"第一正，身业礼拜，求男得男，求女得女"① 的说法。法云的说法应该启发了吉藏。吉藏在《法华义疏》中阐释"观世音"名字的来历时云：

> 观世意名，但生意业善；观世身名，生身、意二业善。生善义局，故不标之。若口称名，必备三业，以生善多故，立观音名也。三者，意业存念，身业礼拜，但得自行，不得化他，故不立身、意二名。口称观音，具得自行化他，故立观音名也。②

吉藏在这里解释观音菩萨为什么称"观世音"而不称"观世意""观世身"的理由，即因为"观世意""观世身"都只产生"意业"善和"身业"善，这种善相对有限，而只有"观世音"才同时具有身、口、意三业之善。此外，"观世意""观世身"都属于自我利益，而只有"观世音"才兼有"自利"和"利他"。但《法华经》文本中根本没有出现"观世意""观世身"的说法，吉藏完全是为了与"观世音"进行比较，为了凸显"观世音"译名的殊胜而杜撰出两个译名。这种解释显然不是

---

① 《大正藏》第 33 册，第 678 页中。
② 《大正藏》第 34 册，第 624 页中。

基于梵文文本的语言学或文献学的解释，而完全是基于吉藏本人对佛教教义的理解而做出的独特解释，是一种"六经注我"而非"我注六经"的注释思路。

如上所述，法藏、澄观的注释思路最初还是力图从梵文文本出发，正确把握"观世音"和"观自在"的内涵。在这个意义上他们与法云、吉藏不同。但在语言学和文本学的考察之后，法藏、澄观等与前代注释家一样，也力图站在特定的思想立场对观音及其信仰做出自己的独特解释。如法藏在《华严探玄记》中引用了《观世音经》，并解释云：

> 《观世音经》中，"实时观其音声，皆得解脱"。解云，等观世间，随声救苦，名观世音。彼《经》中具有三轮：初语业称名，除七灾，谓水火等；二身业礼拜，满二愿，谓求男女等；三意业存念，除三毒，谓若贪欲等。并如彼说。若偏就语业，名观世音，以业用多故；若就身语，名光世音，以身光照及故。若具三轮，摄物无碍，名观自在。①

在这里，法藏将《观世音经》中的观音信仰分为三类，即"语业"的"称名"、"身业"的"礼拜"、"意业"的"存念"。在佛教的传统中，"意业"实际上最受重视，即起心动念被认为是一切善恶行为的出发点，所以一切修行实际上都结合心念而修。但这里出现的菩萨名字并不是"观世意"而是"观世音"，如何从佛教教理的立场阐明"观世音"乃至"光世音""观自在"名称的微言大义，就是中国佛教思想家的课题。如上所述，吉藏在《法华义疏》中给出了一种解释，但显然这种解释很牵强，并没有说明"观世音"这一名称出现的逻辑必然性。法藏继承了吉藏从"三业"的视角阐释观音法门的思路，即结合身、口、意三业说对

---

① 《大正藏》第35册，第471页下。

观音及观音信仰的内涵进行解释，但他高明之处在于并没有勉强把"观世音"这一译名视为唯一、绝对的译名，而是同时承认"光世音""观自在"译名的合理性，并分别以"身光照及"和"摄物无碍"来阐释这两个译名的佛理内涵。这种解释虽然没有任何梵文文本的依据，但确实使这三个译名获得了某种逻辑上的合理性和存在的合法性。而"观自在"与华严宗特有的"无碍"理念联系起来，凸显了"观自在"译名的殊胜，客观上透露出法藏自身对待三个译名的个人倾向。

那么，澄观又是如何对观音的内涵做出阐释的呢？在晚期的《四十华严》注释书《行愿品疏》中，关于观音的内涵云：

　　《法华》"观音品"云，"观其音声，皆得解脱"，即观世音也。然彼《经》中，初语业称名，灭除七灾；二身业礼拜，能满二愿；三意业存念，净除三毒，即自在义。而今多念观世音者，语业用多，感易成故。今取义圆，云观自在。然"观"即"能观"，通一切观。故云"真观、清净观，广大智慧观，悲观及慈观，常愿常瞻仰"。世是"所观"，通一切世。谓若山若海，若佛若生，无不观故。若云"音"者，亦是"所观"，即是所救一切机也。若但云"自在"，乃属"能化"之用，具足应云"观世自在"，通"能""所"也。"能"必有"所"，故略无之。能所两亡，不碍观察，互相融摄，为真自在。①

澄观同样从"三业"的角度理解《法华经》中的"观世音"信仰，但与法藏不同的是，法藏将"自在"理解为"三业"的圆融，而澄观则将其理解为"意业"，因为"意业"意味着消除贪嗔痴"三毒"，与佛教修行根本理念相一致，所以称为"自在"亦有道理。

_____

① 《卍新续藏》第5册，第136页上。

不过，澄观关于"观世音"解释的特色，在于从"能观"和"所观"相互关系的角度来诠释其内涵。"观世音"的"观"代表"能观"，体现菩萨的清净、智慧、慈悲，而"世"和"音"则代表"所观"，包括山河大地、佛众生及一切菩萨所救度的对象。从"能""所"具足的角度看，"观世音"应该称为"观世自在"。"观世自在"是6世纪佛经中出现的关于观音的译名，如菩提流支、瞿昙般若流支、那连提耶舍、阇那崛多、佛陀扇多的译经中皆作"观世自在"。① 而玄应的《一切经音义》也把"观世自在"视为正确的译名。即使在玄奘将其翻译为"观自在"之后，在唐代，"观世自在"仍然出现于诸多译经中。但与佛经翻译家基于梵文而选择这一译名不同，澄观是从"能观""所观"具足的教理出发而肯定这一译名的。而从最究竟的教理出发看待"观世音""观世自在""观自在"等诸译名，澄观最终还是选择了"观自在"。因为有"能观"必有"所观"，所以"观世自在"中的"世"字可以省略。更重要的是，"自在"意味着"能观"与"所观"双亡，意味着两者已经相互融摄。所以"观自在"体现了最究竟的圆融无碍的教理。在这里，我们看到华严思想的深刻影响。

## 三　四圣圆融与观音信仰

李通玄原本对《周易》星象、五行八卦等有较深造诣，在对《华严经》进行注释时，这种独特知识背景的影响也显而易见。如在对"观世音"进行释义时，结合《法华经》中的普贤菩萨云：

---

① 如菩提流支所译《胜思惟梵天所问经》（《大正藏》第15册，第80页下29行）、瞿昙般若流支所译《得无垢女经》（《大正藏》第12册，第97页下24行）、那连提耶舍所译《大方等大集经》（《大正藏》第13册，第340页上22行）、阇那崛多所译《观察诸法行经》（《大正藏》第15册，第727页下2行）、佛陀扇多所译《如来狮子吼经》（《大正藏》第17册，第890页上19行）等皆出现"观世自在"的译名。这一译名在玄奘之后仍然出现，如723年金刚智所译《金刚顶瑜伽中略出念诵经》（《大正藏》第18册，第242页上15行）就出现"观世自在"译名。

《法华》中云，普贤菩萨从东方宝威德上王佛所来者。又余《经》云，观世音在西方阿弥陀佛所者，总是如来密意方便，表法成名。意云，东方是智，西方是悲。以方表法，实无方所。但约东为春阳发生，日出普照。二十八宿中，东方角宿及房心等七星，皆为众善位，以表智门；西方七宿昴毕参等，主白虎，秋杀义。昴为刑狱，多主罚恶，以观世音主之。而实佛国一方满十方，一尘含法界，何有方所而存自他隔得别佛也。①

即《法华经》言及普贤菩萨从"东方"而来，而净土类经典则云观世音菩萨作为阿弥陀佛的胁侍菩萨住在"西方"。这里的"东方"和"西方"都是古印度观念中的方位，本来不能直接置换为中国的方位。但李通玄直接从中国古代的五行说出发，认为"东"主"春"、"西"主"秋"；"东"主"生"、"西"主"杀"。在二十八星宿中，东方七星主"智"，而西方七宿主"悲"。如此一来，观世音的"大悲行门"不仅符合佛教经典的教义，而且与中国传统的五行说、星象学也完全符合。这种说法，从消极的方面说，与早期的"格义佛教"相类似，即拿中国传统的概念思想与佛教的概念思想相比附；从积极的方面说，李通玄力图把"观世音"这一"西方"的菩萨置于中国文化背景下去理解，找到两种文化之间的契合点，也可以视为佛教中国化的一种尝试。

当然，李通玄并没有把"东""西"这种方位概念的意义绝对化，从华严的理事无碍、事事无碍的立场看，时间和空间都是相互融摄的，所谓"一方满十方，一尘含法界"。由于方位概念是相对的，所以他反对所谓观世音菩萨是西方的菩萨而非中国菩萨的观念，认为这不符合佛菩萨的境界。

李通玄的观音信仰的另一显著特征，是结合华严特有的诸圣圆融思想

---

① 《大正藏》第 36 册，第 981 页中~下。

诠释观音。关于观音菩萨与文殊菩萨、普贤菩萨以及《华严经》的说法主毗卢遮那佛之间的关系，李通玄云：

> 于《法华经》中会三入一门中，具有此三法：文殊、普贤、观世音菩萨。表法身无相慧及根本智，即文殊之行主之；表从根本智起差别行，以普贤主之；表大慈悲心恒处苦流不求出离，以观世音主之。以此三法属于一人，所行令具足，遍周一切众生界，教化众生，令无有余，名毗卢遮那佛。即明一切处文殊，一切处普贤，一切处观世音，一切处毗卢遮那。①

李通玄在这里提到了《法华经》的"会三入一"门，认为"三"分别指文殊菩萨、普贤菩萨、观世音菩萨，"一"则指毗卢遮那佛。其中，文殊菩萨代表"无相慧及根本智"，普贤菩萨代表由根本智所起"差别行"，观世音菩萨则代表"大慈悲心"。"会三入一"则指三位菩萨皆属于毗卢遮那佛。本来，《法华经》所说的"会三入一"是指法华"一乘"思想，即声闻乘、缘觉乘、菩萨乘皆归于"佛乘"之一乘。李通玄通过对《法华经》"会三入一"的再解释，从华严圆融哲学的立场出发，提出三菩萨与毗卢遮那佛之间"四圣圆融"的思想。

在《华严经》中，本来地位最高的菩萨是文殊菩萨和普贤菩萨。如澄观在《三圣圆融观》中所指出的那样，文殊菩萨代表"智"而普贤菩萨则代表"理"和"行"；文殊和普贤代表"因"，毗卢遮那佛则代表"果"。② 三圣圆融与"因果不二"可以相互说明，即由"因果不二"说明三圣圆融，同时，三圣圆融也体现了"因果不二"。但李通玄在《新华严经论》中不仅讲到三圣圆融，也讲到了这里所表达的四圣圆融。此外，

---

① 《大正藏》第 36 册，第 981 页下。
② 《三圣圆融观门》"三圣之内，二圣为因，如来为果。果起言想，且说二因。若悟二因之玄微，则知果海之深妙"。《大正藏》第 45 册，第 671 页上。

李通玄还讲到了弥勒菩萨、文殊菩萨、普贤菩萨的三圣圆融。[①]"三圣圆融"的说法，是到澄观的《三圣圆融观》才固定下来，成为华严诸圣圆融的典型说法。到宋代以后，除了占主流地位的三圣圆融，在华严体裁的造像中也有三圣加弥勒菩萨、观音菩萨的"五圣"造像。[②]这应该是受到李通玄《新华严经论》的影响所致。

## 四 结语

以上，以法藏、澄观、李通玄的相关注疏为中心，考察了中国华严宗思想家对于观音的诠释。这种诠释分为两部分。一是从语言学和文献学的角度对"观音"译名的诠释。从现代学术的立场来看，无论是法藏的诠释还是澄观的诠释都有很大的缺陷，难以说是准确的，有些完全是一种想象和臆测，如关于"光世音"的"光"字的解释就是如此。二是从三业和诸圣圆融的立场对观音译名及其内涵的诠释。这种诠释，不仅在理论上对观音各种译名存在的合理性做出了论证，拓展了观音菩萨的精神内涵，而且也成为构筑中国华严理论体系如三圣圆融、四圣圆融、五圣圆融思想的重要契机。

从佛教中国化的角度看，基于梵文文献的印度、中亚的观音形象只是观音信仰的原型，观音信仰的展开过程也是观音信仰的中国化过程。这种中国化进程在两个方向展开：一是伴随《观音经》等经典以及《冥祥记》《冥报记》等观音应验类典籍的流行，在庶民阶层形成的、以求得现实利

---

① 小岛岱山『李通玄における三聖円融思想の解明』、『華厳学研究』創刊号、華厳学研究所、1987。

② 根据镰田茂雄的研究，华严三圣像最早出现于9世纪中叶的四川，到宋代传播到各地。如杭州飞来峰的石刻像、金代大同善化寺造像、西夏榆林石窟的壁画等。开凿于南宋嘉熙四年（1240）的四川安岳石窟华严洞除了中间的华严三圣造像，左壁还雕有观音菩萨像、右壁则雕有弥勒菩萨像。日本在平安时代出现的"华严五圣曼陀罗"则是华严三圣像的发展形态。镰田茂雄『華厳三聖像の形成』、『印度学仏教学研究』44-2、1996。

益为目标的信仰形态；二是通过佛教思想家从理论上对观音信仰进行的理论诠释，使得观音的内涵与中国传统文化密切结合在一起。正是通过包括中国华严思想家在内的再阐释，原本作为"西方"印度的观音菩萨，逐渐吸收中国文化的要素，与中国文化相结合，成为"东方"的代表性菩萨，甚至发展成为中国文化的符号之一。总结华严宗思想家的观音阐释模式，可以让我们从一个独特的角度审视佛教中国化的途径和规律。

书评

# 千年疑案是如何被揭秘的

## ——评《大乘起信论成立问题的研究》

喻春勇[*]

  《大乘起信论》（以下简称《起信论》）作为中国大乘佛教的一部典籍，对于中国佛教乃至东亚佛教来说都有着非常重要的意义，被视为中国佛教哲学的大纲，是"东亚佛教的基轴"。[①] 在近代佛学研究中，《起信论》早已成为学术界广为关注的焦点，这固然与其在东亚佛教中的地位及影响有关，同时也与《起信论》文本的成书问题有着很大的关联。

  《起信论》在现存的藏经中被注明为马鸣菩萨造、真谛三藏译，是南北朝末期出现的一部佛教论典。但早在隋代开皇十四年（594）所编的第一部经录《众经目录》中，法经依据"真谛录无此"而将该论编入"众论疑惑"部。[②] 随后，费长房在开皇十七年（597）所编的《历代三宝记》中，虽未将该论列入疑惑部，但也没有注明其作者和译者。[③] 隋唐之际，中国佛教曾对《起信论》的真伪问题存在过一些讨论。开元十八年（730），唐智昇在《开元释教录》中将《起信论》记载为"马鸣菩萨造，

 * 喻春勇，中央民族大学博士研究生。
 ① 石井公成『大竹晋「大乗起信論」成立問題の研究——「大乗起信論」は漢文仏教文献からのパッチワーク』、『駒澤大学仏教学部研究紀要』、2018、第76号，頁1.
 ② 《众经目录》卷五，《大正藏》卷55，第142页上。
 ③ 《历代三宝记》卷十一，《大正藏》卷49，第99页上。

三藏真谛译"①，之后即被中国佛教认定为事实。直到一千多年之后，日本在明治维新时期由于受西方学术思潮及其研究方法的影响，从而开始了对佛教的批判性研究，其中最具代表性的就是围绕《起信论》的真伪而展开的争论。

自望月信亨于 1922 年在《大乘起信论之研究》中提出"中国撰述说"以来，关于《起信论》真伪问题的讨论已持续近乎百年之久。其间，日本佛教界具有代表性的学者宇井伯涛、平川彰、柏木弘雄、高崎直道、竹村牧男等就此展开研究和讨论，关于《起信论》的成书问题也形成了不同的观点，总的来说可分为"印度撰述说"和"中国撰述说"两种。其中印度撰述说又可分为"真谛译出说"和"他人译出说"；"中国撰述说"则可分为"来华印度人撰述说"和"中国人撰述说"。对于《起信论》的真伪问题（即成书问题）都是各执一词，尚无定论。2017 年底，日本学者大竹晋出版了他的最新研究成果——《大乘起信论成立问题的研究——〈大乘起信论〉是汉文佛教文献的拼凑》，认为《起信论》于543～549 年由北朝人撰述而成，基本上对这千年谜案给出了较为可靠的答案。

该书作者大竹晋，1974 年生于日本岐阜县，毕业于筑波大学并获得文学博士学位。早在攻读研究生时，即从导师竹村牧男教授处接触并开始了《起信论》的相关研究，曾发表过《瑜伽行派文献与〈大乘起信论〉》《〈入楞伽经〉的唯识说与〈大乘起信论〉》《〈大乘起信论〉的引用文献》《〈大乘起信论〉的止观及其素材》《近年来关于〈大乘起信论〉成立问题的研究动向》等与《起信论》相关的论文。《大乘起信论成立问题的研究》虽然是全新出版，但部分内容是在上述所提到的论文基础上修改而成，是大竹晋关于《起信论》研究成果的集中展现。该书已于 2017 年 12 月由国书刊行会出版发行，与《元魏汉译世亲释经论群的研

① 《开元释教录》卷十二，《大正藏》卷 55，第 609 页中。

究》（已出版）及《菩提流支研究》（待刊）一起被列为大竹晋近期规划的南北朝佛教研究三部曲。

《大乘起信论成立问题的研究》由资料篇和研究篇两部分组成。其中资料篇分为两章，分别是《敦煌写本系〈大乘起信论〉》与《北朝现存汉文佛教文献对照〈大乘起信论〉》；研究篇共分为四章，分别是《〈大乘起信论〉的素材》《〈大乘起信论〉中的北朝佛教学说》《〈大乘起信论〉中的奇说》《〈大乘起信论〉的成立与流传》，在此之后对全书进行了总结。

在《敦煌写本系〈大乘起信论〉》中，大竹晋认为《起信论》文本存在一个被改动的过程，现有经藏系统中的文本并非《起信论》最古老的形态，因此需要通过其他途径来还原《起信论》的古本。在此，大竹晋对敦煌文库中的 13 个写本进行了分析，并以初唐时期的敦煌 Pelliot chinois 2200 写本为底本，同时选取了从唐前到唐末五代时期的其他八个写本作为校本来完成《起信论》古本的校勘。大竹晋所使用的敦煌写本是目前最为齐全的，从时间上来讲也是现存最早的，因此，《大乘起信论成立问题的研究》中的《敦煌写本系〈大乘起信论〉》可以说是目前最接近古本的一个校勘文本，更能反映出《起信论》的成书地域和成书年代，① 是研究《起信论》成书问题的基础。

**表 1　敦煌写本信息统计**

| 敦煌写本 | 大正藏所收录《大乘起信论》 | 写本时间 | 校勘情况 | 备注 |
|---|---|---|---|---|
| Pelliot chinois 5581（1） | T31，575a1-17 | | 不用于校勘 | 残片 |
| Pelliot chinois 2200 | T31，575a6-583b17 | 初唐 | 校勘底本 | 首尾全 |

① 大竹晋『「大乘起信論」成立問題の研究——「大乘起信論」は漢文仏教文献からのパッチワーク』，東京：国书刊行会、2017、頁 25.

续表

| 敦煌写本 | 大正藏所收录《大乘起信论》 | 写本时间 | 校勘情况 | 备注 |
|---|---|---|---|---|
| Pelliot chinois 2120 | T31，575a22－583b17 | 唐末五代 | 辛本 | 首尾全 |
| Stein 5289 | T31，575b8－29 | 唐末五代 | 不用于校勘 | 断简，仅开头到因缘分，与 Дx5473、BD15692 为同一写本 |
| Stein 890 | T31，575c25－583b17 | 唐末五代 | 庚本 | 首残尾全，从立义分开始 |
| Pelliot tibétain 982 | T31，576a13－b8 | 初唐 | 乙本 | 首尾残 |
| BD15692 | T31，576a24－b11 | 唐末五代 | 不用于校勘 | 与 Дx5473、Stein 5289 为同一写本 |
| Дx5473 | T31，576b1~14 | 唐末五代 | 不用于校勘 | 残片，与 BD15692、Stein 5289 为同一写本 |
| BD15219 | T31，576b16－c16 | 初唐 | 丙本 | 首尾残 |
| Pelliot chinois 5588（5） | T31，577c28－578a5 | 唐天宝二年 | 戊本 | 首尾残，与 Stein 316、Дx887 为同一写本 |
| Φ141 | T31，577c29－583b17 | 唐以前 | 甲本 | 首残尾全 |
| Дx887 | T31，578a2－27 | 唐天宝二年 | 己本 | 首尾残，与 Stein 316、Pelliot chinois 5588（5）为同一写本 |
| Stein 316 | T31，578b12－583b17 | 唐天宝二年 | 丁本 | 首残尾全，与 Дx887、Pelliot chinois 5588（5）为同一写本 |

　　资料篇中的《北朝现存汉文佛教文献对照〈大乘起信论〉》占据全书一半以上的篇幅，属于该书的主要内容之一，同时也是研究篇的基础。在此章中，大竹晋参照高崎直道的研究，简要地说明了《起信论》的语

法和用语特征，并采用列表的方式将已经校勘的《起信论》文本及对应的现代日语译文置于上方，依据《起信论》中所使用的特定词汇、语句及表达方式等特点，再结合望月信亨、柏木弘雄、高崎直道、竹村牧男的研究成果，将北朝汉译佛教文献中可能成为《起信论》素材的词句列在《起信论》对应文本的下方，同时将有对应梵文和藏文的文本也一并列出，并翻译为现代日语。这种多语言、多文本的对比，让读者能很清晰地判断出《起信论》与北朝汉文佛教文献之间的关系，从而可以确定《起信论》的素材范围。

笔者依据《北朝现存汉文佛教文献对照〈大乘起信论〉》中所列出的北朝现存汉文佛教文献进行了统计，具体情况如表 2 所示。

表 2 《起信论》的素材统计 *

| 译者 | 经论名称 | 文本语言 | 属性 | 引用条数 |
|---|---|---|---|---|
| 菩提流支 | 《十地经论》 | 梵、汉、藏 | | 79 |
| | 《入楞伽经》 | 汉、梵 | | 75 |
| | 《金刚仙论》 | 汉 | 讲义录 | 32 |
| | 《金刚般若波罗蜜经论》 | 梵、汉 | | 28 |
| | 《深密解脱经》 | 梵、汉、藏 | | 22 |
| | 《佛说法集经》 | 梵、汉、藏 | | 10 |
| | 《不增不减经》 | 梵、汉 | | 9 |
| | 《大宝积经论》 | 汉、藏 | | 8 |
| | 《妙法莲华经尤波提舍》 | 汉 | | 6 |
| | 《大萨遮尼乾子所说经》 | 汉 | | 4 |
| | 《弥勒菩萨所问经》 | 汉 | | 4 |
| | 《胜思惟梵天所问经》 | 梵、汉、藏 | | 2 |
| | 《十二因缘论》 | 汉 | | 1 |
| 勒那摩提 | 《究竟一乘宝性论》 | 梵、汉 | | 51 |

续表

| 译者 | 经论名称 | 文本语言 | 属性 | 引用条数 |
|---|---|---|---|---|
| 鸠摩罗什 | 《大智度论》 | 汉 | | 23 |
| | 《十住毗沙论》 | 汉 | | 13 |
| | 《发菩提心经论》 | 汉 | 伪 | 9 |
| | 《维摩诘所说经》 | 梵、汉 | | 8 |
| | 《诸法无行经》 | 汉 | | 4 |
| | 《佛说仁王般若波罗蜜经》 | 汉 | 伪 | 4 |
| | 《禅密要法经》 | 汉 | | 2 |
| | 《妙法莲华经》 | 梵、汉 | | 2 |
| | 《佛说阿弥陀经》 | 梵、汉 | | 1 |
| | 《小品般若波罗蜜经》 | 梵、汉 | | 1 |
| | 《摩诃般若波罗蜜多经》 | 汉 | | 1 |
| 求那跋陀罗 | 《胜鬘狮子吼一乘大方便方广经》 | 汉、藏 | | 17 |
| | 《楞伽阿跋多罗宝经》 | 梵、汉 | | 10 |
| 昙无谶 | 《菩萨地持经》 | 梵、汉 | | 16 |
| | 《大般涅槃经》 | 汉、藏 | | 3 |
| 般若流支 | 《唯识论》 | 梵、汉 | | 5 |
| | 《奋迅王问经》 | 汉、藏 | | 4 |
| | 《正法念处经》 | 梵、汉、藏 | | 2 |
| | 《金色王经》 | 梵、汉 | | 1 |
| 康僧铠 | 《佛说无量寿经》 | 梵、汉 | | 6 |
| 竺佛念 | 《菩萨璎珞本业经》 | 汉 | 伪 | 2 |
| 阇良耶舍 | 《观药王药上二菩萨经》 | 汉 | 伪 | 6 |
| 曼陀罗仙 | 《文殊师利所说般若波罗蜜经》 | 梵、汉 | | 3 |
| 佛陀耶舍 | 《四分律》 | 梵、汉 | | 2 |
| 毗目智仙 | 《业成就论》 | 梵、汉 | | 2 |

| 译者 | 经论名称 | 文本语言 | 属性 | 引用条数 |
|---|---|---|---|---|
| 昙林 | 《毗那娑问经翻译之记》 | 汉 | 译经记 | 2 |
| 浮陀跋摩、道泰 | 《阿毗昙毗婆沙论》 | 汉 | | 2 |
| 毗目智仙、般若流支 | 《圣善住意天子所问经》 | 汉、藏 | | 1 |
| 吉迦夜、昙曜 | 《付法藏因缘经》 | 汉 | | 1 |
| | 《大乘十地论义记》 | 汉 | | 1 |

注：敦煌文献未纳入统计范围，"属性"一栏中未填写的表示从印度翻译的经论。

从表2统计可以看出，大竹晋对《起信论》素材的整理和对照是非常全面的，也是非常彻底的。其所列举出《起信论》所使用的素材共涉及44种文献，引用条数多达485条，其中与菩提流支有关的文献有13种，共计280条。在所有素材文献中，引用次数最多的前三种文献分别是菩提流支所译的《十地经论》《入楞伽经》及勒那摩提所译的《究竟一乘宝性论》，从中可知《起信论》的思想源头，这对于《起信论》的研究具有非常重要的意义。

在第二部分研究篇的第一章《〈大乘起信论〉的素材》中，大竹晋按照时间的先后顺序，将资料篇中所列出的北朝汉文佛教文献从姚秦到北魏，与《起信论》中所涉及的特定词汇、语句以及词汇排序等方面来进行对比，以说明这些文献属于《起信论》的写作素材。此外，他还对这些文献的性质进行了分析，其中既有从印度梵文文本翻译而来的汉译经论，也有在汉地所造的伪经伪论（如《菩萨璎珞本业经》《观药王药上二菩萨经》《发菩提心经论》等），还有印度僧人在华所做的讲义录（如《金刚仙论》），以及汉地僧人所做的译经记（如《毗那娑问经翻译之记》），因此，便可以判定《起信论》为中国人撰述。

研究篇中的《〈大乘起信论〉的素材》主要是基于文献的分析和对比来论证《起信论》为中国人撰述。研究篇的第二章《〈大乘起信论〉中的北朝佛教学说》以及第三章《〈大乘起信论〉中的奇说》则是从思想方面来分析《起信论》的撰述问题。

研究篇第二章《〈大乘起信论〉中的北朝佛教学说》共有六节，主要从"五蕴"与"色心"、"心"与"无明"、双运道止观的对象以及大乘语义下的"三大"四个方面论述《起信论》与北朝佛教学说之间的关系，从而推断《起信论》属于北朝人撰述。大竹晋通过经论的对比，指出在早期翻译的经论中（如《大般涅槃经》《阿毗达磨顺正理论》），是用名和色来解释五蕴（五阴）。但在南北朝时期的中国佛教中，一种很普遍的认识是将受、想、行、识四蕴等同于心，于是五蕴就被视为色与心，这一观点也被《大乘起信论》采用。[①] 因此，大竹晋认为《起信论》采用了南北朝时期所盛行的说法，且与早期经论中的印度思想有一定的差异，以此证明《起信论》由中国人撰述。

在第三节中，大竹晋通过"心"与"无明"的分析，指出北朝佛教对《胜鬘经》中所讲的"住地烦恼"和"起烦恼"产生了误解。"住地烦恼"在《胜鬘经》中是属于"潜在的烦恼"，是蓄积在心上的东西，并非心本身，因此，《胜鬘经》中所讲的作为烦恼基底的"无明住地"也不过是蓄积在心上的东西，并没有与心结合，与心不是一体。而在北朝佛教中把"住地烦恼"理解为与心结合的"见""爱"等，把"无明住地"的烦恼理解为心。其中，无明住地的烦恼被称为"即心之惑"，住地烦恼被称为"异心之惑"。"即心之惑"即是无明，也就是心本身。因此，在北朝佛教看来，"无明"就是等同于"心"。《起信论》同样把心视为无明，[②] 这正是对北朝佛教这一误解的继承，从而说明了《起信论》由北朝人撰述。

---

① 如《起信论》所载："所谓推求五阴，色之与心。"参见《大乘起信论》卷一，《大正藏》卷32，第579页下。

② 如《起信论》所载："以一切心识之相皆是无明……"参见《大乘起信论》卷一，《大正藏》卷32，第576页下。

第四节中，大竹晋是通过对双运道止观法门所分别思维的对象来进行分析的。文中，他依据《解深密经》指出印度佛教中双运道"止"和"观"都是在见道时的同一瞬间生起来的，"止"和"观"所思维的对象是同一的，即"止"和"观"都是先思维唯识，再思维真如。在《起信论》的双运道中，"止"和"观"却是分别思维不同的对象，即"止"先思维唯心，其后再思维真如，而"观"则是一直在思维有为法，因此，《起信论》的双运道是重视在同一瞬间思维真如和有为法的止观法。大竹晋认为，之所以有这样的差别是因为北朝佛教依据《大智度论》的教法，不但要观照"空"，而且要在同一瞬间观照"空"和"有"，可见《起信论》所讲的同一瞬间思维真如和有为法的止观法是对北朝佛教止观方法的继承和借鉴，因此，也就可以证明《起信论》为北朝人撰述。

"体、相、用"的"三大"思想是《起信论》中主要的思想之一，对中国佛教的理论构建产生了很大的影响。在第五节中，大竹晋以"大乘语义下的三大"为题，其主旨是想解决《起信论》中体、相、用三大思想的来源问题。在此，他梳理了"大"在南北朝佛教的发展和演变：在昙无谶所译的《菩萨地持经》中，虽有"七大"之说，但没有"体大""相大""用大"的词语出现。南朝的《摩诃般若》中提到"十大"和"五大"，其中"五大"包含了"体大"和"用大"。南朝庄严寺僧旻主张的"十大"以及开善寺智藏主张的"六大"中均有"体大"和"用大"，这说明"体大"和"用大"在《起信论》出现之前的南朝佛教中均已经出现，但是作为《起信论》中所使用的"体大""相大""用大"，至少在表述和排序上还未曾出现。大竹晋认为《起信论》中的"三大"来源，主要是依据菩提流支的讲义录《金刚仙论》。《金刚仙论》中虽然没有直接给出"体大""相大""用大"这样的排序或表达，但其文中关于佛的三身，即法身、报身和应身的阐述，以及南北朝佛教中"大"的观念是《起信论》中"三大"概念形成的基础，从而再次说明了《起信论》为北朝人撰述。

大竹晋在研究篇的第二章中主要是通过《起信论》中所吸收的北朝佛教学说来论证《起信论》为北朝人撰述。研究篇的第三章《〈大乘起信论〉中的奇说》，则是通过将《起信论》与印度佛学思想进行对比，认为《起信论》所吸收的北朝佛教思想中有部分是基于对印度佛教的误解而产生的，大竹晋将这些误解的学说称为"奇说"。在此之前，对于《起信论》的研究虽然很多，涉及的面也十分广泛，但是"在汉字文化圈内，由于长期以来都作为印度佛教的概论而被学习，因此汉字文化圈的佛教徒，包括佛教学者在内，在无意识中将此论点看作印度佛教的标准，很难发现同论与印度佛教之间的差异"。① 因此，关于《起信论》中对印度佛教思想的误解在之前的研究成果中还未被指出。依据大竹晋的分析，《起信论》中对于印度佛教思想产生误解的"奇说"主要有以下六个方面。

第一，《起信论》把一切诸法视为真如的奇说。大竹晋依据《菩萨地持经》认为在印度佛教思想体系中，一切诸法所具有的、无法用语言所表达的自性就是真如。换句话讲，真如是一切诸法的共同属性。而《起信论》则主张诸法之所以有区别是由于妄念所引起，如果去除掉妄念，则一切诸法就都是同一的真如，也就是说，一切诸法即是真如。大竹晋认为这是《起信论》对印度真如思想的一种误解。

第二，《起信论》中把"意"视为"五意"的奇说。在此，大竹晋认为菩提流支是主张七识说，即认为心是阿赖耶识，意是染污意，因此，心、识和意是有区别的。菩提流支所翻译《入楞伽经》的"本识但是心，意能念境界；能取诸境界，故我说唯心"的第四句原意应为"故我说为识"。《起信论》的作者并未理解心、意、识的区别，而将阿赖耶识说为意，② 也就是把识等同于意。于是把《入楞伽经》中与意无关的"业相

---

① 大竹晋『「大乘起信論」成立問題の研究——「大乘起信論」は漢文仏教文献からのパッチワーク』，頁17。

② 如《起信论》所载："以依阿梨耶识说有无明，不觉而起，能见、能现、能取境界、起念相续，故说为意。"参见《大乘起信论》卷一，《大正藏》卷32，第577页中。

识"①"转相识"②"现识"③"智相识"④"相续识"⑤ 说为五意，即"业识""转识""现识""智识""相续识"，可以看出《起信论》的作者由于缺乏梵语知识，或者是未曾见到《入楞伽经》中"五意"的梵语表达而产生的误解，其文本并不符合梵文文本的本意。

第三，《起信论》中把"熏习"等同于"熏"的奇说。大竹晋认为《起信论》的作者并没有理解"熏"和"熏习"的区别，而将"熏习"等同于"熏"。"熏"的梵语为 paribhāvayati 或 paribhāvita，原意具有渗透的意思，属于动词；而"熏习"的梵语为 vāsanā，是习气的意思，属于名词。但《起信论》的作者并没有从梵语出发对两者进行区分，而误以为"熏"是"熏习"的简称，将两者等同起来，并依据《入楞伽经》的无漏熏习、无明熏习、虚妄心分别熏习、戏论熏习而创立了真如熏习、无明熏习、妄心熏习以及妄境界熏习。其中《入楞伽经》的"熏习"是名词"习气"（vāsanā）的意思，而《起信论》中的"熏习"则应该作为动词"渗透、熏"（paribhāvayati）来理解，很明显是因为不了解梵语而对词意产生的一种误解。

第四，《起信论》中所主张的前世业障残留至今的说法不符合印度佛教思想。前世业障残留说主要是基于五无间业来讲的，依据印度佛教的思想，无间业是指业力产生作用在时间上没有间隔，即死后立马在地狱中显现，并不会将业障残留至下一世。在《起信论》中的"从先世来有多重罪恶业障故"即肯定了业障残留说。这明显不符合印度佛教思想，属于对印度佛教的误解。

第五，《起信论》中对"阿惟越致"（avaivartikakā）产生误解，把它

①　梵文：karma-lakṣaṇa，意思是业的特征。
②　梵文：pravṛtti-lakṣaṇa，意思是活动的特征。
③　梵文：khyāti-vijñāna，意思是显现识。
④　梵文：jāti-lakṣaṇa，意思是出自的特征。
⑤　梵文：vijñāna-prabandha，意思是识的连续。

解释为不退信位。在印度佛教中，"阿惟越致"是指在大乘佛教中获得无上正等正觉后不会退转。而《起信论》的作者依据《佛说无量寿经》中的"信心欢喜……住不退转"，以及《金刚仙论》中的"然此一念信，决定不退"，认为"阿惟越致"是不退信位。这也是属于对印度佛教思想的一种错误解读。

第六，《起信论》中将正定聚视为不退信者的说法。依据印度佛教思想，在确定进入涅槃的阶段叫作"正性离生"，其中"正性"即是指涅槃。"正性离生"在声闻乘的说一切有部中是指预留果位的法智忍，在大乘中是指十地中的初地。"正定聚"就是进入正性离生群体的总称。因此，"正定聚"是指法智忍的声闻乘或大乘中初地以上的菩萨。而在《起信论》中，"正定聚"则是指初地以前信不退转的菩萨，与印度佛教之间存在较大差异，属于对印度佛教的又一误解。

通过上述的分析可以看出，《〈大乘起信论〉中的奇说》与《〈大乘起信论〉中的北朝佛教学说》中所指出的《起信论》思想虽然都是对印度佛学思想的误解，但两者之间还是存在一定的差异。《〈大乘起信论〉中的北朝佛教学说》指出的这些学说，虽然与印度佛学思想不一致，但是这种对印度佛教的误解并非是由《起信论》造成的，而是在北朝佛教中就已经形成了这样的误解，《起信论》只不过是继承了北朝佛教所误解的佛学思想。《〈大乘起信论〉中的奇说》中所提出的种种"奇说"，则是《起信论》的作者由于缺乏梵语知识，或者未能了解到梵语文本的内涵，对部分术语产生了不正确的理解，从而与印度佛教思想产生偏离成为"奇说"，是《起信论》对于印度佛学思想的误解。大竹晋正是通过这两方面的分析，来论证《起信论》为中国人撰述，而且是北朝人撰述的。

至此，《起信论》的撰述问题基本上得到了解决，但《起信论》是在北朝什么时候完成的？又是什么时候假托为马鸣菩萨所造？以及什么时候流传到南朝？什么时候假托为真谛所译？这些问题，大竹晋在研究篇的第四章《〈大乘起信论〉的完成与流传》中给予了说明。

关于《起信论》的完成时间，大竹晋认为《起信论》中使用了般若流支所译的经典作为素材，依据般若流支的译经时间为538～543年，从而确定《起信论》完成的上限为543年。又因为从550年东魏禅让北齐到那连提舍耶在天保七年（556）来齐期间，北朝佛教中并没有印度人活动的记载，佛典翻译事业完全处于停顿状态；这一时期刚好属于地论宗教理的形成期，但在《起信论》中并没有发现地论宗思想的痕迹，因此可以判定《起信论》完成的下限为549年。此外，大竹晋又依据《起信论》中引用了《马鸣菩萨传》中的"复以广论，文多为烦"的语句，认为把《起信论》的作者假托为马鸣是《起信论》完成之时造论者自己的行为。从真谛著作的逸文来看，他在《九识章》和《仁王般若疏》中使用了《起信论》所特有的术语——"本觉"，因此可以确定《起信论》在北朝成立后被传入南朝，从而影响了真谛。再依据《历代三宝纪》中关于真谛在太清四年（550）曾撰《起信论疏》的记载，认为这就印证了《起信论》成书的下限为549年，同时也依此而主张将《起信论》假托为真谛所译的时间是在550年以后。

最后，大竹晋对于《起信论》的成书问题进行了总结，认为《起信论》的作者是一位有着清楚明晰的头脑、超强的逻辑思辨能力和高超的佛学素养的北朝人，由于不能通过梵文直接接触印度佛教，故而主要利用菩提流支汉译的经论和讲义录作为素材，将在印度尚未统一的《究竟一乘宝性论》中的如来藏思想与《入楞伽经》中的如来藏思想在中国北朝这一特定的佛学背景下进行了首次融合与统一。简而言之，《大乘起信论》是在543～549年由北朝人依据北朝汉文佛教文献撰述而成。

大竹晋在《大乘起信论成立问题的研究》中，以文献为基础，首先利用敦煌写本尽可能还原了《起信论》的古本形态，同时又结合《起信论》以往的研究成果，从语法、词汇及语句的使用特点等方面列出了《起信论》所使用的北朝汉文佛教文献。然后再通过思想的对比分析，分别指出了《起信论》中所吸收的北朝佛教学说，以及对于印度佛教产生误解的奇说，论证了《起信论》为北朝人所撰述。并对《起信论》的成立时间，以及假托为马鸣和真谛等问题也给予了说明。至此，可以说有关《起信论》成书问题的千年谜案终于得到了较为可靠的解答。在书中，大竹晋考察了大量的北朝汉文佛教文献、敦煌文献以及藏外地论宗文献，同时也参照了相应的梵语和藏语文献，体现了高超的佛典语言的素养和深厚的文献功底。该书使用的材料非常全面，在论证上既有对前人研究成果的吸收和总结，又能独辟蹊径，为学术界对《起信论》的研究提供了新的素材和新的视角。

当然，该书也并非没有不足之处，如石井公成所讲，大竹晋在将《起信论》原文及梵语文献翻译为现代日语时，把原文的主动句翻译为被动句即是问题之一。[①] 笔者认为大竹晋在《北朝现存汉文佛教文献对照〈大乘起信论〉》中所列出的部分词语在其所指出的文献之前就已经存在，如"和合""心念""非一非异"等，可否以此确定该文献为《起信论》的素材尚有待商榷。此外，大竹晋在论述《起信论》"三大"思想是受到菩提流支《金刚仙论》中对"三身"思想的影响的论证力度依然不足；在分析《起信论》被假托为真谛所译的部分，也并未完全展开，只是给予了一个大概的结论。但综观全书，这些不足对《起信论》成书问题的结论来说并不能产生多大影响。大竹晋关于《起信论》为中国北朝人撰述的结论是很难撼动的，也为这桩千年疑案画上了圆满的句号。当然，真伪问题只是《起信论》研究中的一部分，大竹晋在书中所提供的新素材和新视角对今后的《起信论》研究有很大的借鉴作用，这也是大竹晋《大乘起信论成立问题的研究》一书的另一个贡献所在。

---

① 石井公成『大竹晋「大乗起信論」成立問題の研究——「大乗起信論」は漢文仏教文献からのパッチワーク』、『駒澤大学仏教学部研究紀要』、頁8。

# 从三教关系的角度理解佛教中国化

## ——读牟钟鉴《儒道佛三教关系简明通史》有感

单珂瑶[*]

中国思想文化历史以儒、道、佛三家为核心，但三者关系错综复杂，发展至今日，三家彼此的脉络已是盘根错节、互摄互融，有关三家关系的研究也成为难点重点。在探讨三教关系与佛教中国化问题时，我的导师韩焕忠向我力荐牟先生的大作《儒道佛三教关系简明通史》[②]。在认真研读之后我深受启发，加深了对三教关系中佛教中国化问题的理解。除对三教关系问题提起浓厚兴趣之余，也深深折服于牟先生的高明见地和论点，我认为佛教中国化问题放在三教关系中探讨这一路径是妥当的、具有前瞻性的。

《儒道佛三教关系简明通史》一书中，牟先生以独特的学术观点将儒、道、佛三家细化为"三教六家"，全书坚持一个"和"字，突出一个"新"意，坚持三家应以互补、综合、创新的"通和"理念进行多元统一式的发展。牟先生在总论中开宗名义地点出研究三教关系的重要性，指明其对于准确把握三教各自历史脉络的重要意义，并认识到只有研究三教关系史，才能更好地促成三教之间和谐互鉴的关系结构，才能更好地在思想文化领域为中华民族伟大复兴做出贡献。

---

[*]　单珂瑶，苏州大学硕士研究生。

[②]　牟钟鉴：《儒道佛三教关系简明通史》，人民出版社，2018，以下引用仅注此书页码。

佛教作为源自印度的一种外来文化，是如何传入我国、又是如何在一个文化氛围与之完全不同的地域上扎根生长，这是一个很有趣味性的话题。在《儒道佛三教关系简明通史》一书中，牟先生主要是以时间线索为脉络，从佛教初入、佛教崛起、佛教繁荣以及三教的后期深层融合与和谐共进来论述，这样的陈述方法是完整、系统的，能够让我们在横向与纵向的双重比较中，较为深刻全面地掌握不同历史时期三教各自的特点，以及三教互相融合的阶段性与渐进性。在阐述三教各自发展历程与关系演进时，牟先生沿历史发展脉络进行精细梳理，分出以下五个重要时期。

# 一 两汉时期：在三教冲突 与文化碰撞中探讨佛教初入

总论之后，牟先生简明扼要地论述了中华文明的起源，以及儒道二家的诞生与演进。儒家和道家是我国本土的文化，拥有源远流长的历史渊源，对我国的文化形态和思想演进方向有着非常重大的影响，也为汉末时期佛教的初入做了文化层面的铺垫，因此明晰佛教传入之前的中华文化氛围是非常有必要的。

早在汉代之前、佛教尚未传入的时候，我国的儒道文化之间，抑或各部落、各氏族之间的特色文化就呈现出相互融合、求同存异的一面，既保持了多元特色又不失和谐共进。这是由我国的自然地理环境、发达的农业文明、多元一体的民族格局共同作用而形成的传统，这种传统保证了"中华早期文明从开始就独立发展，具有多元性和通和性，没有一元排他的基因"（第30页）。同时，在儒家式的"有朋自远方来""君子和而不同"，以及道家式的"不敢为天下先""清静为天下正"等和融文化传统的影响下，可以说佛教文化的传入在中国这片土地上已经具备了思想基础。

及至两汉时期，印度佛教通过丝绸之路传入中国，虽然传入初期并未立即获得本土文化的认可，但不能不说印度佛教正如汲水之根，在飘摇不定中站稳了脚跟，并发展出自己的脉络。思及其能够扎根的原因，除其本身的包容特点与我国本土文化相似，以及国人追学好思的优良品质外，不应忽视其文化本身博大精深的魅力，"得力于印度佛教本身具有独特的思维、丰富的哲理、博大的体系，对中国人有巨大吸引力"（第103页）。如《抱朴子》所言，"乘流光，策飞景，凌六虚，贯涵溶"。"涵溶"二字用以形容佛教是恰当的。佛教并非"高不可登，深不可测"，在其成功站稳脚跟后，便与本土以儒道为主的文化体系产生了交流与碰撞。

对于初入中土的佛教，牟先生认为其与我国本土二教的融合，主要是通过异质文化之间的交流与冲突而展现出来的。汤用彤先生曾在《文化思想之冲突与调和》中精确概括其交流过程，即"外来思想之输入，常可以经过三个阶段：（一）因为看见表面的相同而调和。（二）因为看见不同而冲突。（三）因再发现真实的相合而调和"。[①]汉末牟子著《理惑论》，实际上是表露了彼时佛教文化与我国本土文化的交流已经进入第二个阶段，《理惑论》中比较清晰地呈现出佛教文化与中华传统文化的观念冲突，牟钟鉴先生认为其中对佛教的责难与应答恰恰"体现了中华思维的简约性、现实性与佛教思维的广阔性、抽象性之间的矛盾"（第106页）。冲突和矛盾就意味着文化的交流与对话，有对话就有沟通和吸收。牟钟鉴先生认为这样的冲突是"真实相合"的前提，不同文化之间的对话是文化融合之前的量变基础。正如牟先生在该书自序中所言，儒、道、佛三教从初时发展到相互融合，内部是"和而不同，聚同化异，互补互渗，共生共荣"（自序第4页）。况《理惑论》自设宾主式的问答中涉及诸多深层次文化的讨论，如"夷夏之辨、仁孝之道、礼制之异、魂神有无、沙门杂而不纯、老子道家与神仙方术的异同、佛教经义的功能等重大

---

① 汤用彤：《汤用彤全集》第五卷，河北人民出版社，2000，第281页。

问题"（第 109 页）。可以看出，这些问题虽然表面是冲突，但魏晋南北朝时期三教的争论呈现出互长互进的良性互动方式，这是牟先生在全面客观把握问题的研究方法上为我们带来的启示。

## 二　魏晋南北朝时期：在三教求同存异<br>阶段中论述佛教的崛起

牟先生用综合性的眼光，看到了魏晋南北朝时期三教关系的复杂局面。总的来说，这一时期佛教根脉渐深，是佛教在与儒道二教的互动中取长补短、迅速崛起的重要时期。这一阶段对于儒家来说是经学分立时期，对于道家来说是玄学诞生、道教的初步壮大和理论完善时期，对于佛教来说最重要的莫过于出现了道安、僧肇二位高僧。"这一时期三教关系总的特点是儒家经学分立却依然保有中华主导思想文化的地位，同时新道家即玄学兴盛、道教上升为主流宗教之一，佛教异军突起、成为中国人的重要精神支柱；三教之间呈三方互动之势，彼此吸收、明异，开展论辩，又在异中求同，探讨可以并生、互补的共同基础，为隋唐实施统一的三教并奖文化政策提供了可行性的历史经验。"（第 110 页）洪修平教授在《儒、道、佛三教关系研究的方法与实践》访谈中曾经对这一时期的三教关系进行概括，即魏晋南北朝时期的佛教是依附于魏晋玄学迅速传播，从而产生"六家七宗"，而玄学实乃儒道文化的融合，因此玄佛合流实际彰显出三教合一的趋向。三教从总体上来看是趋向合一的，此时的儒、道、佛三教各自皆有很大程度的创新。

对于魏晋南北朝时期的儒家，牟先生在书中梳理了玄学经学的分化与创新，紧随其后对新道家玄学的兴盛进行了阐述，此二者的发展实是儒道合流的表现，魏晋玄学便是"极高明而道中庸"，对于这一点，冯友兰先生也曾表述过自己的观点，牟先生对其观点进行了概括："既有世间的不离人伦日用的传统，又有出世间地玄远虚旷的传统，前者儒学为代表，后者道家为代表（后来又有禅宗），宋明道学便是两者在更高阶段上的统一。"（第 117 页）魏晋玄学中以何晏、王弼为代表人物的"贵无论"，理论源头为老子的"崇本息末"思想，目标是要"最完美地实现纲常名教"（第 118 页），其探讨的核心问题已不仅是老子宇宙论前提下的物质发生规律，而是涉及"有"与"无"的逻辑关系问题，这使"中国人的理论思维水平获得一次大的提升"（第 118 页）。牟先生所述的三教共进是得到实践证实的——在漫长的时间洗礼中，儒、道、佛三教确然互鉴变迁，相互吸收长处进而实现跃进式发展，共同走向繁荣。"从儒家、道家关系发展史看，'贵无论'一大贡献是用'本末、体用'的范畴将儒与道融为一体，主观上是纳儒入道，客观上是以道弘儒，为后来宋明新儒家的诞生提供了新的思维方式。"（第 119 页）实际上正如笔者前文所言，"贵无论"远远不止是儒道之间的互鉴吸收，还有印度佛教逻辑思维方式的贡献；囊括各家各派理论的魏晋玄学的贡献也不仅仅是昭示出儒道合流的趋势，而且在其后进一步形成玄佛合流的盛景，无疑为印度佛教的进一步中国化打下了必要基础。

在这一碰撞之后的大融合阶段，儒、道、佛三教呈现出更为复杂的关系，但牟先生不遗余力地详细梳理其中难点，凭借对三教历史发展主旁支的一体知悉，分别述明三教各自的发展态势，并且联系对比，力图以三教融合的大局观明晰三教历史。如其联系比较王弼"贵无论"与道安"本无宗"之异同，概述"贵无论"乃肯定末有之价值，"本无宗"为解除滞于末有之累，但"本无宗的宇宙观与何晏、王弼的贵无论是一脉相承的，皆认为万有以无为本"（第 149 页）。二者虽是一玄一佛，但无论是用语还是含义，都呈现出文化交融的趋向。至于著名高僧僧肇，更是将魏晋玄学与佛教般若学相结合，作《物不迁论》《不真空论》《般若无知论》三部影响至今的精要论著。从另一个方面来说，佛教力图在中华文化中占有一席之地、拥有一定的话语权，合儒化佛、合道化佛，甚至是合本土民俗化佛便是佛教中国化的历程。僧肇作为佛教中国化代表人物，"被誉为'解空第一'"（第149页），而僧肇结合魏晋玄学所发扬的佛教学问，"已超出一般以老庄解佛的'格义'之简单比附，能更深一层理解佛教般若本意，使玄学话语与佛学名相有机融合，有力地推动了佛教在哲理层面的中国化，使中华抽象思维能力有一大提升"（第149页）。

中国历史上第一次大规模地接收一种异文化，我国的本土文化正是以"异中有同、求同存异"八个字为精髓，化"敌"为己，这和儒道文化的优良传统底蕴是分不开的。这一时期，"论证虽多，使用的是讲道理有风度的文明方式"（第155页），牟先生对此总结道："这一时期三教关系呈现为和平并存、论证频繁、异中求同的主流态势。"（第155页）继僧祐《弘明集》为南朝三朝间的儒佛争论画上句号后，三教融合论逐渐盛行。"本末、内外论是三教融合论的初级形态，其特点是：'以我为主'，同时承认他教的辅助地位。"（第185页）但与此同时还有均善论或均圣论、殊途同归论等声音的存在，这是我国多元文化传统的体现，也是中华文化包容博大精神的体现，更是中华民族强大凝聚力的体现。"儒学因玄学而提高了创新经学的能力，由佛教而扩大了宇宙论的视野。佛教因儒学而加大了现实的关怀，由玄学而接通了梵华之路。道家、道教因儒学而强固了中华根基，由佛教而充实了教义教规。在哲学上，道家与佛教开出中国宇宙论、认知论、人生论新天地。"（第193页）

## 三　隋唐时期：在三教并行阶段中
## 呈现佛教的繁荣

唐朝，社会逐渐稳定，经济、文化等各个领域高度繁荣，唐朝也是思想大融合的重要阶段。经济的高度发展必定带来对外交流的高度开放和文化生活的高度繁荣，唐代三教文化的昌荣亦离不开执政者的政策扶持。执政者充分认识到儒、道、佛三教文化在社会生活中的重要作用，没有偏而持重，而是"确立了'三教并奖，各尽其用'的新方略，有效配合了稳定'大一统'国家、建设高度文明繁荣社会的发展目标"（第194页）。至此，"儒、道、佛三教皆具全国规模，出现宏大格局，而各有自身的特色和优势，成三足鼎立之势，三教并行作为常制为中央政权文化政策所确定，也成为社会上下认可的新常态"（第194页）。可以说，三教文化得以长足进步、获得彼此深层次交流融合的机会，执政者所制定的三教并进政策在其中发挥了极其重要的作用，这一政策可以说是思想文化领域中的开拓之举。

牟先生在第五章开宗明义，三教文化的鼎立，首先体现在作为中华传统文化本根脉络之儒学的经学一体化、制度化，以及经世致用。"唐代儒学虽然在理论层面没有佛学光彩，却在经学统一、教育制度、治国理政等方面，达到了汉代未曾达到的新高度，焕发出巨大的活力，对于盛唐事业做出了具有深远历史意义的贡献。"（第195页）在三教关系的角度上，牟先生一针见血地指出："唐代儒学的理论体系需要大力开拓，却不能走唯我独尊的封闭之路，只能走出入佛老而后创新之路。"儒学在我国传统文化中固然拥有源远流长之历史，根深蒂固之积淀，但若要带着中国特色传承与弘扬，势必要更新自身，这一点不仅牟先生高度认可，并且也应合了张岱年先生所言"综合创新"四字，佛道不可废，儒不可不自新，事实上三家皆是如此。这种吐故纳新而非故步自封的治学方式，在重玄学代表人物成玄英、李荣身上得到了很好的体现。"玄之又玄"，乃谓"重玄"，成玄英在老子义理的基础上，用佛学哲理将其深化。李荣作为高宗和武则天时期的著名道家领袖，在秉持道家中心思想的基础上用源自佛家的"中道义"诠释重玄学，让两者突破浅表交流，探索出深刻的路径，"借佛教中道义之药破除俗见空义之病后，则药亦须遣除，即忘却佛家中道义，这才是重玄之境"（第221页）。也正因如此，"……既吸收佛学，又超越佛学，既深化老学，又创新老学，在融会佛老提升修道境界上，达到了很高的水平，也是中国式体认思维一个高峰"（第221页）。换到儒道融会、儒佛融会抑或是三教融会贯通等角度，也是万殊一辙之道理，或是套用佛教哲理中的"月映万川"，都是万变不离其宗。

　　经过了前期的互相对抗阶段，"佛教在隋唐迎来传入中国后的鼎盛时期，它使中国文化发展到一个新的阶段，以至于后来的中国文化史学者在用某主创学派代表一个历史时期文化时，习称'隋唐佛教'，与此前的'魏晋玄学'、此后的'宋明道学（或理学）'相并列"（第 224 页）。足见佛教在当时社会各个领域的繁荣态势，这也为隋唐以降中国化佛教向域外的传播奠定了基础，观览全局，更是中国整体文化的一大发展。除此以外，对于传入中国的印度佛教来说，"翻译典籍是使用不同文字的文化之间交流的必要阶段，这一项事业做得越认真，文化交流就越有实效"（第 226 页）。在隋唐阶段的大繁荣背景下，佛教文化传播者很好地抓住这个契机，唐朝的佛教典籍翻译不再单单依靠德高望重的僧人来进行，无论是制度方面还是工序方面都得到了大力扶持，取得了长足进步，译经人员分有译主、证义、证文、书写、笔受、缀文、参译、刊定、润文、梵呗之多。整个过程由小规模到大规模，由被动接受到自发学习，佛教文化实已被我国学人纳入自身文化体系。我国译典讲求"信达雅"三字，从这一时期佛经翻译工作的繁复程度可见，汉译佛典已经不再仅是停驻于前二阶段，"雅"字蕴涵之优美意韵已尽然浮跃。这是佛教中国化进程中的重要节点，学者在译经过程中受到佛教式逻辑的思维方式影响，对于儒、道、佛三教之间的优势互补具有重大意义。正如牟先生所言，"佛教是哲理型宗教，理论思维发达精细，既能弥补儒家超越精神不足的缺欠，又能提升道家抽象思维层次，因此受到中国学人欢迎，隋唐佛学遂构成中国哲学思想史的重要发展阶段"。在与儒道二教的交流中，佛教文化不仅丰富了我国的日常用语，更是为艺术领域开拓了前所未有的恢宏气象，可见从朝堂到民间，无一不接受着佛教文化的洗礼。佛教在传入中国这片沃土后再放新光，诞生出天台宗、三论宗、华严宗、唯识宗、禅宗、律宗、净土宗、密宗等中国化佛教教派，其中犹以禅宗义理创新为最。慧能祖师所作

《坛经》，"为中国僧人作品中唯一被佛教界称为'经'的典籍，影响广大深远，在儒、道、佛三教合流中也起到了承上启下的关键作用"（第235页）。其"见性成佛"和顿悟法门更是"扫除以往佛教繁琐义理和坐禅苦修方法，适应了中国人'大道至简'的思维习惯，掀起了一场佛教改革运动，刷新了中国佛教面貌"（第235页）。

隋唐时期，儒、道、佛三教会通程度亦显著加深，形成了不同于魏晋南北朝的新格局，牟先生对这种新格局做三点概括，除对宗教人员的管理方面设立相应官职、完善相关制度，以及三教由冲突斗争和渐行渐近、殊途同归外，最重要的莫过于"三教各自都在统一的帝国尤其是大唐帝国里具有了全国性大教规模，并牢牢地站稳了脚跟，真正形成三足鼎立之势，成为中华民族三大精神支柱"（第242页）。发生此变化，除三教学人的努力和精进外，还得益于三教会通理论家宗密和三教关系文献学家道宣的思想文化贡献。宗密沿内外二路精进佛教文化，在内，对作为"究竟原道"的佛教教派进行分疏细化，将佛教分为"人天教""小乘教""大乘法相教""大乘破相教""一乘显性教"，以华严宗的"一多圆融"理念为中心思想；在外，虽以佛教为最高，但实是综合儒、道、佛三教，言"至道归一，精义无二，不应两者；至道非边，了义不偏，不应单取。故必会之为一，令皆圆妙"，[1] 可谓将华严之圆融教旨体现得淋漓尽致。律宗南山宗代表人物道宣更是著有《集古今佛道论衡》，该文本在流传过程中形成了不同的版本，对三教关系研究来说具有重大意义和价值。牟先生肯定了道宣编撰《广弘明集》的价值，赞其是"继梁代僧祐《弘明集》之后又一部研究儒、道、佛三教关系和佛学发展史的重要文献资料的汇编。它选辑了魏晋至隋唐间的一系列珍贵的佛学论文、论辩文章、帝王诏书等，皆有自己的介绍和记述，补充了《弘明集》遗漏，更收集了《弘明集》之后到唐高宗元年的相关历史文献，为正史和僧传所不载者，居

---

[1]　（唐）宗密：《禅源诸诠集都序》，《大正藏》第48册，第400页。

功甚伟"（第 245 页）。《广弘明集》的文献学意义、历史学意义、哲学意义不言自明，为唐朝之后三教理论的深度融合以及学说创新高潮的涌现提供了思想文化前提。

牟先生高度重视史料对于三教关系研究的重大意义，看到了三教史料中的研究价值和学术价值，这也是我们今后探讨问题时应当重视的重要路径。

## 四　宋元明清时期：在三教文化的深层融合中探讨佛教的创新

隋唐时期，三教呈现出并行繁荣的面貌，在此良好的基础之上，牟先生又以简明精练的"多元通和"四字概括宋代以后的思想文化发展状况。

宋代经济延续了唐代的繁荣，这一时期科举制度逐步完善，士人阶层的地位有了进一步提升，人才的选拔和知识的较量有利于进行文化创新。对于这一时期儒、道、佛三教之间的关系演进与三教各自的理论创新，牟先生指出，"这一时期三教关系发展到了新阶段：一是在三教互动中继佛教出现禅宗这一理论高峰之后，儒学也出现由理学、心学、气学三大学派构成的宋明道学理论高峰，和金元明时期道教内丹学理论高峰，大大丰富了中国人的哲学智慧；二是三教之间突破了晋唐间'殊途同归'论和'同归于善'的功能求同模式，进入到理论内部的互摄互渗，形成'你中有我、我中有你'的血肉交融的格局；三是三教之间讨论的中心议题由天人关系进入到心性问题，心文化在学术研究中的主轴地位凸显出来，成为一种时代精神"（第 247 页）。由三教之中人才涌现而带来的三教理论创新、界限突破、议题转变，实际上已经带动三教融合成为一种时代潮流，正如牟先生在书中提到林语堂在《苏东坡传》中评东坡言："从佛教的否定人生，儒家的正视人生和道家的简化人生，这位诗人在思想观念中冶炼出一种新的混合人生观。"三教之间的界限不再泾渭分明，而是在更大范围内呈现领域交叉和文化互融，标志着这一时期进入了有如"百花齐放、百家争鸣"的新阶段。

这种时代潮流首先体现在儒家道学体系的建立和发展。除元代延祐年间"四书"地位上升以外，宋代庆历以后儒家经学突破了故步自封、拘泥章句的旧学风，受其他二家思维方式的影响以及国人哲学性思维的不断提升，"宋、元、明经学实乃中国儒家经学史上一个崭新的发展阶段，它在援佛融老的过程中，创造性地解释了儒家经典，围绕心性问题，把儒家德性文化提升到形而上的层次，建立了道学体系，世称新儒家"（第251页）。在道学体系建立和完善的过程中，周敦颐、邵雍、张载、二程、朱熹、陆象山、王守仁等大家都做出了杰出贡献，尤其是朱熹——作为道学的集大成者，上承孟子而作道统新论，下启陆王心学而以"诚意正心"为奠基；不仅建立起理学思想体系，并且在理学中融会佛老，以"月印万川"诠"理一分殊"，取"阴阳之道"释"本然之理"。陆象山将孟子的"反身而诚"与禅宗"明心见性"高度统一，到元代理学兴盛时期朱陆合流，再到王阳明与禅宗"顿悟成佛"有殊途同归之妙的"良知不外求"，无一不标志着儒、道、佛三教的深度合流。

道教方面，新教派接连迭起，全真道兴于金、盛于元，后有全真道祖王重阳对道教义理进行超越式革新。这一时期的道教不仅受到佛教哲理性思维的影响，而且引入了儒家的安身立命式人生处世方式，"着力于造就一种自然主义的生活态度，较好发挥道教净化心灵、调节心理的巨大功能，使人生摆脱焦虑，趋于安宁。这是老庄道家在宗教化为道教之后的一次向道家哲学的复归，同时保留了道教的基本信仰，因而是一次螺旋式的升华。……（王重阳）批评以往道人'欲永不死而离凡世者，大愚不达道理也'，这是道教义理的一次深刻的变革"（第342页）。除此之外，王重阳还力主将道教向民间推行，并在发展的同时"高唱三教一家，力促三教融合……完全开放，打破门户之见，鲜明地举起三教一家、三教平等的旗帜，实行三教联合的传道路线"（第343页），作诗诠意言三教"似一根树生三枝"，这又并入"殊途同归"四字上去。其弟子丘处机承先生之志，以佛道合一的路数传承衣钵；又有江南净明道将儒道合一，恰应牟先生开篇名义时所言"你中有我、我中有你"八字，三教之间关系日益密切、不可分割。

佛教文化的发展和创新同样不容忽视，"这一时期佛教的主流在朝着内部禅净教融合、外部儒、道、佛贯通的方向继续发展。……佛学不断有所创新，而且与儒学、道学形成良性互动、相得益彰的关系"（第355页）。继两宋时期禅宗从一众教派中脱颖而出后，"万历间，佛教思想形成开拓创新高峰期，出现名僧四大家：云栖袾宏、紫柏真可、憨山德清、蕅益智旭，他们是禅教净互补、佛儒道会通的有力推动者"（第357页）。孤山智园、明教契嵩、大慧宗杲等僧人更是成为宋明时期佛教界推扬三教融合的代表人物，他们不仅在理论上融儒贯道，而且将三教合一的指导落实到僧人的日常修行，身体力行地推进了三教合流事业的进一步发展。

总的来说，带有互相融摄、和谐共进之义的"三教合一"正式提法始于明代，此为三教各自学问进路的转型期、理论高度的提升期，同时也是儒、道、佛关系结构的高度融合期。在"三教合一"这一发展路径中，其发心与目标较隋唐以前的三教交流已呈现出本质区别，理论层次有了质的提升。"三教人士在坚守自身经典、核心信仰的同时，对于其他二教的经典和要义都有潜心研习、深层把握，从而使三教融合达到了哲学的高度。三教融合不停留在浅层次的功能求同上，而深入到人性根基的相通处，故能有'同情之默应，心性之体会'[①]，……三教理论在心性之学上达到高度统一，构建起三教融合的哲学基石。"（第372页）"中国传统思想文化本质上是一种关于人的学问，重视现实的社会和人生是其最根本的特质。"[②]

---

① 汤用彤：《汉魏两晋南北朝佛教史》，北京大学出版社，2011，第487页。

② 洪修平、张勇：《儒佛道三教关系研究的方法与实践——洪修平教授访谈录》，《孔子研究》2018年第3期。

如洪修平教授所言，三教思想重人世、重心性、重修养，若将三教思想高度浓缩、提炼精髓，所见即是同一种重现世、现生的人文精神。

除上述创见，牟先生还在书中不厌其烦地强调经典、史籍对于反映三教关系的重要价值，指出"宋元明时期，儒、道、佛的四典流行，成为三教融合的精神柱石"（第 375 页）。由此可见，无论是"三教合一"的自觉提出还是经典的广泛流行，都成为宋元明清时期三教文化深层融合的标志。

## 五　民国至今：在西学冲击中看到的三教兼容并包与和谐共进

对于近现代三教关系的论述，牟先生的笔墨主要用于展现仁人志士对中华文化尽心竭力的贡献。究其原因，要归于时代背景的复杂性和特殊性，即不同于平安繁荣时代三教文化的自我丰富式发展，而是三教文化在面对西方文化冲击时不得不做的危机性应变。

首先，经过繁荣与创新的大高潮阶段后，相较儒、道、佛于明代取得的深度融合与跨越性成就，清朝"三教关系上已无重大的理论突破，三教融合思潮的发展趋势，以下移与扩散为主"（第 376 页）。其次，晚清至民国时期作为思想文化的过渡阶段，除儒家礼教文化已经在历史发展中深入人民骨血外，道教和佛教在演进过程中，"一方面在学术层面上与宋明新儒学互动互渗，另一方面下落为民间道教与民间佛教，与民俗性民间宗教文化交融相生，逐渐打成一片，时刻影响着民众的日常生活"（第 405 页）。此时，我国已经开始大规模接受西方现代文明的洗礼，多种异域文化齐头并进，随着志士仁人变法图强引入西方文化，融会中西的口号渐渐风靡，天主教的影响也日益扩大。三教并没有在西方文化的冲击下失去立足之地，其巨大的影响力和辐射力在明清时期便已达到高潮，民国时期更是影响了一批爱国有为的年轻学者。

纵观历史，时有学人认为民国时期欧风美雨的冲击对三教文化，尤其是儒家文化产生了致命撼动，因其礼教代表的角色很容易成为"科学与民主"口号下的抨击对象。事实上正如牟先生所说，西方现代文明的抨击对象并不是整个儒学体系，而是中国传统文化中僵化腐坏的糟粕，"西方文化的大冲洗，对三教是打击，也是激励，还是借鉴，可以把坏事变成好事，从中焕发出新的生命"（第 428 页）。笔者观点与牟先生书中的观点不谋而合，老子言"祸福相倚"，冲击必然带来新文化，新文化必然带来新的生命力，对于传统守旧的观点而言恰恰是自我革新的机会和动力，恰如佛教初入时的情状。彼时在西方文化的冲击之下，佛教因其哲理性的深厚内涵而保存着底蕴与火种，纵然一时凋敝，但终究复而崛起，在一批高僧大德的带领下"柳暗花明又一村"，开拓了"人生佛教"的创新之路。"人生佛教"在佛教信仰、体制、经济方面都有重大革新，不仅在佛教内部贯通各个不同宗派的学说，而且纳入儒家式的现实主义关怀与家国情怀精神。太虚法师领导的这场教理革命，是一场挑战更是一场自我蜕变，不仅提出要适应新时代新要求，而且以前所未有的开阔眼界提出创立"世界佛教"，并提倡关注现实世界。后经印顺法师的有力推动，进一步吸收道教和儒家的修身养性之法，在三教互相补足的基础上将"人生佛教"发展为"人间佛教"，教旨方面更加完善。

在这一漫长的革新时期，三教文化虽然都曾退居"边缘地带"，但牟先生为三教总结了三个"新"字的进路模式，"三教之间的互动皆与中西文化之间的互动息息相关，三教革新发展的主要动力和资源不是来自三者内部，而是来自西方文化，三教人士必须回应西学的严峻挑战，致力于批判地吸收和中西融合，致力于返本开新、综合创新、推陈出新，其现代意识、世界观念大大增强了"（第 430 页）。这意味着三教自此开启了世界眼光，开始向全世界展现自己的文化魅力，可以说西方文明的冲击表面是打击，实际上是三教文化凤凰涅槃、破茧脱胎后的一次全新绽放。在螺旋式上升的进路中，三教文化互相融合的进程也进一步加深，孙中山、章太炎、陈寅恪、梁启超等近代贯通中西的文化大家，无一不主张兼合中西、三教并承；哲学领域内，辜鸿铭、林语堂、马一浮、梁漱溟、熊十力、冯友兰、钱穆、方东美、唐君毅、牟宗三等著名学者，无一不是在通摄三教文化的基础上再辟新章，引领着以儒、道、佛三教文化为核心的中国哲学向多元化、开放化、创新化的方向踊跃迈进。

牟先生在本书结语中最后总结道，三教关系历史发展的特点和总的趋向是"曲折漫长，渐行渐远；又渐扩渐广，普及社会"（第587页）。国人"用三教通和的精神和胸怀，在坚守民族文化主体性的同时，吸收西学的精髓，剔除西学的糟粕，推动三教的创新和复兴，展示了自身的顽强生命力和现代价值"（第587页）。

总览全书，牟先生在精准把握三教关系阶段性演进的前提下，横向上力求析明三教各自的时代特点与思想转向，纵向上则呈现出三教在各时期的关系演进与转折。《儒道佛三教关系简明通史》无疑具有重大学术价值，对三教关系研究具有重要引领性、综合性意义。

# Abstracts

## On the Mutual Entailment of the "Not-Awake" (不觉) and the "Awake" (觉) Natures of the Mind in the Thought of Fǎzàng (法藏): An Analysis of Selected Passages from the *Dàshèng qǐxìn lùn yìjì* (《大乘起信论义记》)

Robert M. Gimello

**Abstract**: This paper is an analysis of two separate but related sections of Fazang's (法藏) *Exegetical Notes on the Mahāyāna Awakening of Faith* (《大乘起信论义记》——Taishō Vol. 44, #1846).

The opening section of the work (pp. 242a25 – 244c8) we discuss as a statement of Fazang's doxography (判教制度), i. e., his identification of the place of the *Qixin lun* (*Awakening of Faith*) in the Buddhist canon and the place of its distinctive teachings in the overall, multi-levelled system of Buddhist thought. His purpose here is to bring the *Qixinlun* into alignment with classical Huayan doxography by locating it in the category of "final" or "mature" Mahayana (终/熟大成), the third of Huayan's five ascending degrees of doctrinal profundity. This he does by identifying as the text's most distinctive claim its assertion of the inseparability of the *tathāgatagarbha* from the *ālayavijñāna*. We show that this amounts to a claim that the active and corrupt mind of ignorance, i. e. , the unawake（不觉）mind, is based upon, or is a function of, the deeper stillness, purity, and radiance of the awake（觉）mind. The implication is that these two modes of consciousness, different though they may seem to be, in fact comprise a single mind（一心）. This claim is Fazang application to the topic of consciousness of the Huayan insight of "the mutual non-obstruction or co-inherence" of principle and phenomena（理事无碍）. By this argument, he lays the groundwork for the later Huayan development in which the "non-obstruction of principle and phenomena"（理事无碍）eventually supersedes the "non-obstruction of phenomena and phenomena"（事事无碍）as the highest of truths.

In a later section of the work（pp. 262a9 - 262c8）, focused specifically on the "not-awake"（不觉）character of "the arising and ceasing mind"（心生灭）, Fazang probes even more deeply the theme of the inseparability of the *tathāgatgarbha* and the *ālayavijñāna* by making the intricate and—and, as far as I can tell, unique—argument that the presence of the *tathāgatagarbha* at the core of the *ālayavijñāna*, and the subtle presence of the awake mind at the core of the unawake mind, can be detected and proved by the Yogācāra insight that the "activity" of the ignorant mind（业相）consists not only of the relationship between its subjective part（*darśana-bhaga*, 见分）and its objective part（*nimitta-bhaga*, 相分）but also, and most fundamentally, of its "self-awareness" or "inherent reflexivity"（自证分）, which Fazang, following Xuanzang（玄奘）and Dignāga（陈那）, labels the "proper substance" or "self-constitution" of the *ālayavijñāna*（当梨耶自体分）. The awake mind in the form of the inviolate *thatāgatagarbha* is present in the activity of the unawake mind, i. e. , the *ālayavijñāna*, in the "extremely subtle"（极细微）form of the latter's self-awareness, a capacity of consciousness that is self-caused rather than caused by another. This is Fazang's explanation of how it is that the "awake" mind and the "not-awake" mind are not two minds interacting with one another but a single mind（一心）possessed of two natures. An analogy is offered—that of the "Möbius strip"—in which what might seem to be two surfaces are seen to be actually a single surface when the strip is twisted and its ends joined.

**Keywords**：Activity, *ālayavijñāna*, Arising and Ceasing Mind, Awake, *Exegetical Notes on the Mahāyāna Awakening of Faith*, Fǎzàng, Jñānaprabha, Möbius strip, Non-obstruction of Principle and Phenomena, Not Awake, Śīlabhadra, *svasa vitti*, *tathāgatagarbha*

# Tanqian and Hane 333V

## John Jorgensen

**Abstract**：A fragment of a commentary on the *Dasheng Qixinlun* found in the Kyō'u Shōku collection of "Dunhuang" manuscripts was quoted at least three times by Fazang. As this manuscript fragment came via the collection of Li Shengduo, there is a possibility that it is a forgery. This article argues that it is not a forgery on the grounds of its doctrinal content, possibly its calligraphy, and the dates from when we first have clear evidence that it existed. The commentary has many lines that are the same of those of Tanyan's commentary on the *Dasheng Qixin Lun* and shows much evidence of the influence of the Shelun doctrines that came from Paramārtha. The provisional conclusion from comparisons with other texts is that it was written by Tanqian soon after 587, and that it influenced Wonhyǒ, Zhiyan, and Fazang.

**Keywords**：*Dasheng qixin lun*, Fazang, Haneda Tōru, Li Shengduo, Tanqian, Tanyan

# Fazang's Reading of the *Dacheng qixin lun*:
# Essential Points and Their Echoes

John Makeham

**Abstract**: The paper is in four parts. The first part aims to provide an outline of Wonhyo (617—686) and Fazang's theoretical innovations. Put simply, Wonhyo and Fazang both allowed that the *ālayavijñāna* (store consciousness or eighth consciousness) played both the role of the ocean water and that of wetness in the famous analogy of wetness, ocean water and waves. In other words, they allowed the *ālayavijñāna* to have the characteristics of both an unconditioned dharma (suchness) and a conditioned dharma (one able to give rise to all dharmas). Wonhyo and Fazang's interpretation was very different from the interpretations provided in early commentaries on the *Qixin Lun* (*Awakening of Faith*), such as Tanyan's (516—588) *Qixin Lun Yishu*, the Dunhuang manuscript commentary collected by Haneda Tōru (羽田亨, 1882—1955) and known as *Hane* 333V, and Huiyuan's (523—592) *Dasheng Qixin Lun Yishu*. As such, Wonhyo and Fazang' interpretation marks an exegetical watershed.

The second part explains how Fazang dealt with the ontological implications of the concept of "ignorance" in an attempt to dissolve the problem of ontological dualism that confronted the *Qixin Lun*. Based on the concept of "one mind", the *Qixin Lun* proposed a kind of substance monism. With the ultimate goal being liberation from ignorance via the bodhisattva path, the *Qixin Lun* sought to achieve that goal by means of several strategies. One key strategy is via a monism, which is deployed to show the pernicious effects of, but also the illusory nature of, ignorance. By drawing on analogies that present ignorance as external to suchness, however, the text leaves itself vulnerable to the charge that it introduces a dualist analogy into a monistic ontology. Because it failed to account properly for the origin of ignorance, the *Qixin Lun* could also be construed as failing to have provided a satisfactory account of how badness, evil, and suffering arise, thus undermining its own soteriological goal.

The third section introduces how Fazang applied his particular criteria of doctrinal classification to the *Qixin Lun*, as well explaining the connection between his doctrinal classification and such concepts as "the non-obstruction of *li* (suchness; the unconditioned) and phenomena" (*lishi wuai*, 理事无碍), "the gateway in which intrinsic reality and phenomenal characteristics merge" (*ti xiang rongrong men*, 体相融融门), and "nature origination" (*xingqi*, 性起).

Against the background of these three parts, the fourth part explains how the "Home Mountain" Tiantai monk, Siming Zhili (960—1028) critiqued Huayan master Fazang's thesis that the unconditioned (suchness, one mind, *tathāgatagarbha*) adapts to phenomenal conditions but does not change "because all conditionally arisen (phenomena) lack self-nature," and because "apart from suchness there is no self-entity." Zhili maintained that there was a close connection between what he regarded as the mistaken views of the Northern Song "Off Mountain" Tiantai masters and this Huayan view, of which Fazang was representative. Zhili was critical of the Huayan School for maintaining that when "a unitary *li*" accords with conditions there is a myriad of phenomenal differentiations, but as soon as this unitary *li* no longer adapts to conditions then these differentiated phenomena all cease to exist. "A unitary *li*" refers to a pure undifferentiated *li* (suchness) transcending differentiated phenomena. Differentiated phenomena are created by ignorance and are not inherent in suchness *qua li*. When ignorance is severed then the myriad things cease and *li* alone exists.

**Keywords**: Fazang, *Treatise on Awakening Mahāyāna Faith*, Suchness, Ignorance, Shanjia Sohool, Shanwai School

# The "*Shu-ji*" (疏/记) Transmission of the Fazang Commentary on the *Awakening of Faith in Mahāyāna*

Jin Tao

**Abstract**: The commentary on the *Awakening of Fain in Mahāyāna* (《大乘起信论》) (or *Qixinlun* in its popular Chinese abbreviation) composed by the Tang scholar-monk Fazang (法藏) has been traditionally considered the most authoritative interpretation of the treatise. Its transmission in China, however, occurred not in the commentary itself, but in its two sub-commentaries, composed respectively by Zongmi (宗密) in the 9th century, abbreviated here as "*Shu*" (疏), and by Zixuan (子璿) in the 11th century, abbreviated here as "*Ji*" (记). Since their composition, the "*Shu*" commentary has been widely accepted as the Fazang commentary itself, the "*Ji*" commentary as its most reliable revision and elaboration, and eventually the "*Shu*" and "*Ji*" combined as the basis and standard for the interpretation of *Qixinlun*. In other words, the transmission of the Fazang commentary in China lies primarily in the transmission of its "*Shu*" and "*Ji*" sub-commentaries in their various revisions and reformulations. Such a "*Shu-ji*" transmission has remained largely neglected in the study of the Fazang commentary, and is for that reason taken as the subject of this investigation.

**Keywords**: Fazang's *Yiji* Commentary, Zongmi's *Shu* Commentary, Zixuan's *Bixiaoji* Commentary, The *Shu-ji* Commentaries, *Huiben*

# Fazang *Huayan Sanmeiguan* Research

## Zhang Xuesong

**Abstract**：Fazang compiled the *Huayan Sanmeiguan* （《华严三昧观》），categorized it into ten chapters with each chapter having ten entries each. This essay, based on the extant text and related records determines that: of the ten chapters in Fazang's categories, those on right mind, deep mind, mind of great compassion, basic teaching, as well as the view on universal goodness （*Huayan Sanmeiguan* or *Huayan Faputixin Zhang* had its title changed, mistakenly or not, to "*sekong zhang shimen zhiguan*," i. e. "meditations on the ten divisions in the chapter on appearance and emptiness"）were its original content. The *Huanyan Sanmeiguan* was transmitted to the Korean peninsula not long after it was finished；but in China, because of the An Shi rebellion, its sections were gradually scattered, and around the middle of the $8^{th}$ century, the scattered chapters of the *Huayan Sanmeiguan* were again edited together and entitled *Huayan Faputixin Zhang* （《华严发菩提心章》），a text which probably quickly made its way into Japan. Yet, no earlier than the middle of the $8^{th}$ century, the essential parts of the *Huayan Sanmeiguan* （view on true emptiness, view on no obstruction between things and principles, and the view on all-inclusivity）were again edited into a text titled *Fajie Guanmen* （法界关门）which was determined to be the work of Fazang Patriarch Du Shun；a little later, around the first half of the $9^{th}$ century, the *Xuanfu Song* （《漩澓颂》）was attached to the *Fajie Guanmen* as an appendix. In the first half of the $9^{th}$ century Cheng Guan, and other Mizong Buddhists used Huayan's intellectual system of "*sifajie* （四法界）" to reinterpret the *Fajie Guanmen* whereupon it obtained broader transmission.

**Keywords**：*Huayan Sanmeiguan*, *Huayan Faputixin Zhang*, *Huayan Sanmeizhang*, *Fajie Guanmen*

# Fazang's *Yicheng Jiaoyi Fenqi Zhang's* Creative Interpretation of Yogacara Thought

Yao Binbin

**Abstract**: In his *Yicheng Jiaoyi Fenqi Zhang* (《一乘教义分齐章》), Fazang summarized the philosophical content of Huayan Buddhism into four categories: the first is the difference between the three natures; the second is the six meanings of the category of causes; the third is the non-obstruction of the ten mysteries; and the fourth is the complete integration of the six phenomena. The first two categories are differentiated as Jina's Yogacara theory on the "three natures" and "six meanings of seeds," including a "creative interpretation" as well. Through organizing Fazang's arguments on Yogacara "three natures" theory and also in comparison with Yogacara's original meaning, we can see that Yogacara's three natures theory was originally an epistemology and that through his interpretation from Huayan's position of "complete integration," the differences between the three natures are eliminated and combined into one. The second category is the "six meanings of the category of causes" which is rooted in Yogacara's "six meanings of seeds," and these "six meanings" were also interpreted by Fazang to be a single entity of complete integration without any separation. From this we can see that Fazang's Huayan mode of thought is applied to everything, and everything is understood to have a relationship of opposites mutually constituting each other, where finally, everything is viewed as unified. This can be labeled as the "reasoning of complete integration."

**Keywords**: Huayan, Yogacara, *Yicheng Jiaoyi Fenqi Zhang*, Differences and Similarities of Three Natures, Six Meanings of the Category of Causes

# On the Construction of Fazang's Dharma Realm Theory

Yang Xiaoping

**Abstract**: This essay, based on an organization of the various meanings of the *Huayanjing's* "dharma realm" (法界) since ancient times and focuses on Fazang's *Huayanjing Tanxuan Ji*, investigating the structure of his view on the "dharma realm." It primarily analyzes Fazang's theory of the five dharma realms and his view on "dharma realms" in his ten-fold Yogacara theory. In Fazang's view on dharma realms, other than the vocabulary used for the dharma realm without unobstructed phenomena, the remaining dharma realm of phenomena, dharma realm of principles, dharma realm of no obstruction between principles and phenomena are, regardless of the vocabulary used or philosophical connotations, all already similar to the traditional Huayan theory on the four dharma realms.

**Keywords**: Dharma Realm, Fazang, Theory of Five Kinds of Dharma Realms, *Huayanjing Tanxuan Ji*

# The Character of Complete Integration of Bodhisattva Vows in Fazang's *Fanwangjing Pusajieben Shu*

Zhou Xiangyanxiang

**Abstract**: Fazang's *Fanwagnjing Pusajieben Shu* (《梵网经菩萨戒本疏》) illuminates the founder of Huayan Buddhism's exploration and creation of Buddhist vows and practices. In the traditional genealogy, Fazang's receiving of the Fanwang ( i. e. Indra's Net ) Bodhisattva vows belongs to "heaven's gift". Thought on the precepts was formed through a synthesis of previous achievements and complete integration is its clearest characteristic. This is seen in three aspects: The first is that the combination of the two systems of the *Yoga* and *Fanwang* sutras which uses the Yoga school's "three sets of pure precepts" to organize and interpret the *Fanwangjing*; it reinterpreted the *Fanwangjing* by utilizing the *Yujia Shidilun-Jiepin* (《瑜伽师地论·戒品》) to focus on the practicability of the precepts and to make prominent its realist tendency. The second is that it broadly quotes from the sutras, using the two teaching methods of expedient means and principles to harmonize the theories on castes in the two doctrines of Emptiness and Dharma-character, arguing that all sentient life has Buddha-nature and each can receive the Bodhisattva precepts. The third is the interpretation and practice of the concepts of "dedication" ( *zhong*, 忠 ) and "filiality" ( *xiao*, 孝 ) integrating with traditional Confucianism. Through all of this hard work, Fazang greatly constructed the basis of Huayan thought on Bodhisattva precepts, bringing these into actual bodhisattva practice.

**Keywords**: *Fanwangjing*, Three Sets of Pure Precepts, Castes, Ethics

# The Meaning of "*Jue*" in the
# *Dacheng Qixinlun Yiji*

Yu Chunyong

**Abstract**: Fazang is a great synthesizer in Huayan exegetics, and he is also the third Huayan Patriarch. From the perspective of Fazang's system of thought, the part on the *Qixin Lun* ( *Awakening of Faith* ) is an important constituent. This essay focuses on the *Dacheng Qixin Lun Yiji*（《大乘起信论义记》） explaining the meaning of "*jue*（觉）" in this text through the interpretations and classifications thereof, its relationship to "one mind and two teachings" and the "three subtle and six coarse aspects", and organizes and describes "*jue*" by researching the concepts of "*benjue*（本觉）", "*bujue*（不觉）" and "*shijue*（始觉）".

**Keywords**: *Awakening of Mahayan Faith*, *Fazang*, *Benjue*, *Shijue*

# Boting Xufa's Development of Fazang's Classification of Huayan Buddhism

Zhang Aiping

**Abstract**: There are many varieties of Fazang's classification of Buddhist teachings, such as Five Teachings and Ten Doctrines, Two Doctrines of *Tong* and *Bie*, Two Doctrines of *Ben* and *Mo*, the Four Doctrines, and the chronological classification. Among these, of those that are classifications according to philosophical meaning, the classification of the Five Teachings and Ten Doctrines is the most representative and was transmitted the most widely. During the Qing dynasty, Boting Xufa（伯亭续法）, referencing the *Tiantai Sijiao Yi*（《天台四教仪》）, summarized the classifications of Huayan Buddhist thought in his *Xianshou Wujiao Yi*（《贤首五教仪》）, turning the Five Teachings and Ten Doctrines classification which was representative of early Huayan into classification of Five Teachings and Six Doctrines. Comparative research shows that Xufa not only supplemented relative content regarding one of the School of Emptiness in the Five Teachings, but also re-edited and reformed Fazang's two differing classifications of the Ten Teachings and Six Doctrines making it seem as if there was an answer to the problem that there was no correlative doctrine classification for the first Mayahana teaching of the School of Existence and that there was a correlative classification of the integration of the three teaching system and the School of Dependent Origination. For Xufa, the Five Teachings and the Six Doctrines can be correlated one to one with a more regulated form, however, this great merging and reforming also covers up the original intention and characteristics of Fazang's different classifications, losing its original appearance.

**Keywords**: Fazang, Xufa, Five Teachings, Ten Doctrines, Six Doctrines

# Chinese Huayan Buddhist Interpretations
# of Guanyin

Zhang Wenliang

**Abstract**: Belief in Guanyin ( 观音, Avalokiteśvara ) based on the *Huayanjing* is an important component of Chinese faith in Guanyin, and the interpretations of Guanyin by Chinese Huayan Buddhist thinkers were important moments in developing theories on Chinese faith in Guanyin. Other than the interpretations of the different translations for the boddhisttva Guanyin's name ( Guanshiyin 观世音, Guanzizai 观自在, Guangshiyin 光世音, etc. ), Fazang, Cheng Guan, and Li Tongxuan, also combined Buddhist trīni-karmāni thought with Huayan's hybridism of the sages to create a new interpretation of the meaning of Gaunyin. From a linguistic perspective, the accuracy of their interpretation of Guanyin's name in translation is worthy of discussion, and from the perspective of the evolution of belief in Guanyin, this kind of interpretation cannot but enlighten our understanding of the paths and rules to the Sinification of belief in Guanyin.

**Keywords**：Huayan Buddhism，Guanyin，Fazang，Cheng Guan，Li Tongxuan

# 编后记

　　东亚佛教研究中心（EABI）是隶属于中央民族大学的非独立法人机构，为非营利性的学术组织。本中心的目标是汇集国内外研究力量，构建一个开放型、国际性的高水平学术平台，开展东亚佛教数据库建设，联合培养相关专业人才，推进东亚汉传佛教研究。东亚佛教研究中心设有学术委员会和编辑委员会。学术委员会负责中心的学术方向、学术会议主题的审定、论文的筛选等；编辑委员会则负责《东亚佛学评论》的论文评审。《东亚佛学评论》所收文章基本上以学术会议、对外征稿、匿名评审的形式遴选。为了拓展本刊的国际化视野，本刊设有专业英文、日文、韩文编辑。

　　中央民族大学东亚佛教研究中心于2018年8月在西安举办"法藏与东亚佛教研究研讨会"，我们有幸邀请到该领域知名学者围绕"法藏、华严宗与《大乘起信论》"等议题展开讨论，并将优秀成果收入《东亚佛学评论（第四辑）》。本辑法藏研究八篇，华严宗研究两篇，《大乘起信论》研究一篇，两篇书评分别是关于《大乘起信论》的形成问题与中国儒道佛三教关系。本辑特收入两篇英文文章，三位西方学者对佛教经典和佛教语言的精湛把握为我们研究东亚佛教提供了重要的域外视角，掌握学术语言对佛教的研究至关重要，我们必须突破本土学术的局限，在国际平台和视野上展开研究与交流。

　　《东亚佛学评论》（第一辑至第三辑）在国际文化出版公司出版，从本辑开始，转由社会科学文献出版社出版，每年两辑。

最后，感谢社会科学文献出版社的编辑朋友的认真把关，感谢各方作者同人的热心赐稿，希望大家继续支持东亚佛教研究中心的工作，共同推进中国的东亚佛学研究。

# 投稿须知

《东亚佛学评论》由中央民族大学东亚佛教研究中心资助，计划每年出版两期，由社会科学文献出版社出版。

本刊以东亚佛学研究为主，内容包括东亚佛教的哲学、历史、地理、语言、法律、经济、社会等各方面的学术议题，欢迎不同观点和背景的作者投稿。本刊强调文章的学术质量，包括资料来源、研究方法、学术规范和伦理等，为此本刊实行匿名审稿制度，编辑部将根据所及内容送交两位以上有关专家进行评审，主编将参照专家填写的匿名评审书处理稿件。

**投稿要求：**

1. 所用稿件长短不限，一般以 8000~15000 字为宜。

2. 来稿应附上中英文题名、摘要（中英文各 150~250 字）、关键词，作者姓名、职称、工作单位、通讯地址、联系电话附于文末，以便联系。

3. 本刊注释采用脚注形式，引用文献需严格遵守学术规范，注释顺序为：作者，书名，出版者，出版时间，页码。

4. 译文请附原文复印件，并由译者负责联系版权。

5. 来稿文责自负，本刊编辑部有权对来稿做一定修改或删节。

6. 来稿请务必遵守本刊书写规范，用规范简体字书写。如不遵守本刊规范，将不予处理。

7. 自收到稿件之日起，即视为获得首发版权；其间如有任何变化，请作者赐函通知。

8. 欢迎将稿件发至编辑部信箱 eabimuc@163. com，及时进入评审程序。

东亚佛学评论编委会

**图书在版编目（CIP）数据**

东亚佛学评论. 第四辑 / 刘成有主编. -- 北京：
社会科学文献出版社，2020.2
　ISBN 978-7-5201-6165-7

　Ⅰ.①东…　Ⅱ.①刘…　Ⅲ.①佛学-文集　Ⅳ.
①B948-53

　中国版本图书馆 CIP 数据核字（2020）第 026233 号

**东亚佛学评论（第四辑）**

主 办 方 / 中央民族大学东亚佛教研究中心
主　　编 / 刘成有

出 版 人 / 谢寿光
责任编辑 / 孙美子

出　　版 / 社会科学文献出版社·人文分社（010）59367215
　　　　　　地址：北京市北三环中路甲 29 号院华龙大厦　邮编：100029
　　　　　　网址：www.ssap.com.cn
发　　行 / 市场营销中心（010）59367081　59367083
印　　装 / 三河市东方印刷有限公司

规　　格 / 开 本：787mm×1092mm　1/16
　　　　　　印 张：20　字 数：286 千字
版　　次 / 2020 年 2 月第 1 版　2020 年 2 月第 1 次印刷
书　　号 / ISBN 978-7-5201-6165-7
定　　价 / 158.00 元

本书如有印装质量问题，请与读者服务中心（010-59367028）联系